古典精粹

中国通史

五代十国—金时期

最新图文珍藏版

我们的历史是一份无比珍贵的遗产，是值得我们自豪的。

——吴晗

历史犹如一面镜子，让我们可以铭记过去，展望未来。中国历史是中华文明的轨迹，记载了先民们在中国这片富饶的土地上辛勤耕耘，努力创造的历程。从文明的诞生到先秦、秦汉、魏晋南北朝、隋唐、五代十国、宋元明清，朝代的更迭演绎了绵长的时代史，镌刻出了灿烂的中华文明。

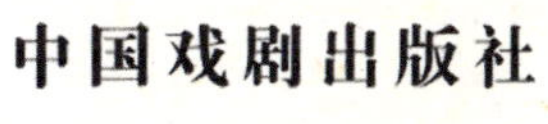

中国戏剧出版社

图书在版编目(CIP)数据

中国通史／贾更坤主编.-北京：中国戏剧出版社，2007.11
ISBN 978-7-104-02686-0

Ⅰ.中... Ⅱ.贾... Ⅲ.中国-通史-青少年读物 Ⅳ.K209

中国版本图书馆CIP数据核字(2007)第169053号

主　　编：贾更坤
责任编辑：肖楠　王媛媛
出版发行：中国戏剧出版社
邮政编码：100089
经　　销：全国新华书店
印　　刷：北京朝阳新艺印刷有限公司
开　　本：787×1092毫米　1/16　60印张
版　　次：2008年10月第1版
　　　　　2008年10月第1次印刷
书　　号：ISBN 978-7-104-02686-0
定　　价：(全套4册)89.90元

前言

QIAN YAN

毛泽东曾经说过："人总是要有点精神的。"精神是一种力量、一种支柱、一种动力。精神的内涵很多、很广，其中最重要的是理想、情操、文化素养等等。学习历史，对于树立远大的理想、培养高尚的情操、提高自身的文化素养，可以说是上好的滋补剂。

古书上说："有志者事竟成。"但这个"志"必须是顺应历史发展趋势的，否则就会倒行逆施，不仅一事无成，而且还要受到相应的惩罚。只有充分认识历史发展的客观规律，才能顺应社会的发展并运用其创造新生活。有了远大的理想才会有崇高的情操，但理想不等于情操。"先天下之忧而忧，后天下之乐而乐。"除了在"忧"、"乐"的内涵上，不同时代的人物具有不同的信念外，这种以天下为己任、先公后私的情操是永远为人们所赞赏的。怎样对待公与私、人与我的关系是情操的核心。在这方面，历史的褒贬起着劝诫的作用，典型人物起着榜样的作用。

历史是一部书卷，记录的是王朝的兴衰，写下的是将相的勇懦。历史是一面镜子，照出忠奸善恶，照出成败更替。历史是一面筛子，剔除的是枯木朽枝，哪怕当时他多么风光荣耀、名闻天下，在历史的网眼里，他只是一颗无足轻重的尘埃，无声无息地淡化在岁月里；留下的是黄金珠玉，也许他一世清贫、两袖清风，但在历史的网眼里，他却变得份量十足，光彩夺目。

历史给人们提供立身处世的法则，做人做事的道理。它具有理论的逻辑力量，但不是抽象的说教，而是生动的范例；它具有故事、小说的动人情节和感染力，但不是出于虚构，而是事实的记录；它包罗万象，而又指出统一的合乎规律的倾向；它说明过去，同时也帮助我们认识现在。现在是过去的延续。要想知道今天，就必须知道昨天。鉴于此，我们精心编写了这部《中国通史》。全书按照中华文明的历史发展顺序和朝代的更替分为四册，从政治、经济、军事、文化、艺术、宗教、思想和生活等方面，以精炼简洁的文字和精美珍贵的图片扼要地勾勒出中国历史演进的基本脉络。

广大的青年朋友，有谁不愿意成为具有远大理想、高尚情操和知识丰富的人呢？那么，就让我们来学习历史吧！让我们一起来品味历史，品味滚滚长河的波澜壮阔，品味芸芸众生的悲欢离合，品味逝去的岁月，聆听时间的脚步。让我们接过前人的火炬，去创造更加绚丽的明天吧！

编　者

五代十国

五代更替

北方的改革和发展

十国兴亡

南方的经济文化

北宋、南宋

北宋的建立和统一

北宋加强中央集权

宋与辽夏的战争

宋朝中期的危机和改革

目录

中国通史

中国通史

西夏

党项族的崛起与西夏建国

西夏政权的巩固

西夏后期的政治

西夏的经济和文化

金朝

女真的兴起和金朝的建立

金朝中期的统治

金朝的衰亡

政治经济制度

经济文化

五代十国

（公元907年～公元960年）

哀帝天祐四年(907年),朱温灭唐建梁,中国历史再一次进入了大割据时代。在北方广大地区,军阀混战的结果是先后出现了后梁、后唐、后晋、后汉和后周五个较强大的王朝。与此同时,南方各地又陆续并存过九个较小的割据政权,即:吴、南唐、吴越、楚、前蜀、后蜀、南汉、南平及闽等九国;北方河东地区则有北汉势力。史称“五代十国”。五代十国时期,大小统治者激烈角逐,兵燹不断,社会经济、文化受到颇大影响。五代后期,统一趋势不断加强,后周世宗柴荣在位期间,实行了一系列改革措施,发动了北伐战争,使得后周的国力增强,为北宋的统一奠定了基础。公元960年,赵匡胤在他麾下的几位部下拥立下,黄袍加身,胁迫周恭帝禅位,夺取了皇位称帝,是为宋太祖。这一时期是唐藩镇之乱的延续,是唐宋的过渡时代。由于军阀割据混战,给百姓带来了极大痛苦和灾难。许多中原人士为避祸乱移徙南方,由此在另一方面增加了南北的交流。北方的生产技术和科学文化对南方的各方面发展起了一定积极的作用。五代十国在中国文化史上是一个重要时期。虽然时间较短,但史学、词、绘画等方面的发展和成就在中国历史上都有着极其重要的地位。

帝王世系表

五代

后梁:太祖朱全忠(907~912)——末帝朱友贞(913~923)

后唐:庄帝李存勖(923~926)——明帝李嗣源(926~933)——闵帝李从厚(934)——末帝李从珂(934~936)

后晋:高祖石敬瑭(936~942)——出帝石重贵(942~946)

后汉:高祖刘知远(947~948)——隐帝刘承祐(949~950)

后周:太祖郭威(951~954)——世宗柴荣(954~959)——恭帝柴宗训(959~960)

大事年表

907年　朱温逼哀帝禅位,自即帝位,国号梁,史称后梁。唐亡。五代十国开始。

909年　梁迁都洛阳,封刘隐为南平王。梁封王审知为闽王。王审知建闽。

917年　刘岩称帝,国号大越。918年改国号为汉,史称南汉。

923年　李存勖在魏州称帝,国号唐,史称后唐。李存勖攻入开封,后梁亡。

925年　后唐灭前蜀,以孟知祥为西川节度使。

934年　孟知祥在成都称帝,国号蜀,史称后蜀。

936年　契丹立石敬瑭为晋帝,史称后晋。

937年　徐知诰废吴帝自即帝位。938年国号改唐,史称南唐。

945年　南唐灭闽。

947年　契丹改国号为辽。刘知远在晋阳称帝,国号汉,史称后汉。

951年　郭威在开封称帝,国号周,史称后周。刘知远弟刘崇在晋阳称帝,史称北汉。南唐灭楚。

959年　周世宗征辽,收复燕南,旋以疾班师。

960年　赵匡胤发动陈桥兵变,称帝,国号宋。后周亡。

五代十国货币

五代更替

唐朝灭亡以后，在中原地区相继出现了后梁、后唐、后晋、后汉、后周五个割据政权，史称五代，历八姓十四君，共五十三年(907~959年)，除后梁建都洛阳外，其余皆建都开封。后梁(907~923年)的创立者朱温(全忠)是黄巢起义军的叛徒。他在吞并黄河中下游许多藩镇后，于907年废唐帝自立，建都汴州(今河南开封)。迁居山西境内的沙陀酋长李克用长期与朱全忠交战。其子李存勖建立后唐(923~936年)，攻入开封灭梁，建都洛阳。后唐末期出现内乱，其河东节度使石敬瑭乘机求助于契丹，认契丹主耶律德光为父，割让幽蓟等十六州。石敬瑭因而夺得后唐政权，建国号晋，史称后晋(936~947年)，并迁都开封。契丹贵族贪得无厌，进逼中原，灭亡后晋。晋将河东节度使刘知远在太原称帝，旋即南下，定都开封，国号汉，史称后汉(947~951年)。951年，邺都留守郭威引兵入汴，杀后汉隐帝，建立后周(951~960年)。

▲五代·越窑鸟形杯

▼五代·青釉双龙盏

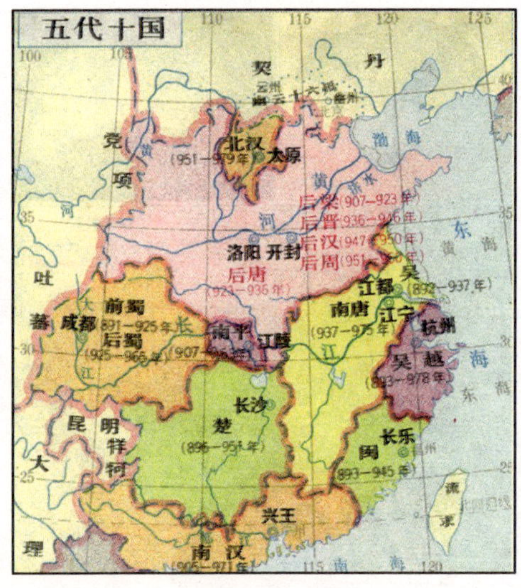

▲五代十国分布图

▲后梁太祖朱温像

公元 907 年　朱温建后梁

后梁（907~923 年），立国 17 年，历 3 主。其疆域全盛时北起今山西、河北，东北抵辽宁，南至湖北，东南据有江苏、安徽北部部分地区，东临于海，西至甘肃、宁夏。初都开封，后迁洛阳，末帝时又还都开封。后梁建国者朱温，原籍宋州砀山（今河南永城）人，家贫，寄养萧县人刘崇家。壮年，“不事生业，以雄勇自负”。后参加黄巢起义军，以力战著称，成为起义军大将。叛变投唐后镇压农民起义军，唐廷任他为宣武等四镇节度使，封为梁王。宣武治所汴州（今河南开封），北控燕赵，南通江淮，是中原重镇，南北漕运的枢纽。朱温凭借优越的地理条件，及政治上挟天子令诸侯的优势，经过多年的征战，逐渐吞并北方的割据势力，基本上统一了黄河中下游。唐天祐四年（907 年），朱温废唐哀帝，自立为帝，建国号梁，史称后梁。朱温就是后梁太祖。梁太祖于建国前后，对唐后期弊政有所改革，如诛灭宦官集团，禁止地方官暴敛，奖励农桑，减轻租赋，任命良吏张全义担任京畿重地的河南尹。全义“披荆棘，劝耕殖，躬载酒食，劳民吠亩之间”，又招集流民，推行屯垦，使中原农业生产得以恢复。

▲李克用和耶律阿保机雕像

公元 923 年　后梁灭亡

后梁建国前后，长期与占据河东的沙陀部李克用、李存勖父子对峙，连年征战，国力消耗很大。再加朱温生性残暴，杀戮任情，且生活荒淫，甚至与儿媳淫乱，引起军民怨恨，亲属背离。晚年又因王位继承权斗争激烈，政局动荡。乾化二年（912 年）六月，次子友珪杀温，夺取王位。次年二月，珪弟均王友贞发动禁军在洛阳兵变，友珪自杀，友贞在开封即位，是为末帝。末帝在位 10 年，政纲紊乱，加上“水潦为灾，虫蝗作沴”，致使“师无宿饱之馈，家无担石之储”，军民愁苦不堪。龙德三年（923 年），后唐李存勖攻破开封，末帝自杀，后梁亡。

▲后梁时期的墓志盖

梁晋鏖战

▲中坐看箭者为李克用

朱全忠与李克用皆由镇压黄巢起义起家，李克用助唐收复长安，升为河东节度使；朱全忠背叛黄巢降唐，受封梁王，领宣武节度使。黄巢败后，双方扩势掠地，争主中原，日寻干戈，鏖兵不息。早在中和四年(884年)，朱全忠即借宴请之机，制造上源驿流血事件，欲置晋王李克用于死地，晋王脱险，逃回晋阳，双方结下深仇。晋王居晋阳，厉兵秣马，四面出击，南巡泽潞，略地怀孟、洛阳，北攻幽州，击破镇、冀，势力大振。朱全忠则全力向东，扩展地盘。公元887年，朱全忠击败秦宗权，夺得陕、洛、怀、汝诸州，继而攻取徐、泗。公元897年，又夺得兖、郓二州。自此，黄河中下游地区尽为朱全忠所占。在双方扩势略地中，交战不断，但在唐亡之前，宣武势力超过河东。公元907年，朱梁建国，李存勖继嗣晋王，双方鏖兵甚烈，先后在夹城、柏乡、故元城、胡柳等地展开激战，其中虽互有胜负，但其优势渐由朱梁转向河东。直至923年，晋王灭梁，建立(后)唐，双方交战方息。

公元923年 李存勖建后唐

◀后唐庄宗李存勖像

后唐(923~936年)，立国14年，传4帝。其疆域略大于后梁，灭前蜀后一度领有四川，是五代版图较大的一个朝代，都洛阳。后唐建国者李存勖，西突厥别部沙陀人。祖朱邪赤心，助唐镇压庞勋起义有功，赐名李国昌。父李克用助唐镇压黄巢起义军，拜河东节度使，进封晋王，为争夺中原统治权，与朱温长期激战。朱温灭唐后，晋仍用唐朝年号。后梁开平二年(908年)，克用死，存勖继位。李存勖自幼喜欢骑马射箭，胆力过人，为李克用所宠爱。公元908年袭晋王位后，李存勖用心训练兵士，整顿军纪，规定骑兵不见敌人不准骑马，违犯军令者一律斩首，从而将散漫的沙陀兵训练成一支精锐严整的劲旅。经过10多年激战，李存勖于公元923年攻灭后梁，统一北方。4月李存勖在魏州(今河北省大名县西)称帝，国号为唐。不久迁都洛阳，建年号为“同光”，史称后唐。

公元926年　邺都之乱

▲后唐疆域图

唐庄宗"以雄图而起河、汾，以力战而平汴、洛"，武功煊赫，但政治却无建树。灭梁之后，以为天下已定，追求逸乐，信任宦官、伶官。伶人景进、郭从谦用事，扰乱朝纲。又重用孔谦为租庸使，横征暴敛，重赋伤民。同光四年(926年)，魏博镇兵在贝州(今河北清河)反，入据魏州，邢(今河北邢台)、沧(今属河北)两州相继兵变。庄宗派大将李嗣源(李克用养子)平叛。三月，李嗣源至邺都，扎营于城西南，未及攻城，部下哗变，杀都将，焚营舍，与城中士兵合势，劫持嗣源入城，欲立为帝。李嗣源不从，借机逃出，至魏州，上奏朝廷，表明心迹，但未被朝廷理会。于是，李嗣源从众议，移檄诸州，扩大部伍，与朝廷抗衡，魏博士兵多从之，军势大振。李嗣源以石敬瑭为前锋，李从珂为殿，自率大军，渡河直指汴梁。庄宗闻变，方调兵应付，行至万胜镇，嗣源兵已入汴梁。四月，庄宗于洛阳为乱兵所诛，李嗣源入洛阳，监国事。不久称帝改元，是为唐明宗。明宗即位后，诛孔谦，废苛政；杀宦官，罢监军；放宫女，减冗员；务农桑，均田税。明宗在位9年，社会比较安定，出现小康局面。

公元936年　石敬瑭建后晋

◀后晋高祖石敬瑭像

长兴四年(933年)，明宗死，子从厚继位，是为闵帝。次年，明宗养子凤翔节度使潞王李从珂杀闵帝自立，是为末帝。末帝时，骄兵悍将觊觎皇位者，大有人在。后晋高祖石敬瑭，太原(今山西省太原市南)人，沙陀族。后唐时，为明宗所赏识，招为女婿。明宗末年，石敬瑭身兼数职，成为握有重兵的藩镇军阀。后唐清泰二年(936年)，石敬瑭于晋阳举兵，后唐派兵围攻晋阳。石敬瑭便以认契丹耶律德光为父、割让燕云十六州为条件，求救于契丹。九月，辽主耶律德光亲率五万骑兵，自雁门关南下，入援石敬瑭。时末帝亲征至怀州(今河南沁阳)，闻契丹南下，大惊失色，一筹莫展；而前方将帅却不顾大敌当前，同室操戈，致使将卒叛逃，契丹得以打败唐兵，解太原之围。十一月，耶律德光在太原册封石敬瑭为“大晋皇帝”。随后，石敬瑭联合契丹兵大举南下，攻入洛阳，末帝自焚，后唐遂亡。石敬瑭于开封称帝，国号晋。此后，后晋每年都要向契丹贡奉大量财物，从而造成巨大的财力消耗，加重了人民的负担。石敬瑭割让燕云十六州，致使中原失去了有利的防御地势，加速了契丹的发展。

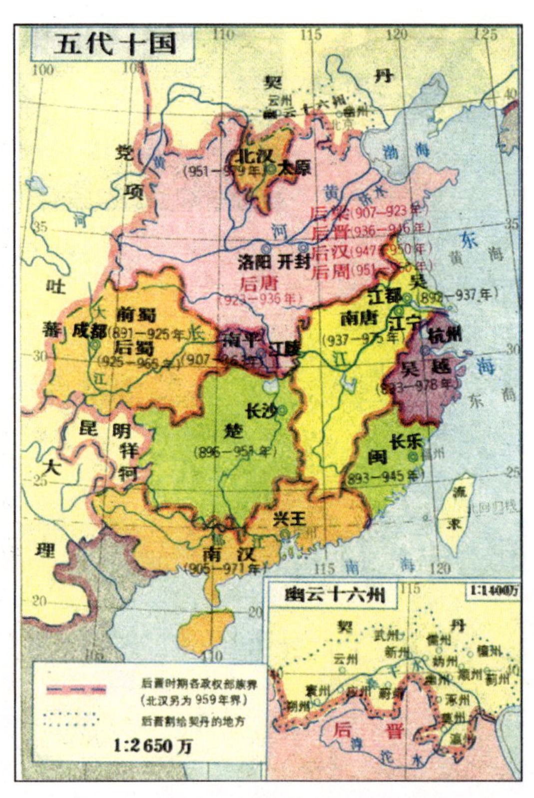

▶公元936年，后晋的石敬瑭将燕云十六州割让给辽国皇帝，以感激他对自己的大力扶持。燕云十六州所辖的土地全部面积差不多为12万平方公里。它实际上囊括了当时中国东北部与北部地区最重要的险关要塞与天然屏障。这一地区的丧失，使本地区的长城及其要塞完全失去作用，致使华北大平原全部裸露在北方游牧民族的铁蹄之下。

公元946年　后晋灭亡

▶耶律德光画像

石敬瑭以割地、纳贡、卑事契丹的手段获得帝位，世人不齿，政权极不稳固，在位7年，变乱迭起。天福七年(942年)，敬瑭死，庙号高祖。宰相冯道等拥立齐王石重贵为主，是为出帝。是时，主战派景延广用事，改变对契丹的屈辱态度。次年，延广囚禁契丹贸易使，并对使者说：“晋朝有十万口横磨剑，翁(指耶律德光)若要战则早来，他日不禁孙子，则取笑天下，当成后悔矣。”耶律德光被激怒，驱兵南下，但为晋军所败。开运三年(946年)，耶律德光再次率军南侵，后晋元帅杜重威投降，引契丹军南下。十二月，攻陷开封，虏出帝，后晋亡。次年正月，耶律德光在开封称帝，改契丹国号为辽。耶律德光称帝后，纵兵抢掠，称为“打草谷”，遭到中原人民激烈反抗。辽军洗劫中原后，挟持后晋君臣及财物北撤。

公元947年 刘知远建后汉

◀五代·陶男、陶女舞蹈俑及陶人面鸟身俑

后汉(947~951年),传2帝,立国不足4年,是五代中历年最短的一个朝代,其疆域与后晋略同,都开封。后汉建国者刘知远,沙陀人,初为石敬瑭部将,后晋建国后为北京(今山西太原)留守、河东节度使。公元947年耶律德光称帝建辽后不久,刘知远在太原即皇帝位,仍用后晋天福年号,以此笼络后晋旧臣。辽军北撤后,刘知远引军南渡黄河,占领洛、汴,收复河南、河北部分失地,建国号大汉,史称后汉。次年,改元乾祐。刘知远庙号高祖。高祖称帝后只几个月就死去,次子承祐继位,是为隐帝。隐帝疑惧大臣,枢密使杨玢、侍卫亲军马步军都指挥使史宏肇、三司使王章专擅朝政,为隐帝所忌,同日被杀。乾祐三年(950年)十一月,隐帝又密令杀枢密使、邺都留守郭威和侍卫步军都指挥使王殷。事泄,郭威与王殷联军攻入开封,杀隐帝,后汉亡。

公元951年 郭威建后周

◀五代·鎏金铜观音造像

郭威,邢州尧山(今河北省隆尧县西)人。初任后汉枢密副使。公元948年,他奉命讨平了李守贞的叛乱,后封为邺都留守兼天雄军节度使。后遭后汉隐帝猜忌,欲杀郭威。郭威遂率军反叛,公元951年正月,称帝,国号为周,定都汴京,建年号为“广顺”,史称后周。郭威出身于贫苦,了解民间疾苦,即位后生活节俭,又减轻了一些赋税,削减了一些严刑峻法,虚心纳谏,严惩贪官,改革弊政,使北方地区的经济、政治形势渐渐趋向好转。郭威于公元954年病死,养子柴荣继位,是为周世宗。即位后,他在太祖改革积弊的基础上,进一步整顿吏治,均定田赋,整顿禁军,限制佛教,奖励农耕。通过改革,后周的军力、国力大大增强。显德六年(959年),周世宗柴荣病死于开封,年仅七岁的幼子柴宗训继位,是为恭帝,后周的军事大权落到了禁军统帅赵匡胤手中。

南唐·赵幹·《江行初雪图》(局部)

北方的改革和发展

唐中后期，黄河流域地方割据势力猖獗，黄巢起义被镇压后，更是藩镇林立，战祸连绵。至五代，梁、唐、晋、汉统治者为了争夺权位，战端迭起，使北方经济遭到严重破坏。五代后期，一方面存在藩镇割据延续和扩大的局面，但另一方面也出现了走向统一的趋势。各地人民反对分裂割据带来的制度不一、关卡林立、禁令繁多、商税苛重等种种灾难，又由于契丹贵族的掠夺，人民要求统一，以便集中力量进行抵御。到了五代后期，统一已成为大势所趋。周世宗继位后，在经济、政治及军事等各方面进行了整顿和改革，为统一事业作出了重要的贡献。周世宗在位虽不到六年，但周世宗的改革使后周的军事力量、经济力量迅速壮大起来，为后来北宋的统一奠定了基础。

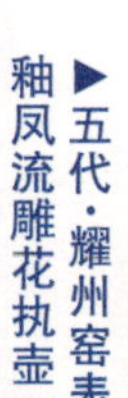
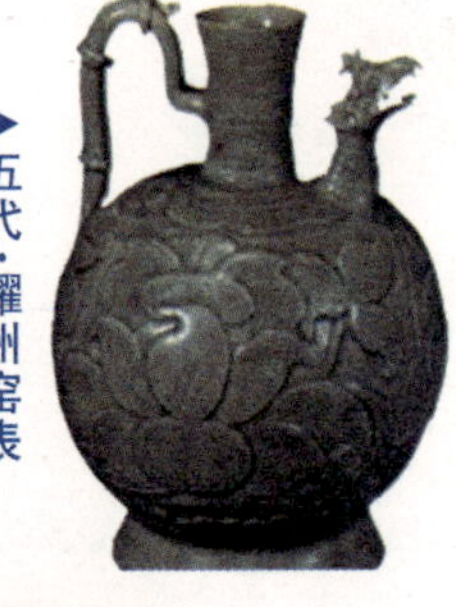
▶五代·耀州窑表釉凤流雕花执壶

◀五代·黄堡窑凤流雕花执壶

▲五代·荆浩·《匡庐图》

五代时的战祸

五代时的军阀混战，首先是使城乡遭到毁灭性的破坏，如五代初年以残暴著称的军阀秦宗权与朱温逐鹿中原，战火不息，竟使中原大片地区“县邑荒废，悉为榛莽。白骨蔽野，外绝居人”。其次是严重摧残劳动力，不仅战争造成大量人口伤亡，而且五代时军阀为了防止士兵逃亡，往往施行黥面之法，这样戕害劳动力必然使北方社会生产受到严重破坏。再次，使水利失修，河堤决口。长期的争战不但使水利工程失修毁坏，更有甚者是军阀往往故意决开黄河堤坝，以遏敌军。

五代时的刑罚

五代统治者上自皇帝，下至地方官吏，多是军阀出身，他们喋血沙场，嗜杀成性，国家在这些人统治下根本没有法制可言。梁、唐、晋、汉四代刑罚都极惨重。梁太祖朱温生性残忍，晚年越发暴戾，功臣老将往往无辜受戮。后唐庄宗李存勖诛朱友谦全家200余人。唐明宗李嗣源无故诛杀重臣，宰相任圜和枢密使安重诲都被惨杀。梁唐两代居高位者尚遭如此枉杀，平民百姓受峻法严刑的摧残更不待说。后晋高祖石敬瑭皇位来路不正，只好以诛杀来巩固政权，其刑律之严酷，不言而喻。四代之中，后汉刑政尤为刻毒。酷吏苏逢吉"深文好杀"，"尤爱刑戮"，以严刑酷法残害无辜。侍卫亲军马步军指挥使史宏肇"专行刑杀，略无顾避"，又为"断舌、决口、折足"之刑，惨不可言。如此人间地狱，百姓岂能安心生产。

▲五代·青瓷斗笠盏

五代时的赋税

五代虽然都是短促的小朝廷，但军费、政费及统治阶级腐朽生活的开支却十分庞大，赋税极其繁重。五代赋制仍沿用唐朝两税法，但额外的杂税名目繁多，盐、茶、酒、曲、矾等税更是苛重，对私盐贩卖及私造酒曲禁令也极严。五代出了许多以聚敛闻名的官吏。后唐庄宗时的租庸使孔谦，便是"峻法以剥下，厚敛以奉上"的酷吏。后晋宋州节度使赵在礼苛政扰民，百姓怨恨，后听说他将调走，百姓额手相庆说："此人若去，可为眼中拔钉子，何快哉！"后赵在礼仍留任宋州，便向百姓强征"拔钉钱"。后汉三司使王章也是刮取民脂民膏的能手，他巧立名目，税外加税。广大劳动人民被残酷榨取，连最低的生活都难以维持，发展生产更谈不上。

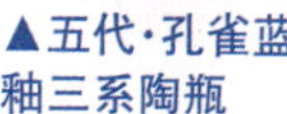

▲五代·孔雀蓝釉三系陶瓶

▲五代·彩绘陶文官俑

▲五代·青瓷六系盖罐

后周发展生产

▲柴荣重视农业生产和安抚流民，允许农民垦田开荒。

在五代十国纷争时期，生产遭到严重破坏，粮食奇缺，因此，谁拥有军队和粮食，谁就有了称霸天下的资本。后周建立后，就十分重视农业生产，郭威曾下令把官田改为民田，“百姓既得为己业，比户欣然”，生产积极性大大提高，促进了生产的发展。柴荣即位后，更加重视农业生产和安抚流民，允许农民垦田开荒，并制定了逃户庄田法，规定：逃户庄田允许农民承种为永业，如田主三年内还乡者，分之一半；五年内还乡者，则交还三分之一；五年以外还乡，除坟地外，不再交还。但若承佃户无力耕种而致荒废的桑田，要交还本户。由于各地具体情况不同，实行办法也不尽相同，但允许农民承种逃户的土地则是一致的。同时，还号召流亡在契丹的人民返回家园，从事生产。上述措施的实施，使劳动力固定到土地上进行生产，从而增加了国家税收，解决了流民问题，稳定了社会秩序。与此同时，柴荣还十分重视水利工程的兴修，曾组织六万多人在山东一带治理黄河堤岸，使沿岸农业连年丰收，长年失修的汴河也得到治理，对灌溉农田和漕运都起到了积极作用。

后周改革政治

▲周世宗柴荣陵

首先，周世宗柴荣十分注意选拔人才，曾多次下诏求贤，“好拔奇取俊”，不重资历门第，只要有治国之才，就会任用。同时，周世宗还裁减冗员，提高了办事效率。其次，虚心纳谏，要求群臣关心政事，言朝政得失，令朝臣撰写《为君难为臣不易论》和《平边策》，作为自己处理问题时的参考。再次，严惩贪官污吏，对一些侵扰百姓、贪赃枉法者，严惩不贷，左羽林大将军孟汉卿、楚州防御史张顺等，都因贪赃而被处死，做到赏罚分明，“不因怒刑人，因喜赏人”。另外，周世宗还整顿地方行政机构，裁并乡村，整顿甲里，清查户口，令各地州、府把一百户居民组成一团，推选三大户为耆长，“凡民家之有奸

盗者，三大户察之；民田之有耗登者，三大户均之”。上述措施，对于加强后周力量、巩固中央集权有着重大意义。

公元 955 年　后周抑制佛教

▲后周世宗时铸的“周元通宝”币

后周初年，寺院势力很大，僧尼众多，严重影响了国家的赋税收入。后周世宗柴荣为了抑制寺院经济势力的膨胀，加强对土地和劳动人民的控制，以增强自己的实力，在郭威之后继续推行大规模的废佛运动。显德二年（955 年）五月，柴荣诏令全国寺院“无敕额者，并仰停废”，诸州县“无敕额寺院”只能选规模最大者，“或寺院僧尼各留一所，若无尼住，只留僧寺院一所”，并不准再造新寺。禁止私自出家为僧尼，只准在开封、洛阳两京，大名、京兆两府及青州设戒坛，度人为僧尼。想要出家为僧尼者，必须男 15 岁、女 13 岁以上，得到祖父母、父母或叔伯兄的同意，并能背诵或读过一定数量的经文。严禁僧俗徒众舍身、断臂、炼指、钉截手足、毁坏身体等行为。凡违反上述规定者，或“杖勒还俗”，或“递配边远”，均“准格律处分”。令两京及诸州县，每年造僧账两本：其一本奏闻，一本申报祠部，作为去留的依据。九月，柴荣又诏令悉毁天下铜佛像以铸钱。在废佛过程中，柴荣以实际行动作出表率，曾亲往镇州佛寺，用斧破毁“极有灵应”的佛像。

公元 954 年　整顿军队

后周建国之初，军队素质低劣，“每遇大敌，不走即降”。周世宗即位不久，即后周显德元年（954 年），北汉联合契丹入侵，虽然由于柴荣亲征，最终取得了胜利，但后周军队的弱点也暴露出来，在交战时，大将樊爱能、何徽等七十余人临阵脱逃，一千余步兵投降。鉴于此，周世宗斩临阵脱逃将领，军纪为之一振。周世宗强调“凡兵务精不务多”，简选精锐，裁汰羸弱，招募强壮，组成“殿前诸班”，为了提高士兵素质，还让将帅自选士卒，出现了“士卒精强，近代无比，征伐四方，所向皆捷”的局面。

▲周世宗故里石碑

公元 955 年　寿州之战

后周显德二年(955 年)十一月,周世宗以李谷为淮南道前军行营都部署,知庐、寿等州行府事,以王彦超为行营副都部署,统侍卫冯军、都指挥使韩令坤等 12 将南征淮南。十二月周军抵达寿州城下。时南唐调兵遣将,以神武统军刘彦贞为北面行营都部署,将兵两万守寿州,以皇甫晖为应援使,将兵三万屯定远,抵挡周军。次年正月,周世宗又调兵赴淮南,令归德节度使李重进将兵赴正阳,河东节度使白赟将兵屯颍上,并亲驾寿州,督阵指挥。寿州危急,南唐遣使求和,愿割地纳贡,乞周退兵。世宗不许,继续日夜攻城。后因久雨,粮运不济,班师回朝。于是,南唐调集兵力,增援寿春。显德四年(957 年)二月,李谷上奏以寿春危在旦夕,请世宗亲征。三月,世宗再驾淮南,指挥寿州之战,士气振奋,争先攻城,南唐“战溺死及降者殆四万人”。周军耀兵城北,寿州守将开城迎降,周军入寿春。世宗开仓赈济,改寿州为寿春县,迁州治于下蔡。寿州之战的胜利,为世宗南征的全面胜利奠定了基础。

▲周世宗指挥寿州之战

公元 955 年　王朴献《平边策》

后周显德二年(955 年),世宗北伐返汴,令朝廷文学之士二十余人,各撰《安边策》(又称《开边策》)一篇,陈述方略。比部郎中王朴献《平边策》,历陈(后)唐失吴、蜀,(后)晋失幽、并之由,指出统一天下、统一南北,首先在于选贤用能、恩信号令、赏功罚罪、轻徭薄赋,使仓廪实、器用备、人可用。具体方略是“先易后难”,先取南唐,再并后蜀,“吴、蜀平,幽可望风而至”。然后强兵攻并,统一南北。世宗览之,如获至宝,对朴愈加器重。后来,周世宗南征北伐的用兵步骤便是按此而行的。至北宋初年,王朴之策则成为宋太祖统一南北的指导方针。

▲王朴撰《平边策》

公元 958 年　后周改革税收

五代十国时期，赋税比较沉重。954 年，周世宗即位后，下令减免租税，并罢去一些无名科敛。956 年，又规定了夏、秋税征收的具体时间，夏税从六月一日开始征收，秋税从十月一日开始征收。958 年，又颁布“均田图”，作为征收田税的标准，并派人到各地调查土地实际数目，核定民田，均定租赋，查出了一些隐瞒的土地，还取消了“圣人府”的特权，历代不纳租税的曲阜孔家也和平民百姓一样纳租交税了。这样一来，平均了赋税负担，增加了国家收入。

▲世宗改革中派人调查土地实际数目

公元 959 年　世宗北征

自后晋石敬瑭割让燕云十六州后，契丹屡屡南下，蹂躏中原，刘崇建立北汉，联合契丹，时常扰周边境。显德五年(958 年)三月，后周南伐告捷，便议北征。次年三月，周世宗委宣徽南院使吴延祚为权东京留守，判开封府事，令诸将各领军队和战船北伐。四月，世宗赴沧州，至乾宁军，宁州(今河北青县)刺史王洪以城降。周军顺流而上，至益津关(今河北霸县)，改陆行至瓦桥关(今河北雄县西南)，守将姚内斌举城降。五月，世宗驻扎瓦桥关，莫州、瀛洲相继归附。至此，关南悉平。世宗设雄州于瓦桥关，设霸州于益津关，遣兵攻易州与诸将谋取幽州。后因重病缠身，宏图未遂，匆匆班师回朝。世宗北征，历时 43 天，兵不血刃而取三关（益津、瓦桥、淤口)，复三州(莫、瀛、易)，取得了重大的胜利。回开封不久，周世宗死去，年仅三十九岁。

▲后周皇陵

南唐·董源·《潇湘图》

十国兴亡

与五代同一时期，在中国南部也出现了吴、南唐、吴越、楚、闽、南汉、前蜀、后蜀、荆南等九个割据政权，连同河东的北汉，史称十国，共历七十七年。十国与五代并存，但各国存在时间长短不一，如吴越，割据于唐亡以前，直到五代结束后才为北宋所灭。疆土则南平最小，南唐最大。

▲五代·优伶舞蹈俑

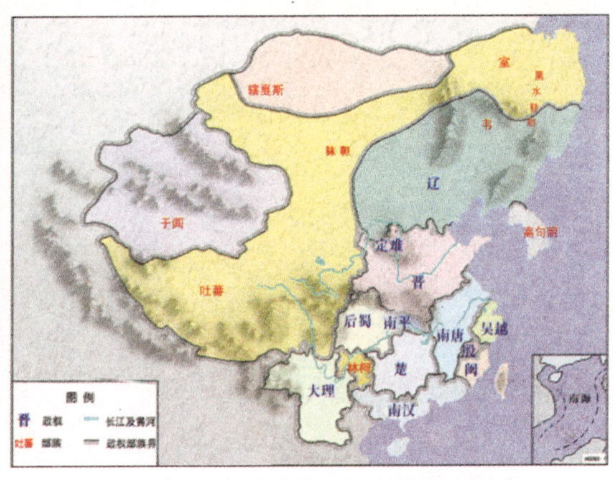

▲五代十国时期的十国分布图

公元 891 年　王建建前蜀

前蜀（891~925 年）立国 35 年，传 2 主，其疆域为今四川大部及甘肃、陕西、湖北部分地区，都成都。前蜀建国者王建，陈州项城（今河南沈丘）人，为唐末权阉田令孜养子，曾典禁军，后出任壁州（今四川通江）刺史。唐大顺二年（891 年），攻占成都，据有西川之地，后又兼并东川、汉中。不久，唐封他为蜀王。唐亡，王建称帝，国号蜀，史称前蜀。唐末，中原离乱，士人多奔蜀，王建不知书，但却喜欢与士人交往，文士多得重用，著名词人韦庄被任为宰相，主持蜀政。巴蜀世称天府，物产富饶。隋唐以来，少有大规模的战争，社会比较稳定，农业和手工业得以持续发展。但王建父子未能充分利用这些有利条件，而以苛重的赋税扰民，致使社会经济未能充分发展。王建

死，子衍立。这个自以为“有酒不醉是痴人”的昏君，昼夜与佞臣饮酒赋诗，寻欢作乐，政治十分腐败。后唐同光三年(925年)，唐庄宗李存勖大将率军伐蜀。王衍降，前蜀亡。

▲前蜀王建雕像

▲位于成都市西门外的前蜀开国皇帝王建永陵

公元892年 杨行密建吴

▲吴王庙是后人为祭祀唐末农民起义军领袖吴王杨行密而建的庙宇，故得名。

吴(892~9937年)，立国46年，传4主。其疆域为今江西全部，江苏大部，安徽、湖北一部，都广陵(今江苏扬州)。吴国建立者杨行密，庐州合肥人，“少孤贫，有膂力”。唐末为淮南节度使高骈部将，在军阀混战中逐渐发展自己的势力，唐昭宗景福元年(892年)被任命为淮南节度使。唐天复二年(902年)，唐昭宗封杨行密为吴王。吴国统治的中心江淮地区，隋唐时十分富庶，但自唐末以来，兵戈竞起，八州之内人烟断绝。吴政权建立之后，杨行密“招合离散，与民休息”，境内生产得以恢复。杨行密死后，子杨渥立，军国大权为大将张颢、徐温所掌握。后张、徐合谋杀杨渥，立杨渭。不久，徐温又杀张颢，独揽权柄。后梁贞明五年(919年)，徐温请吴王杨渭称帝，国号大吴，建元武义。次年，渭死，弟溥立。吴国后期，徐温养子徐知诰专擅朝政。吴天祚三年(937年)，吴王杨渭为徐知诰所废，吴亡。

公元 896 年　马殷建楚

楚(896~951 年),立国 56 年,传 6 主。其疆域据有今湖南全部,广东、广西及贵州小部,都潭州(今湖南长沙)。楚的创立者马殷,许州鄢陵(今属河南)人,木匠出身。唐末,马殷为武安军节度使,朱温建梁后被封为楚王。后唐灭梁后,927 年又封马殷为楚王。楚四面受敌,攻守皆难。马殷采纳谋臣建议,奉中原王朝正朔,称臣纳贡,以钳制邻国。楚物资富饶,商旅云集,统治者又采取惠商政策,不向客商征税,因此商业十分繁荣。对外输出以茶为大宗商品,向中原换取丝织品及战马。马殷在位 34 年,政局比较稳定,社会经济有所发展。马殷死后,诸子争立,政局不稳,赋重刑苛,民不聊生,951 年为南唐所灭。

▲开福寺位于长沙市湘江北大桥东岸,公元 927 沙门保宁得楚王马殷父子之助而始创。

公元 897 年　王审知治闽

闽(893~945 年),立国 53 年,传 7 主。其疆域为今福建全省,都福州。闽的创立者王审知,光州固始(今属河南)人。唐末,王审知从其兄王潮起兵,乘农民军进入闽浙之机,入据福建,任威武军节度使。唐乾宁四年(897 年),王潮死,审知掌权。唐天祐元年(904 年),唐昭宗封审知为琅邪王。朱温代唐后,909 年封王审知为闽王,据福建之地。闽国在王审知统治的近 30 年间,是它的全盛时期。审知出身陇亩,洞察民情。在位期间,“选任良吏,省刑惜费,轻徭薄敛,与民休息”,在他的治理下,“一境晏然”,一向落后的福建,经济文化得到很大发展。

▲王审知雕像

公元 902 年 钱镠建吴越

吴越(893~978 年)立国 86 年,是十国中历年最长的一个政权。其疆域为今浙江全部、江苏西南部,后期曾两度入闽,占领福州,并据有福建东北,都杭州。吴越的创立者钱镠,杭州临安人,以贩盐为生。唐末,因镇压黄巢起义有功,被任命为镇海节度使,据有今浙江之地和江苏的一部分。902 年被封为越王,朱温建梁后,又改封为吴越王,建立吴越王国,都杭州。他在位期间,曾征发民工修建钱塘江捍海塘,又在太湖流域兴建水利工程,对这一地区的经济发展起了促进作用。但后继者多专横残暴,奢侈淫逸,五传至钱俶时,归服北宋。

▲钱王陵是杭州城缔造者吴越国王钱镠的墓地

公元 905 年 刘隐建南汉

南汉(905~971 年),立国 67 年,传 5 主。其疆域为今广东全部、广西大部、云南小部,都番禺(今广东广州)。南汉建立者刘隐,原籍彭城(今江苏徐州),后迁至岭南。唐天祐二年(905 年),任情海军(岭南东道)节度使。后梁开平年间,梁太祖朱温先后封他为大彭郡王、南平王、南海王。刘隐死,弟刘岩继位。后梁贞明三年(917 年),刘岩称帝,国号大越,后改称汉,史称南汉。唐末,岭南人文荟萃,刘隐兄弟多任用文士担任诸州刺史,颇有政绩。但刘岩以后都是荒淫暴戾之君,为政苛虐,“至有炮烙、刷剃、截舌、灌鼻之刑”,阶级矛盾十分尖锐,十国时期著名的张遇贤起义便起自岭南。后主刘鋹时,阉宦弄权,政治更加腐败。宋开宝四年(971 年),宋将潘美攻破番禺,南汉国灭。

▲荒淫暴戾的刘岩

▲南唐·陶敷彩女舞俑

公元 907 年　高季兴建南平

南平(907~963 年),又称荆南,立国 57 年,传 5 主。其疆域在十国中最小,只控制荆(今湖北江陵)、归(今湖北姊归)、峡(今湖北宜昌)3 州,疆土不出今湖北西部及中部长江两侧地区,都荆州(今湖北江陵)。南平创立者高季兴,陕州峡石(今河南三门峡)人,原为朱温部将。后梁开平元年(907 年),朱温建梁后即任命他为荆南节度使。乾化四年(914 年),又封为渤海王。梁亡,季兴改事后唐,入朝洛阳,唐庄宗李存勖封他为南平王。南平北对中原王朝,南临楚国,东接南唐,西濒蜀国,四面受敌,难以立国。但高季兴及其继承者利用其特殊的地理位置和南北各国的矛盾,左右逢源,使它成为南北贸易的转运站和各个强国的缓冲地,以保持自身的存在。南平国小,经济不能自立,依靠各国赏赐和南北贸易维持国计民生。高季兴及其子甚至以掠夺各国过境贡使的贡物作为财政收入,时人称之为“高赖子”。963 年为北宋所灭。

公元 934 年　孟知祥称帝

▲后蜀皇帝孟知祥和陵

后蜀(926~965 年),立国 40 年,传 2 主。其疆域盛时与前蜀相同,仍都成都。后蜀建国者孟知祥,邢州龙冈(今属河北)人,原是后唐将领,李克用的侄女婿。同光三年(925 年),后唐灭前蜀,庄宗李存勖任孟知祥为西川节度使。数年后,又取东川之地。后唐长兴四年(933 年),孟知祥又受封为蜀王。次年称帝,建元明德,国号蜀,史称后蜀。孟知祥治蜀颇为用心,他革除前蜀弊政,整顿官场吏风;减轻赋税剥削,鼓励农桑生产。蜀中在他治理下,政治较为清明,经济持续发展。孟知祥死,子孟昶立。孟昶在位期间,赋税苛重,刑罚惨毒,百姓怨恨。宋乾德三年(965 年),宋将王全斌率军入川,灭后蜀。

公元 937 年　李昪建南唐

南唐(937~976 年),立国 40 年,历 3 主。其疆域在十国中最大,约为今江西全部,江苏、安徽大部,灭闽亡楚后,一度扩展至今福建、湖南,都金陵(今江苏南京)。南唐建国者李昪,徐州人,出身孤贫,后被吴国权臣徐温收为养子,因名徐知诰。随徐温征战有功,升为升州刺史,后迁润州刺史。徐温死后,知诰执掌国政。他留心政务,奖励农桑,军民归心。天祚三年(937 年),徐知诰废吴王杨溥,自称皇帝,国号大齐,建元升元。知诰自称李唐后裔,改名李昪,因改国号为唐,史称南唐。李昪建国后,不轻动干戈,弭兵安民,南和吴越,北与后晋结好,形成一个和平安定的局面,然后致力于改善内政,发展生产,兴科举,建学校,使南唐成为十国中经济最发达和文化最昌盛的国家。升元七年(943 年),李昪死,子璟立,是为中主。李璟初立,颇有作为,南灭闽,西亡楚,将南唐版图扩展至福建、湖南。但后期昏暗,昧于治道,所用非人,宰相冯延巳等皆非经世之才,因而国势渐衰。后主李煜时,为北宋所灭。

▼李昪墓外景

南唐后主李煜

▶南唐后主李煜像

李煜,原名从嘉,字重光,号钟隐,李璟的第六子,生于 937 年,959 年被立为太子。961 年即位,没有年号。李煜即位时,南唐已为宋的属国。他面对宋朝的压力,逆来顺受,以图苟且偷安。975 年,宋军入金陵,俘后主,南唐灭。李煜在政治上是一个昏君,在文学上却很有造诣。他生有奇表,天资聪颖,颇具才华。因他天性柔善,不愿介入嫡亲宗族的政治纷争,便避罹于书籍、艺术、爱情之中。而正是由于他这种天性使然的倾注,方使他能够“精究六经,旁综百氏”,“通晓音律,精别雅郑”,“工书善画,崇信佛法”。尤在诗辞歌赋方面,更是呕尽心血,将人性中的情感、情绪、情爱发挥到淋漓尽致,不愧为一代且世代相传的宗师。李煜的词,以风情旖旎,妩媚溢芳;抚心凝神,细微有致;深哀结郁,直率、真切、自然隽永见长。其前期作品主要反映宫廷生活,如《长相思》,《浣溪沙》等。被俘后,比前期有很大突破,代表作有《虞美人》,《破阵子》,《浪淘沙》等。李煜一生作词颇多,今有《南唐二主词》传世,系他和其父李璟的词作。

▲南唐中主李璟顺陵

公元945年 南唐灭闽

王审知死后，长子延翰继位。延翰于926年建立闽国，但仍用唐年号。两年后，延翰为弟延钧所杀，延钧自称帝。不久，延钧又为其子继鹏所杀。永隆五年(943年)，继鹏叔延曦夺取王位。时延曦弟延政为建州节度使，自称皇帝，国号殷。闽国形成分裂的局面。次年，延曦为部将所杀，众拥延政为闽主。延政据有福州，废除殷国号，统一国名为闽，但仍建都建州。王审知的后代都是昏暴之君，政治腐败，经济凋敝。南唐保大三年(945年)，南唐中主李璟出兵攻破建州，俘闽王王延政，又得汀、泉、漳3州，闽亡。次年，吴越攻取福州。

公元951年　刘崇建北汉

北汉(951~979年)，立国29年，传4主。其疆域为今山西北部和陕西、河北部分地区，都晋阳(今山西太原)。北汉建国者刘崇，沙陀人，后汉太祖刘知远从弟，曾任后汉北京留守兼河东节度使。951年，郭威灭后汉，刘崇遂据太原称帝，改名旻，仍以汉为国号，史称北汉。刘旻曾勾结契丹，称“侄皇帝”，并在契丹的支持下多次兴兵南下，但均为周世宗所败。北汉“土薄民贫，内供军国，外奉契丹，赋繁役重，民不聊生”，政权极不稳定。四传至刘继元，此时北宋统一战争已近尾声，宋太平兴国四年(979年)，宋太宗赵光义亲征北汉，辽军来援，为宋军所败，刘继元出降，北汉亡。

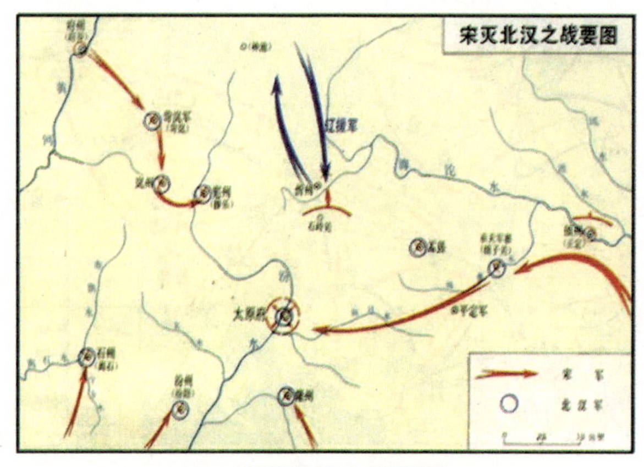

▲宋灭北汉之战要图

五代·顾闳中·韩熙载夜宴图(局部)

南方的经济文化

五代十国时期，黄河流域由于连年战乱，社会经济遭到严重破坏。相反，南方经济却有进一步的发展，吴、南唐、吴越等政权，在长江中下游开垦荒地，兴修水利，福建、岭南地区的农业生产也有长足的进步。南方的文化事业也较北方为胜。四川的雕版印刷业成果卓著，西蜀和南唐还出现了一批享有盛誉的诗词作家、画家。

▶五代·徐熙·豆花蜻蜓图

▲五代·冯道雕版印刷图

农业的新成就

南朝至隋唐，以扬州为中心的江淮地区，以苏、杭为中心的三吴地区，以成都为中心的巴蜀地区，以广州为中心的岭南地区，是传统的经济区。除此之外，一向落后的福建，也得到很好的开发。王审知治闽时，农业生产蒸蒸日上。湖南在周行逢统治时期，引导百姓“率务稼穑”，四五年间仓廪充实。这一时期耕地面积也有所扩大。南方有的政权比较重视荒地的开垦，如吴越钱镠募民垦荒，规定民间开垦的荒田，国家免赋，由是境内无荒废的土地。此外，南方各国劳动人民在兴修水利时往往在江河湖海筑堤，既防潮水，又造良田。这种围垦的田地，南唐、吴越最多，称之为圩田。闽国也在长乐县海边和连江县东湖筑堤造田。五代十国时南方经济作物的种植增加，其中茶树的种植最为普遍，蜀、楚、南唐、吴越、闽皆大量种茶。桑树的栽种已十分广泛，南唐、前蜀、后蜀、楚多植桑，前蜀王建竟想征收桑苗税以充财用。楚马殷采用谋臣高郁建议，广种桑、茶以加强国家经济实力。棉花也开始广泛种植，珠江、湘江流域农家多植棉。

兴修水利

十国除北汉外，都立国于江河湖海之间，兴修水利对农业生产关系极大。这些国家统治者有的比较注意水利灌溉，其中尤以吴越最为重视。吴越各州政府都设都水营田使，并置营田军使，“专为田事，导河筑堤，以减水患”。钱镠时修筑的钱塘江口捍海石塘是吴越最大的水利工程。又在吴兴(今浙江湖州)筑长安堰，灌田万余亩。它如鄞县(今浙江宁波)的东钱湖，越州的大鉴湖，经过整修疏浚，皆获灌溉之利。其他国家修筑的水利工程，著名的有吴和南唐楚州的白水塘和寿州的安丰塘，楚国滑州的龟塘，等等。

▲吴越钱氏海塘遗址

手工业的新发展

▲吴越王钱镠于975年刻印的《宝箧印经》

五代十国时，南方手工业比北方发达。手工业中制茶业特别兴盛。闽国建州地区“厥植惟茶”，楚国“令民自造茶”，由于两国盛产茶叶，所以都有焙制茶叶的工场，工艺精良，善制贡茶。制盐业以蜀、南唐、吴越三国为主，淮盐是南唐的经济命脉。织染业方面，丝织以吴、南唐和前后蜀最盛，吴绫蜀锦，驰名天下。棉织业也开始在南方发展，吴越专门为国王织棉的工匠竟达200人。楚国普遍种植棉花，机杼大盛。纺织染色技术也有较大进步，传说南唐李煜宫人“染碧，夕露于中庭，为露所染，其色特好”，于是发明一种叫“天水碧”的颜色，世称秘色。雕版印刷已成为独立的手工业部门，东南的金陵和西南的成都，成为两大印刷中心。南唐、后蜀及吴越都雕版印刷经书、佛书及诗文书籍。

瓷器

▲五代·柴窑"注子注碗"

瓷器，这个时期较为有名的是后周世宗的柴窑，以天青色为主，世宗评为"雨过天晴云破处，这般颜色做将来"，所以有"雨过天晴青"的美称。《景德镇陶录》等书记载"青如天、明如镜、薄如纸、声如磬"，可略知其制作精美。越窑到了五代，一度成为吴越王钱氏的御用器皿，臣庶不得享用，因此当时又称为"秘色窑"，皆属于青瓷的制造。

商业

随着农业与手工业的发展，南北的商业往来也日益频繁。908年，楚国请求后梁允许其在汴（今河南开封）、荆（今湖北江陵）、襄（今湖北襄阳）、唐（今河南唐县）、郢（今湖北钟祥）、复（今湖北沔阳）六州，设回图务（交易所），运茶到黄河南北并买回衣料、战马等物。其它南方各国也都与北方有贸易关系。吴越的钱塘江口，商船云集，甚至离北方遥远的闽国也从海路到山东半岛通商。南方的杭州、扬州、金陵、潭州、成都等地，不仅是商业繁荣的著名城市，也成为各地政治和经济的中心，特别是吴越的杭州有"地上天宫"之称。各地经济联系的进一步发展，为政治上的统一创造了条件。

▲五代·云岭石造像

▲五代·人鱼俑

编纂《旧唐书》

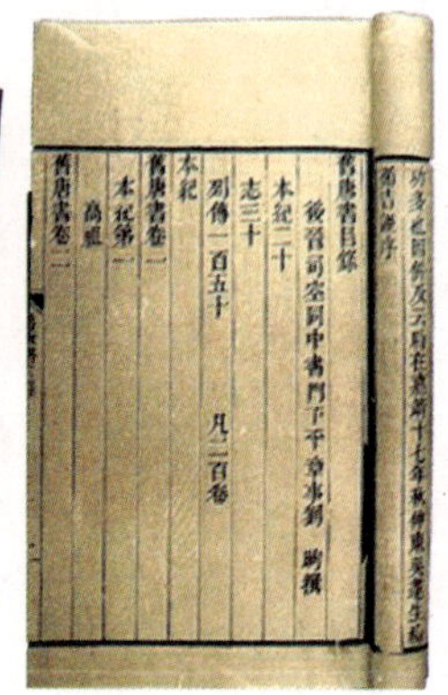
▲《旧唐书》书影

在封建社会，每一代统治者都把为前一代修史看成是一件极为重大的事。继唐而起的后梁、后唐，都曾为修唐史收集了大量资料，但均未正式动笔王朝就灭亡了。后晋天福六年（公元941年）二月，由宰相赵莹领导组织，正式开始《旧唐书》的编纂，只用了四年时间，全书就修成了。《旧唐书》共200卷，其中本纪20卷，志20卷，列传150卷，所记上起高祖武德元年（公元618年）李渊称帝，终于哀帝天祐四年（公元907年）朱温灭唐，共290年的史事。《旧唐书》修于五代战乱之时，社会动荡不安，史料不可能搜罗齐备，成书又只用了四年零四个月，所以，不免有疏漏舛误之处。《旧唐书》虽有种种缺点，但也有它的优点，如许多诏令、奏议、书信都直抄原文，由此保存了丰富的原始资料。因此，司马光撰《资治通鉴》，取材舍《新唐书》而独取《旧唐书》，可见其价值所在。正因如此，《旧唐书》才能在《新唐书》的盛名之下，顽强地流传下来，到了清朝也被列入正史之一。

文学

五代十国时期文学的重要发展在词上，词在后蜀、南唐有较大的发展。唐末温庭筠开创“花间派”，风靡一时，后蜀赵崇祚所编的《花间集》收录韦庄、欧阳炯等晚唐、五代18家词人的497首词，是我国现存最早的一部词选集。除韦庄外，他们的作品大多沿袭温庭筠的风格，趋向绮丽香软，因此被称为花间派词人，内容多描写贵族生活。南唐后主李煜是杰出的代表，他前期的词主要写宫廷生活，带有脂粉的香气，但因时运日蹙，不免有抒发悲愁的内容。后期的词完全脱去了宫廷生活气息，抒发了国破家亡的悲愤之情。后蜀花蕊夫人亦擅长诗词，她的《述亡诗》为后人所称道。五代十国时期词的发展，为宋代词的鼎盛奠下了基础。

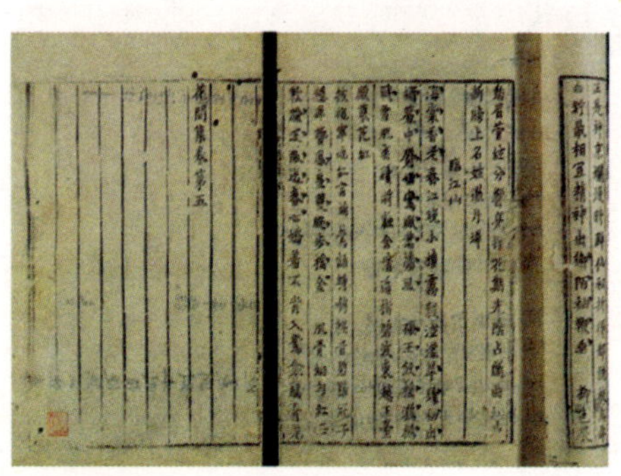
▲《花间集》书影

韦庄

韦庄(836～910年),字端己,京兆杜陵(今陕西西安市东南)人。唐昭宗乾宁元年(894年)应进士及第,任校书郎。后入蜀,从王建为掌书记。王建称帝于蜀,庄官至吏部侍郎平章事。蜀高祖武成三年(910年)八月,卒于成都花林坊,谥号“文靖”。韦庄工诗能词,有诗集《浣花集》。其诗多为羁旅怀古、感时伤怀之作,清词丽句、情致婉曲是其诗的主要风格,今存诗三百多首。韦庄词与温庭筠齐名,世称“温韦”,是花间派代表作家。韦庄的词上承白居易、刘禹锡,下开李煜、苏轼、辛弃疾词的先河,在词的发展史上作出了独特的贡献。

▲韦庄像

绘画

绘画艺术在五代十国取得很大成就。唐代人物画的世俗倾向,到了五代时期更为发展,题材上注重反映现实生活,技法上力求写实,许多人物画带有肖像写真性质,刻画细致入微。在南唐时期,文化修养很高的中主李璟和后主李煜兴办集创作、收藏和研究于一体的机构——画院,提倡表现帝王和贵族生活的人物画,推崇张萱、周昉细腻华贵的风格,周文矩、顾闳中、王齐翰都是当时南方颇负盛名的人物画家。顾闳中工于人物画,擅长描摹人的神情意态,传世之作《韩熙载夜宴图》手卷,描绘南唐大官僚韩熙载夜宴宾客作乐的情状,是现存的绘画艺术珍品。南唐画家徐熙,善画江湖上的汀花水鸟,后蜀画家黄筌,善画宫廷的珍禽异卉,他们形成了五代十国时期花鸟画的两大流派。北国山水画家关仝,所画大自然景色清淡、高远,令观者有超尘脱俗之感。

▲后蜀·黄筌·写生珍禽图卷

《韩熙载夜宴图》

▲南唐·顾闳中·《韩熙载夜宴图》

《韩熙载夜宴图》是中国人物画史上并不多见的宏篇巨制之一。韩熙载是北方人,他长于文学,颇有抱负,投入南唐政权,历经三朝,才识不得施展。后主时国势衰微,失败已成定局,此时李煜欲重用他,但对他仍有所猜忌,而韩熙载对南唐前途已完全悲观失望,故日夜宴饮玩乐,纵情声色,借以逃避。李煜为掌握他的动向,就派画家顾闳中潜入其宅邸观察,顾闳中回去后凭记忆创作了这一画卷。画家利用屏风分割空间,选择"听乐"、"观舞"、"歇息"、"清吹"和"散宴"五个活动场面,以长卷形式把夜宴活动全过程展示出来。由于此画真实地描绘了当时贵族的生活并在客观上揭示了统治阶级内部的矛盾,所以,它是研究南唐历史的一件重要历史资料。再者,因为图中对当时的器用、衣冠都作了细致描绘,所以它也是研究物质文化史的珍贵史料。

▲五代·莫高窟第108窟酒肆图

敦煌石窟之开凿

公元4世纪前后的十六国时期,北方军阀割据,互相混战,致使生产遭到破坏,社会动乱不定。各族人民深受战祸之苦,生活于水深火热之中。西汉末年从印度传来的佛教,便在这个苦难的时代得以迅速和广泛地传播,各地建寺刻石造佛成风。敦煌(今甘肃敦煌)是沟通中西交流的丝绸之路上的一个重要据点。前秦建

五代·莫高窟第 61 窟主室东壁女供养人

五代·莫高窟第 98 窟于阗国王供养像

元二年(366 年),僧人乐尊于敦煌三危山对面的岩壁上开凿了第一个洞窟。其后,法良禅师开凿了第二个洞窟。经前秦、北魏、西魏、北周、隋、唐、五代、宋、西夏、元共十代千余年不断的开凿,在三华里长的岩壁上凿成了一千多个洞窟。因风沙长期侵蚀和人为的破坏,现今仅存 492 个洞窟,有彩塑 2000 多身,壁画 4.5 万多平方米;若将其展开排列起来,可布置成长达五六十华里的画廊。这些彩塑和壁画,既是我国艺术宝库中的珍品,也是反映当时社会生产和生活的宝贵文物。

五代·莫高窟第 146 窟服饰图

五代·莫高窟第 146 窟洗头图

北宋、南宋

（公元960年～公元1279年）

公元 960 年，后周大将赵匡胤，在东京东北的陈桥驿发动兵变，黄袍加身，建立宋朝，定都汴京，史称北宋。经过十几年时间，北宋陆续消灭其他割据政权，结束了五代十国的分裂局面。北宋建立后，统治者在政治、经济、军事各方面加强了中央集权。北宋中叶，朝政日益萎靡，形成积贫积弱的局面。宋仁宗时，出现短暂的“庆历新政”。熙宁时，产生了影响巨大的王安石变法。北宋末，统治极度腐朽，终于酿成“靖康之难”。南宋时期，当权者长期执行求和政策，压制军民抗金斗争，甚至不惜残杀爱国将领。南宋后期，抗蒙战争连年，偏安王朝虽最终覆灭，却产生了文天祥等民族英雄。两宋时期，在技术改进与租佃制的推动下，农业生产获得显著发展；手工业分工细密，工艺先进，产品闻名于世；商品经济水平超越以往，城市、市镇繁荣，货币流通扩大，诞生最早的纸币。宋代文化空前进步，理学、文学、史学、艺术以及科学技术领域硕果累累，二程、朱熹、欧阳修、苏轼、司马光及沈括等优秀人物，享誉千古；而活字印刷、指南针及火药的发明和应用，更对人类做出了杰出的贡献。

帝王世系表

北宋：

太祖赵匡胤(960~976)——太宗赵光义(976~997)——真宗赵恒(998~1022)——仁宗赵祯(1023~1063)——英宗赵曙(1064~1067)——神宗赵顼(1068~1085)——哲宗赵煦(1086~1100)——徽宗赵佶(1101~1125)——钦宗赵桓(1126~1127)

南宋：

高宗赵构(1127~1162)——孝宗赵昚(1163~1189)——光宗赵惇(1190—1194)——宁宗赵扩(1195~1224)——理宗赵昀(1225~1264)——度宗赵禥(1265~1274)——恭宗赵㬎(1275~1276)——端宗赵昰(1276~1278)——帝昺(1278~1279)

大事年表

北宋：

960年　赵匡胤发动陈桥兵变，称帝，国号宋。后周亡。

961年　宋太祖“杯酒释兵权”，军政大权收归中央。

963年　宋假道荆南赴湖南，南平亡。

965年　宋兵入成都，后蜀亡。

971年　宋兵至广州，南汉亡。

976年　宋军破金陵，后主李煜降，南唐亡。

978年　吴越王朝向宋纳土，吴越亡。

979年　宋太宗亲征太原，北汉亡。辽大败宋兵于高梁河。

983年　辽改国号为大契丹。《太平御览》书成。

986年　宋攻辽，杨业卒于朔州。

990年　契丹封李继迁为夏国王。

993年　四川王小波起义，旋战死，李顺继之。

1004年　契丹大举攻宋，双方订澶渊之盟。

1023年　交子在四川地区发行，是世界上最早的纸币。

1038年　党项首领元昊称帝，建都兴庆，国号大夏，史称西夏。

1043年　宋、夏议和成，宋册封元昊为夏国主。宋范仲淹实行变法，旋罢。

1069年　王安石开始实行变法。

1084年　司马光《资治通鉴》书成，为中国第一部编年体通史。

1085年　司马光执政，废王安石新法。

1102年　宋徽宗任蔡京为相，定“元祐奸党”，禁“元祐学术”，立“元祐党人碑”。

1105年　设奉应局，置花石纲。

1125年　金大举攻宋。宋徽宗禅位太子桓，是为钦宗。

1127年　金攻陷东京，俘徽、钦二帝，北宋亡。金立张邦昌为楚帝，都金陵。

南宋:

1127 年　宋康王赵构在南京即位,是为高宗,南宋建立。
1129 年　宋高宗自扬州逃杭州;金兵渡长江,追高宗至海上。
1130 年　金立宋降臣刘豫为大齐皇帝,纵秦桧归宋。
1132 年　宋陈规守德安时,用“火枪”作战,为世界最早的管形火器。
1136 年　刘豫刻石《华夷图》、《禹迹图》,为世界最古老的地图印版。
1139 年　宋金和议成。金归宋河南、陕西地。
1140 年　金毁约复取河南、陕西地。
1141 年　宋廷罢岳飞、张俊、韩世忠兵权。宋金和议。
1142 年　宋金划分地界,高宗以“臣构”名义上誓表,金册康王为宋帝。
1161 年　金背约大举攻宋。
1164 年　宋金和议成。
1195 年　宰相赵汝愚等被贬,韩侂胄弄权,开庆元党禁。
1208 年　宋金重订和约,世为伯侄之国,增岁币,函韩侂胄首赎淮南地。
1217 年　金军攻宋,自此宋金连年争战。
1234 年　蒙古与宋攻破蔡州,金亡。
1259 年　蒙哥汗围攻四川合州钓鱼城,卒于军中。
1268 年　忽必烈发兵围攻襄阳、樊城,宋军坚守。
1273 年　元军破樊城,襄阳降。
1274 年　忽必烈命伯颜率军伐宋。
1275 年　元军进逼临安,文天祥等起兵勤王。
1276 年　元军取临安,掳宋帝、皇太后等北去。
1278 年　宋幼帝移驻新会海中厓山。
1279 年　元军破厓山,陆秀夫负幼帝蹈海卒。宋亡。

北宋·佚名·洛神赋图卷(局部)

北宋的建立和统一

北宋是中国历史上以汉族为主体建立的封建王朝，建都开封(今属河南),其创建者为宋太祖赵匡胤。太祖建国后，目睹“五代十国”的分裂割据，制定先南后北的战略方针，经过十年的努力统一了全国，加强封建专制主义中央集权，建立由皇帝直接控制的庞大军队和官僚机构。赵匡胤即位后平定了昭义节度使李筠和淮南节度使李重进发动的叛乱，吞并荆湖，攻取后蜀，灭南汉，亡南唐，吴越的钱俶和割据漳泉的陈洪进向宋称臣，基本上结束了唐中叶以来藩镇林立、军阀割据的局面。

▲北宋·崇宁通宝

◀宋太祖赵匡胤像

公元 960 年 陈桥驿兵变

后周显德六年(959 年),世宗柴荣病逝后，年仅 7 岁的周恭帝继位，无法管理政事，国家政局开始动荡不安。殿前都点检、归德军节度使赵匡胤和禁军高级将领石守信、王审琪等，在军中握有实权。显德七年(960 年)正月初一，契丹和北汉发兵南下的消息传来，后周宰相范质等人急忙派遣赵匡胤统率诸军北上抗击。大军行到陈桥驿(今河南封丘东南陈桥镇)时，赵匡胤之弟赵匡义和归德军掌书记赵普，授意将士把黄袍强加于赵匡胤身上，欢呼万岁，拥立他为皇帝。正月初四，赵匡胤率军回师开封，部下强迫周恭帝禅位。赵匡胤轻易地夺取了后周政权，改国号为“宋”，建立了赵宋王朝。

▲陈桥兵变遗址——陈桥驿

平定二陈之乱

赵匡胤称帝后，以宰相范质、王溥为首的后周朝臣多已归附，原后周不愿归附宋的外郡将领还有昭义节度使李筠和淮南节度使李重进。北宋建立的当年，李筠联合北汉起兵，赵匡胤以石守信、高怀德为将亲征。石守信败李筠于长平（高平），高怀德败李筠于泽州（山西晋城），李筠兵败自杀。不久，淮南节度使李重进又据扬州起兵，赵匡胤亲攻扬州，李重进兵败投火死。大约用了三年的时间，便基本上消灭了后周的反抗力量，北宋内部得到稳定，政权巩固下来。

▲石守信像

公元 961 年　金匮之盟

据载，建隆二年（961 年），宋太祖母杜太后病重，召太祖及宰相赵普到跟前，对赵匡胤说：“你之所以能够取得天下，是因为后周的皇帝年纪太少，不能凝聚众心的缘故，如果后周是一个年长的皇帝继位，你怎么可能有今天呢？你和光义都是我的亲生儿子，你将来把帝位传与他，国有长君，才是社稷之纲啊！”赵匡胤表示同意，于是叫宰相赵普当面写成誓词，封存于金匮里，这就是所谓的“金匮之盟”，也就是赵光义“兄死弟及”的合法根据。按照“金匮之盟”，赵匡胤身后的第一继承人是他的胞弟赵光义，第二继承人是胞弟赵光美，第三是他的长子赵德昭。开宝九年（976 年）太宗即位，并未公布盟书。后太祖子德昭、德芳相继死于非命，太宗亦未传位廷美。太平兴国六年（981 年），始有发金匮得书之说，其伪造甚明。

◀北宋·建窑油滴建盏

公元 963 年　荆湖之战

建隆三年(962 年)十月,湖南周氏割据政权内乱,新主年幼,请宋出兵救援。宋太祖赵匡胤正欲以荆、湖为突破口,实施统一战争,遂决定出师湖南之际,假道荆渚,先灭高氏割据政权,再灭武平周保全势力。乾德元年(963 年)正月初七,宋太祖命山南东道节度使慕容延钊为湖南道行营前军都部署,枢密副使李处耘为都监,率安(今湖北安陆)、复(今湖北天门)等 10 州兵,以讨张文表为名,借道荆南向武平进军。二月,宋军到达荆门,慕容延钊一面殷勤招待荆南使者,一面密派李处耘率数千轻骑乘夜向江陵(今属湖北)急进,乘高继冲惶恐出迎之机,迅速抢占城内要点,高继冲被迫请降,荆南政权遂亡。二月底至三月初,宋军继续水陆并进,经三江口(今湖南岳阳北)澧州(今湖南澧县)南等作战,歼灭湖南兵,占领朗州(今湖南常德),俘周保权,湖南周氏政权遂亡。宋军并灭荆湖,使北宋势力伸入长江以南,切断后蜀与南唐之间的联系,为尔后入川灭蜀,进军岭南的南汉和东灭南唐创造了有利条件。

▼荆湖之战

公元 964 年　平后蜀

后蜀的最后一个皇帝孟昶生活上非常荒淫腐朽,经济上残酷剥削人民,引起农民不断的举行起义。孟昶对宋的统一战争十分恐惧,乾德二年(904 年),他派出间谍交通北汉,要求北汉发兵南下打过黄河,蜀军则从黄花谷、子午谷北上,占领潼关(陕西潼关)以西之地,“使中原表里受敌”。赵匡胤抓住了后蜀的把柄,高兴地说:“吾西讨有名矣。”964 年十一月,赵匡胤派忠武军节度使王全斌统兵六万攻后蜀,蜀军一触即溃,纷纷投降。蜀主孟昶哀叹说:“吾父子以丰衣美食养兵四十年,无一人为我东向发一箭。”在无可奈何的情况下,孟昶投降,宋得后蜀四十五州、一百九十县之地。但是,在灭蜀战争中,大将王全斌等居功自傲,日夜宴饮自乐,放任部下屠杀降兵、掠夺民财,当地军民不堪忍受,结果爆发了上官进、全师雄等领导的蜀兵和群众的反抗斗争,三年后,宋在四川的统治才稳定下来。

▶潘美像

公元 971 年　灭南汉

宋军灭蜀后，把统一战争的矛头指向南汉。赵匡胤在派兵出发之前，曾通过南唐劝说南汉后主刘鋹投降，遭到刘鋹拒绝。开宝三年(970 年)九月，宋廷以潘美为将率兵讨伐南汉。宋军自郴州(湖南郴县)南下，占领广西北部几个重镇，接连攻拔了韶州(广东韶关)，打开了南汉北边的门户。开宝四年(971 年)正月，宋军再克英州(广东英德)等地，逼近广州。南汉主调集大军，准备死守广州，宋军采用火攻克广州，刘鋹投降，得六十州、二百十四县之地，南汉灭亡。

公元 975 年　攻取江南

南汉灭亡后，南唐已全部陷于北宋的包围之中，为了避免北宋的进攻，南唐主李煜自动取消国号，称“江南国主”，以讨好宋朝。974 年，宋太祖以曹彬、潘美为统帅，率兵十万自荆南沿江东下，包围金陵(今南京)。李煜两次派人到开封去见赵匡胤，说他以小事大，如子事父，没有罪过，请求缓师。赵匡胤大怒，对南唐使者说：“天下一家，卧榻之侧，岂容他人鼾睡！”975 年十一月，宋军攻下金陵，李煜被俘，南唐灭亡，宋得江南之地，凡州十九、军三、县一百八十。

▲潘美攻取江南

公元 976 年　烛影斧声

公元 976 年，宋代开国之君赵匡胤一夜之间猝然离世，正史中没有他患病的记载，野史中的记载又其说不一，他的死因成了一桩离奇的悬案。《湘山野录》中说，开宝九年十月，一个雪夜里，赵匡胤急召他的弟弟晋王赵光义入宫。兄弟二人在寝宫对饮，喝完酒已经是深夜了，赵匡胤用玉斧在雪地上刺，同时说“好做好做”。当夜赵光义留宿寝宫。第二天天刚亮，赵匡胤就不明不白地死了。赵光义受遗诏，于灵柩前继位。《烬余录》说，赵光义对赵匡胤的妃子花蕊夫人垂涎已久，趁赵匡胤病中昏睡不醒时调戏花蕊夫人，惊醒了赵匡胤，并用玉斧砍他，但力不从心，砍了地。于是赵光义一不做二不休，杀了赵匡胤，逃回了府中。《涑水纪闻》里说，太祖去世时已是四鼓。宋皇后叫内侍王继恩把皇子德芳叫来。王继恩考虑到太祖早就打算传位于晋王光义，于是没去找德芳，却找来了赵光义。进宫后，宋皇后问："是德芳来了吗？"王继恩说："晋王来了。"宋皇后惊诧莫名，后来突然醒悟，哭着对赵光义说："官家，我母子的性命，都托付给你了。""官家"，是宋朝宫廷内对皇帝的称呼。晋王说："我们共保富贵，你不要担心。"

▲北宋·海棠花觚

▲吴越国王钱俶像

公元 978 年　钱俶归宋

吴越都杭州，据江浙一带。太祖初即位，吴越王钱俶即遣使致贺，随后连年上贡。北宋攻打南唐时，令吴越出兵相助，南唐主李煜写信给钱俶说，今天没我，明天岂能有你，早晚你也是汴梁一平民罢了。钱俶不听，为了表示对宋太祖的忠诚，将来信送呈宋太祖，然后，派兵随从宋军，在宋将监督下攻润州、金陵（今江苏省南京市）。南唐被攻灭后，宋太祖于公元 976 年召他入朝，以重礼相待，然后放他回吴越。976 年，赵匡胤死去。978 年四月，割据福建的陈洪进献漳、泉二州，县十四；随后钱俶亦献其吴越土地州十三、军一、县八十六，至此，南方各地的割据政权基本消灭了。公元 988 年，钱俶六十大寿。当时，南唐李煜、南汉刘𬬮都已经死去，只剩下钱俶一个废王。宋太宗派使者赠赐礼物，祝贺他的生日。钱俶设宴招待使者，一直到天晚才罢席。就在当天晚上，钱俶突得暴病而死于汴京。后人怀疑为太宗派使者暗中下毒所致。

公元979年　太宗平定北汉

宋太宗赵光义像

开宝九年(976年),宋太祖死,其弟赵光义继位,是为宋太宗。太宗继承太祖未竟的事业,使用政治压力,迫使吴越钱俶和割据福建漳、泉二州的陈洪进纳土归降,两浙、福建亦归入宋的版图。太平兴国四年(979年)正月,宋太宗亲率大军北征,采用了围城打援的战法,他先派一支大军到太原北面的忻州石岭关一带,堵截辽国援兵,在忻州附近击败辽军,于是主力长驱进围太原,宋太宗亲自指挥在太原城下筑长围,太原被围数十天,城中粮尽援绝,北汉主刘继元开城出降。北宋统一战争至此结束。北宋王朝自公元963年至979年,经过16年的战争,结束了自唐朝安史之乱以来的藩镇割据和五代十国的分裂局面,实现了南北方主要地区的统一,对社会经济文化的发展起了促进作用。

公元982年　涪陵之祸

秦王赵廷美像

宋太宗即位后,初封其弟廷美为齐王、开封尹。不久以平北汉有功,进封秦王。貌似尊宠,实甚猜忌。宋太宗太平兴国七年(公元982年),魏王赵廷美谋划篡夺皇位的阴谋泄露。宋太宗赵光义遂罢免了他的开封府尹。赵光义念其手足之情,并多次立有战功,于是仍令其为西京(今洛阳)留守。魏王赵廷美一脉宗室,由此暂时全部迁居到了西京。赵廷美被贬谪任西京留守后,暗中仍与兵部尚书卢多逊频繁勾结。九月,赵普上言卢多逊以中书密事告廷美,因谋皇位。多逊被剥夺官爵,流放崖州(今属海南),中书、王府等官员皆处死,廷美勒归私第。赵普旋又指使开封知府李符上言“廷美不悔过,怨逐,乞徙远郡,以防他变”。于是,廷美被降为涪陵县公,遣房州(今湖北房县)安置,其妻楚国夫人张氏亦削去国封,并派人对其进行监视。赵廷美迁居房州后不久,就忧愤成疾,吐血而终,年仅38岁。

北宋·张先·十咏图卷(局部)

北宋加强中央集权

北宋建立后，宋太祖“欲息天下之兵，为国家建长久之计”，曾问计于宰相赵普。赵普认为唐末以来割据局面的形成，在于“节镇太重，君弱臣强而已矣。今所以治之，无他奇巧也，惟稍夺其权，制其钱谷，收其精兵，天下自安矣”。于是，宋初统治者在进行统一战争的同时，吸取唐末五代时期藩镇割据、军弱臣强的教训，采取了一系列加强中央集权的措施：杯酒释兵权、分割宰相权力、削减长官的权力、发展科举制度、改革军事部署等。北宋加强中央集权的措施，对解决中唐、五代以来藩镇跋扈的局面，对维护国家统一，起了重要的作用，在客观上也有利于社会经济的发展。但是，这些措施虽然解决了中央与地方藩镇的矛盾，却种下了“积贫积弱”的祸根。

▲北宋皇陵前的石兽

▲北宋·白釉褐彩轿

▲北宋·汝窑葵口高足碗

▶石守信像

公元961年　杯酒释兵权

建隆二年(公元961年)秋，赵匡胤宴请石守信、王审琦等几位高级将领，酒席间，赵匡胤对在座的将领们说："我非尔曹之力，不得至此，念尔曹之德，无有穷尽。然天子亦大艰难，殊不若为节度使之乐，吾终夕未尝敢安枕而卧也。"石守信等人忙说，现在天下已定，谁还敢有异心！赵匡胤说："汝曹虽无异心，其如麾下之人欲富贵者，一旦以黄袍加汝之身，汝虽欲不为，其可得乎?！"石守信等人吓得涕泣叩头，请求太祖指明出路。于是，赵匡胤说："人生如白驹过隙，所谓好富贵者，不过欲多积金帛，厚自娱乐，使子孙无贫乏耳。尔曹何不释去兵权，出守大藩，择便好田宅市之，为子孙立永远之业，日饮酒相欢，以终其天年。我且与尔曹约为婚姻，君臣之间，两无猜疑，上下相安，不亦善乎！"次日，石守信等人乃上书称病辞职，乞解除兵权，赵匡胤一一批准，并赐他们良田美宅，让他们做空头节度使去了，这就是历史上有名的"杯酒释兵权"。

公元961年　整顿禁军

▲北宋·"威武左第二十三指挥第二都朱记"印

对宋初军制的制定，宋太祖可谓是用心良苦，他充分吸取前代的教训，最大限度的消除了唐末五代的弊端。宋代兵制分为禁军、厢军、乡兵、蕃兵四种，其中禁军是中央直接控制的精锐部队，用以保卫皇室、京都和镇戍地方。宋太祖即位的第二年，即着手整顿禁军，裁汰老弱，补充精壮，又下令各地选勇壮兵士升为禁军。为了更有效地控制这支武装力量，赵匡胤于961年将"殿前都点检"等禁军高级将领撤销，设殿前都指挥使、马军都指挥使、步军都指挥使，即所谓"三帅"来分别统帅禁军，"三帅"皆用一些资历较浅、容易驾驭的人担任，他们只有将兵之权，而无发兵之权，并且时常调动。另置枢密院，掌发兵之权，使将兵权和发兵权分离，二者相互牵制，最后听命于皇帝。同时，在禁军的驻屯上，又采取了“内外相维”的方针，禁军的一半驻守京师，另一半驻全国各地，边境上只有少量禁军，“畿甸屯营，倍于天下”，“收四方劲兵，列营京畿，以备宿卫，分番屯戍，以捍边围。于时将帅之臣入奉朝请，犷暴之民收隶尺籍，虽有桀骜恣肆，而无所施于其间。凡其制，为什长之法，阶级之辨，使之内外相维，上下相制，截然而不可犯者，是虽以矫累朝藩镇之弊，而其所惩者深矣”。这种强干弱枝的办法，对于削弱藩镇势力、加强军权起了积极的作用。宋朝中军中小的兵变有一些，但再没有出现大的动荡。而在宋初平定各个割据势力和防御辽国的战争中，禁军还是发挥了很大的作用。

▲北宋·“通远军防城库铜朱记”印

公元964年 收财权

宋廷为了削弱地方政府的财权，消除形成割据的经济基础，乾德二年（964年）规定，每年各州赋税收入，除度支经费外，余则“悉辇送京师”。凡以“留州”、“留使”等名目截留的财物，一律上缴。此后又规定，地方财权通过路一级转运使、州一级通判、县一级主簿最终统归中央。中央则以三司总掌财政，号称“计省”，下设盐铁、度支、户部三部。三司长官为三司使，称为“计相”，地位仅次于宰执。北宋不仅收缴地方的财权，还限制藩镇享有的商业特权，严禁官员“赍轻货，邀厚利”，以达到“利归公上，而外权削矣”的目的。“天下支用，悉出于三司”。

▲宋时中央以三司总掌财政

公元 965 年　行更戍法

宋太祖初定天下，为纠正兵骄将专、横猾难制的弊端，于乾德三年（965 年）八月，采纳赵普的建议，立更戍法。所谓“更戍”即更换戍守地点，宋太祖赵匡胤为了防止将领把士兵变为私有资产，使军队的屯驻地点时常更换，而统兵将帅却长驻防地，不随士兵行动。名义上是让士兵“习山川劳苦”，提高素质，实质上是“不使上下人情习熟”，造成兵无常将，将无常师，兵将分离的局面。这一措施虽然限制了将帅拥兵自重抗拒中央局面的出现，但也带来了军队不能认真训练、作战指挥不灵、军队战斗力弱等弊端。

▲宋太祖下令让士兵“习山川劳苦”

公元 969 年　宫宴罢节镇

开宝二年（969 年）十月，凤翔节度使王彦超及诸藩镇入朝。太祖设宴于后苑，酒酣，太祖从容谓之曰：“卿等皆国家宿旧，但久临大镇，政务繁忙，非吾优贤敬老之意。”彦超领会其意，当即奏曰：“臣本无勋劳，久冒荣宠，今已衰朽，请将我放归田园吧。”但安远节度使武行德、护国节度使郭从义、定国节度使白重赞、保大节度使杨廷璋竟自陈攻战阀阅及履历艰苦，太祖当即谓之“此异代事，何足论”。次日，皆罢去。仅保留其每逢一、五日朝见皇帝的“奉朝请”的待遇。藩镇势大难制之痼疾被根除了。

▲彦超罢官

▲北宋·武臣石像

公元987年　以文臣充换武将

赵匡胤解除了慕容延钊、石守信等人的兵权后，开始用文臣知州事，对于拥兵割据的大藩都借故把他们调离，或使其遥领他职，死后也不许子孙袭职，逐步任命文臣代替原来的武将。宋太祖曾对赵普说："五代方镇残虐，民受其祸。朕今用儒臣干事者百余人分治大藩，纵皆贪浊，亦未及武臣十之一也。"太祖后的重文轻武成为宋朝政治上的一大特色，各个皇帝也继续实行这个方针，是谓"兴文教，抑武事"。987年正式下诏曰："文臣中有武略知兵者，许换秩。"这样，文臣代替武将，武将调离军职，进一步堵塞了军阀割据的道路。

扩大仕途

北宋统治者在加强中央集权的同时，广泛吸收地主阶级知识分子参政，不断扩大封建政权的阶级基础。科举"有进士，有诸科，有武举。常选之外，又有制科，有童子举，而进士得人为盛"。与唐相比，北宋科举制具有规模大、制度严谨等特点。宋朝的科举制在唐代的基础上有了进一步的发展，而且具有自己的特色，主要表现在分三级考试（乡试、省试、殿试），大体上每三年举行一次。乡试主要在州一级考试，省试指属于尚书省礼部主持的全国举子考试，省试通过后要参加皇帝亲自主持的殿试。此后，殿试成为定制，录取权皇帝直接掌握。所有及第的人于是都成了"天子门生"。殿试后，举行皇帝宣布登科进士名次的典礼，并赐宴琼林苑，故称琼林宴。殿试第一名称榜首，第二、三名称榜眼，一、二、三名都可称状元。南宋以后，第一名称状元，第二名称榜眼，第三名称探花。宋代的考试科目很多，大体上可分为进士、明经、诸科、制科、童子及试举等几类。在这些科

▲宋人科举考试图

目中，以进士科的地位最为显赫重要，录取名额比唐朝大大增加。另外，宋代针对以前科场舞弊的教训，在科举考试中采取了一系列的防微杜渐的措施：锁院制度；糊名制，这也是后世考试中密封试卷制度的起源；誊录制度；别试制度，保证了科举考试的公平性；复试制度。北宋科举及第者享受优厚的待遇，进士及第即授官职，特别是在“兴文教，抑武事”政策的影响下，大批文人通过科举考试进入政坛，从此便“赫然显贵”。统治者还用“特奏名”的办法吸引更多的知识分子参政。开宝二年(969 年)规定，凡举人参加过 15 场科举考试未及第者，一律特赐本科出身。真宗时，对已应试 5 场未及第者即赐出身。

削弱相权

赵匡胤集中政权，是从中央和地方两方面进行的。在中央主要是分割缩小宰相的权力，自秦始皇称帝设立相后，宰相的权力很大，这样，就发生了皇权与相权的矛盾。北宋建立后，沿袭唐制，执政的宰相称平章政事。为了防止宰相擅权，赵匡胤首先在平章政事下设“参知政事”为副相，负责处理全国政务，以分割相权。同时，还把唐末五代时设置过的枢密使作为常设官员，置枢密院，专掌军事政令和调动禁军，以此来分取宰相的军权。枢密院与中书门下(宰相、参知政事的官署)对掌文武大政，合称“二府”，二者分别奏事，彼此不相知，共同受命于皇帝。为了分割宰相的财权，又设置户部、盐铁、度支三司，置三司使，专管四方贡赋和国家财政。其中户部掌户口、赋税和榷酒；盐铁掌盐铁专营及兵器制造；度支掌财政收支和漕运。三司使合称为“计相”，地位仅次于宰相。这样，本来无事不统的宰相就只剩下有限的权力了。中书门下、枢密、三司，三者不相上下，共同对皇帝负责，大权集于皇帝一身。在中央机构中，还有审刑院，详议裁决各地上奏案件，不归宰相统领，直属于皇帝。学士院设翰林学士，为皇帝草拟诏书。御史台和谏院，负责纠察百官，议论朝政得失。但是，宋代的院台与以前不同，其前的谏院、谏官，负责规劝皇帝，而宋代的谏官则主要是监督宰相等官员。这样，通过削弱相权，逐步加强了皇权。

▲北宋·紫定盖罐

削弱地方官权力

早在唐末五代时期,各地节度使割据一方,兼领数州,称为“支郡”。不久,就取消了支郡,各州直辖于朝廷。还规定“列郡用京官权知,三年一换”,并一律由文官担任,称“知州”、“知府”等;又设“通判”监督知州,与知州权力相同,互相牵制。各州郡的文件,必须“通判”署名才能生效,通判还可以直接向皇帝报告知州的情况。后来,又把全国分为十五路,陆续设转运使,提点刑狱、安抚使、提举常平等四司,专管地方财政、司法、军事、农田,统称为“监司”,除安抚使外,都由文人充任。这样,地方权力便收归中央了。

▲宋·文官服

官、职、差遣分离

为了便于对官员进行控制,在官员任命上,北宋还采取了官、职、差遣分离的办法。所谓官是表示品位高低和薪俸多少的官衔,职是加给官员以殿阁大学士等一种名义,只有差遣才是官员担任的实际职务。无论中央或地方官员,均由皇帝差遣担任,从而防止了官员与地方势力结合对抗中央,加强了中央对官员的直接控制。这种官职分离的制度,对防止专擅之弊,是有一定作用的。但矫枉过正,造成了冗官冗职太多的现象,居其官而不知其职者,十常八九。于是,神宗时又有元丰官制的改革。

▲北宋·墓室壁画·彩绘官员图

北宋大将杨业府邸——天波杨府(复建)

宋与辽夏的战争

宋太宗赵光义即位后，攻太原(今太原西南)时曾败辽援军于石岭关(今山西阳曲东北)，产生轻敌思想，在部队未及休整、准备的情况下，当即督军北进，企图一举夺回燕云地区。时辽朝已为景宗耶律贤执政，经过改革，国力有所增强。宋军在高梁河(今北京西直门外)失败，全军溃退，损失惨重。此后辽军曾六攻宋境，均被宋军击退。雍熙三年(986年)，赵光义再次全力攻辽，在岐沟关(今河北涿州西南)等地被歼20余万，精锐尽失。赵光义丧失胜辽信心，遂实施专守防御。辽则采取攻势战略，连年攻扰宋境。辽统和二十二年(1004年)，辽军20万攻宋，进至澶州(今河南濮阳)北，宋真宗赵恒亲至前线督战，小挫辽军。双方均感无力消灭对方，遂签订“澶渊之盟”。辽宋战争结束，此后120年双方和平相处。宋宝元元年(1038年)，党项主元昊公开反宋，称帝自立，建大夏国，史称西夏。宋为防御夏军，在主要防御方向上修建近百个军事据点。三年至庆历二年(1042年)，元昊三次大规模攻宋，均获胜利。后因争夺辽境党项部落，辽夏矛盾激化，元昊为避免两面作战向宋请和。庆历四年(1044年)，辽军10万攻夏前，宋夏签订和约，元昊向宋称臣，宋赐岁币22.5万，宋夏大规模战争基本结束。此后夏仍不断攻扰宋边，但均属边界冲突。西夏在贺兰山(今银川西北)大败辽军，辽军于重熙十八年(1049年)再次攻夏，先败后胜。夏被迫求和，二十三年双方重修旧好，辽夏战争结束。

◀宋真宗赵恒像

公元 979 年　高梁河之战

宋太平兴国四年(979 年),宋太宗灭掉了盘踞在太原的北汉后,想乘胜收复幽云十六州。宋军于镇州(今河北正定)集结,北进至幽州城下,宋军四面攻城,守城辽将耶律隆运全力防守。由于宋军长期征战师老兵疲,又是孤军深入,后援不继,15 日后,辽名将耶律休哥率兵来援,在幽州城北的高梁河(今北京西直门外)大败宋军。宋太宗负伤乘驴车仓皇逃归。高梁河之战是宋朝第一次大规模主动出击辽的一次战役,是宋朝为收复燕云失地做出的第一次努力,最后以失败告终。这次失败,宋军受到巨大损失外,严重挫伤了宋军的自信心。而辽军经过这次胜利便开始轻视宋人,并由此开始了肆虐的南侵,宋辽又开战端。

▲宋太宗负伤逃归

公元 986 年　雍熙北伐

▲杨业画像

雍熙二年(985 年)末,知雄州贺令图等上书,言辽主少国多疑,母后专权,宠臣用事,国人怨疾,建议趁此机会,直取幽州。雍熙三年(986 年),宋帝不顾参知政事李至、枢密使方俊等人的反对,下诏分兵三路进行北伐:东路由大将曹彬、崔彦进率主力从雄州出发北攻幽州;中路由田重进统率,由定州攻飞狐;西路由潘美、杨业统率,出雁门关,攻朔(今山西朔县)、寰(今山西朔县东)、云(今山西大同)、应(今山西应县)等四州,最终目标是三路大军会师幽州,与契丹进行决战。三路大军同时前进,东路军刚出击就遇到契丹主力的迎击,大败于歧沟关;中路军闻听东路败北,也就不战而溃;只有潘美、杨业的西路军,出师仅两个月,便战果累累,收复了朔、寰、云、应四州之地,兵锋直抵桑乾河。但是，由于东、中两路守军的溃败，他们却成了孤军深入。辽军在打败东路和中路两路宋军后，调集十万精锐，全力向潘、杨部占领的寰州压来。杨业认为当前主要任务是护送云、应四州吏民，避免与辽正面作战。但监军王侁斥责杨业怕死。杨业被迫率军攻打朔州，并与潘美约好设伏朔州南的陈家谷口。潘美、王侁闻杨业战败，先行撤走，当杨业转战到陈家谷口（山西朔县南），孤军无援，只好回军再战，士卒皆尽，其子杨延玉战死，杨业受伤被俘，绝食三日而死。其他诸路闻杨业死，皆弃城逃走。宋三路大军除田重进全师而还外，其他两路全部被歼。此后契丹连年入寇，宋军完全被动，由进攻转为防守。

杨业

杨业，原名重贵，麟州新秦（今陕西神木）人。父信，为后汉麟州刺史。太平兴国四年（979年），杨业随北汉主降宋，遂复姓杨，名业，为左领军卫大将军、郑州防御使。太平兴国五年（980年），辽景宗率十万大军攻雁门。杨业率军突袭辽军，辽军大败而回。太平兴国七年（982年）四月，辽军分路攻宋，杨业统军败辽军于雁门关下，斩辽兵三千人，俘万余人。雍熙三年（986年），宋军分三路北伐辽。潘美等听到杨业兵败的消息，非但不前去援救，反而率兵逃跑。杨业遭到辽军伏击，拼死血战，自日中至暮，辗转退至陈家谷口，见无援兵，再率部下力战。他受伤数十处，士卒也死伤殆尽，最后因坐骑重伤不能行走，被俘，英勇不屈，不食三日而死。杨业之死，使北宋朝野震动，宋太宗追赠杨业为太尉、大同军节度使。潘美削三任，王侁等除名编管。杨业勇而有谋，与士卒同甘苦，英勇抗辽，功绩卓著，不愧为北宋名将。其子延昭（即延朗）、孙文广等抵御辽和西夏也多有战功，故后人称为“杨家将”。

▲杨业雕像

▲北宋·汝窑漏斗状匣钵

公元 1004 年　澶渊之盟

宋两次对辽作战失败，宋太宗确立了“守内虚外”的政策，对辽由进攻转为防御。至道三年（997 年），真宗即位，继续太宗的内外政策。此时，辽却采取攻势，不断南侵。景德元年（1004 年），辽圣宗、萧太后发兵 20 万大举南下攻宋。真宗惧辽，欲采纳大臣王钦若、陈尧叟迁都南逃之计，宰相寇准则力请真宗亲征，并随同真宗至澶州（今河南濮阳县西）前线督战，极大鼓舞了宋军将士的斗志。宋军坚守辽军背后城镇，又在澶州城下打了胜仗，射死辽大将萧挞凛。辽恐腹背受敌，提出和议，真宗对抗辽也信心不足。十二月，宋、辽商定和议，交换“誓书”，约定：宋辽为兄弟之国，辽帝尊宋帝为兄，宋帝尊萧太后为叔母；双方罢战撤兵，维持旧疆，仍以白沟河为界；宋每年输辽岁币银 10 万两、绢 20 万匹；双方沿边州县各守边界，两方人户不得交侵，对逃往越界者，双方互相遣送，沿边城市只许依旧完葺，不许增筑城堡和开挖河道。史称“澶渊之盟”。“澶渊之盟”加重了北宋人民的负担，加剧了北宋的财政困难。但它维持了宋辽边境长期的和平，促进了两地的经济文化交流，保证了北宋社会经济的继续发展，也促进了民族融合。

▲北宋·许道宁·渔父图

寇准参政

寇准（961~1023 年），字平仲，华州（今陕西渭南县北）人，太平兴国进士，历任知县、通判、三司度支判官、枢密直学士、枢密副使、参知政事等官。景德元年（1004 年），拜同中书门下平章事。当时辽兵南下，京师震动，寇准力劝真宗亲征，澶渊结盟而还。“澶渊之盟”虽非寇准所愿，但毕竟结束了宋、辽之间连续数十年的战争，所以，他为此“颇自矜”。而真宗对这个结果甚为满意，对劳苦功高的寇准也特别厚爱。王钦若见此，嫉恨难平，不甘心寇准主张的成功及其声

◀北宋政治家寇准像

▲寇准雕像

望、地位的提高，于是想方设法对寇准横加诽谤，以离间真宗和寇准的关系。王钦若曰："城下之盟，春秋耻之，澶渊之举，是城下之盟也。"王钦若又进一步火上浇油地挑拨说，陛下听说过赌博吧？赌棍在他的钱快要输光时，往往要把剩下的钱全部押上，这就叫做"孤注"，"寇准之孤注也，斯亦危矣"。王钦若的这些话，正好戳到了真宗北上澶渊时畏敌如虎、屡欲退缩的病处。他回想起寇准督迫自己渡黄河的情景，越想越觉后怕，对寇准的感情一下由敬重而转为怨恨，此后便逐渐开始疏远他。景德三年(1006 年)，真宗干脆罢去寇准的宰相职务，把他打发到陕州(今河南三门峡)当知州去了。后来真宗患病瘫痪了，刘太后出来干预政事，寇准当时是集贤殿学士，谋请太子出来参与国政，为刘太后所忌，又被贬为太子太傅；后来内侍都知周怀政等策划废黜刘太后，立太子为帝，事情败露，周怀政被诛。有个参政丁渭与寇准有隙，挟仇诬告寇准参与政变。寇准虽未被问成死罪，却也一再被贬，直至被逐到边远的雷州去当小官，一年后便在雷州病逝了。

◀宋仁宗赵祯像

公元 1040 年　三川口之战

元昊正式称帝建国，表示他已脱离宋朝。消息传到开封，宋朝朝野哗然，认为是大逆不道，宋仁宗下诏削去元昊官爵，收回所赐皇姓，停止贸易，并宣布有能捕杀元昊者，赏官定难军节度使；同时又派夏竦、范雍为统帅，率兵讨伐。但是，夏竦、范雍二人却不敢主动出击，也未组织积极的防御，而是将数十万大军分散驻守于千里战线上，毫无攻守计划，一开始就陷于被动状态。康定元年(公元 1040 年)初，元昊率西夏主力突然进犯，攻下金明砦(今陕西延安县西北)，并乘胜进围延州(今陕西延安)，宋将刘平率兵奉命从庆州(今甘肃庆阳)来援，至三川口

（今陕西延安西），陷入夏兵埋伏圈。宋军虽拚死奋战，杀夏兵八九百人，但仍然遭到惨败，宋主将刘平、石元孙等战败被俘，全军覆没。由于连日大雪，元昊撤走，延州才未陷落。消息传到宋廷，大为震惊，乃将范雍撤职，改任夏竦为陕西经略安抚使，以范仲淹、韩琦为副使，主持西北战事。并联络回鹘、吐蕃，授以官爵，赐以金帛，使其出兵，以牵制西夏力量。

公元 1041 年　好水川之战

范仲淹、韩琦主持西北战事后，募集勇士加强训练，边防情况有所好转，但范、韩二人在战略上有所分歧。范仲淹主张以守为主，伺机出击；韩琦则主张集中优势兵力主动进攻。庆历元年（1041 年），韩琦巡边，获悉元昊将攻渭州的消息，立即令副将任福率兵万余人迎击。初战获胜，杀夏兵数百人，夏兵诈败，沿好水川西遁，任福穷追，脱离后方，粮草供应断绝，结果孤军进入敌境，士卒疲惫不堪。至龙竿城北，陷于元昊十万伏兵的包围之中，任福力战，身被十余矢，仍奋击，壮烈牺牲，宋军大溃，死伤近万人，全军覆没。

▲好水川之战群塑

公元 1042 年　定川寨之战

▶韩琦像

好水川战败后，韩琦上章自劾，免除副使职务，范仲淹亦要求解职，二人改任知州，夏竦亦被劾罢职，改判河中府。宋廷鉴于战线太长，指挥不便，乃将陕西分为秦凤、泾源、环庆、鄜延四路，即四个战区，重新配备统帅，分别以韩琦、王沿、范仲淹、庞籍为统帅，均兼知州、招讨使，分统各路军队防守。韩琦、范仲淹、庞籍到任后，采取了许多措施，加强了防务，王沿则腐败无能，无所作为，故泾源成为四路中最薄弱的环节，因此，元昊的进攻矛头也就指向了渭州。庆历二年(公元1042年)九月一日,元昊入侵的消息传到渭州,王沿令副将葛怀敏"率兵据瓦亭待之",九月九日至瓦亭未见夏兵,乃继续前进,九月二十一日过长城壕,与夏兵遭遇,战不利,退保定川寨。夏兵尾追,包围定川,并切断寨内水源,宋军人马俱渴,陷于绝境。九月二十二日,葛怀敏率军突围未成,葛怀敏等将领十余人战死,余军九千四百多人。战马六百余匹全部被俘,宋军又遭到一次大败。

公元1044年 庆历议和

庆历三年(1043年)一月,元昊派使者至宋,表示愿意议和息兵。议和是宋求之不得的,于是,很快便开始了议和条件的谈判。在谈判过程中,双方围绕称号和岁币问题展开了激烈的讨价还价。在称号问题上,元昊企图保持独立平等地位,他称宋为"东朝",而自居"西朝",而不肯称臣。宋朝君臣认为西夏若拥有尊号,有损宋朝大国的尊严,所以极力反对。同时,元昊本名兀卒,但在致宋朝的文书中又改译为"吾祖",更引起宋朝君臣的极大反感,经过反复交涉,元昊乃改译名为乌珠。在岁币问题上,西夏要求三十万,宋朝只许给二十万,西夏提出再增五万五千,经过一年多的交涉,最后宋在岁币问题上让步,西夏在称号问题上让步,终于在庆历四年(1044年)达成协议,其主要内容是:元昊取消帝号,对宋称臣,由宋册封其为夏国主;宋每年赐给西夏银七万二千两、绢十五万三千匹、茶叶三万斤;重开沿边贸易。宋夏和议后,边境地区相对安定,宋夏间的经济、文化联系又密切起来,宋在边境的保安军(今陕西志丹县)、镇戎军(今甘肃固原)等地设立榷场,用丝织品换取党项人的骆驼、马、牛、羊等,特别是宋夏间的茶马贸易、谷盐贸易,在双方人民的经济生活中占有重要地位。

▲庆历议和后宋夏间的经济贸易密切联系,边境地区相对安定。

以《清明上河图》为蓝本而建的清明上河园一景

宋朝中期的危机和改革

北宋中期的变法运动，是在宋王朝积贫积弱，政治、经济、军事等各方面出现严重危机的情况下进行的。当时的情形是：农民起义此起彼伏，北宋统治岌岌可危；对外战争连连失败，军事危机日益严重；三冗弊政形成，国家财政困难。面对宋王朝的统治危机，统治阶级内部一部分人已感到局势的严重，开始研究挽救危机的办法，于是便出现了北宋中期的变法运动。其实，自仁宗以来，众多不一的改革主张和措施，形成了一股改革的潮流，成为王安石变法的思想、社会和实践的基础。而观点和主张上的分歧，削弱和分散了改革的力量，加之保守势力的破坏，使变法运动步履维艰。

1044年，庆历新政失败以后，宋朝严重的阶级矛盾和民族矛盾并未缓和，积贫积弱的局面仍在向前发展，统治集团感到危机四伏，因而要求改革的呼声在一度沉寂之后，很快又高涨起来，终于掀起一次更大的变法活动——王安石变法。变法可分为理财、整军和对科举、学校制度的改革三个方面。但是，由于各项新法或多或少地触犯了中、上级官员、皇室、豪强和高利贷者的利益，最终被罢废。

▲北宋时期的开封是全国政治、经济、文化的中心

三冗弊政

北宋中期社会矛盾的发展，主要表现为"冗官"、"冗兵"、"冗费"上。北宋政府通过科举、恩荫等吸收了大批地主阶级知识分子参政，为了稳定局势，对后周和各国官员也全部加以留用，因此，北宋官僚机构庞大，官员很多，行政效率低下，从而出现了"冗官"局面。为了防范和镇压农民的反抗斗争，北宋政府还养了一大批军队。北宋建国之初，全国禁军十九万三千人。到仁宗时，禁军激增到八十二万六千人，全国军队总数达一百二十五万九千人。军队庞大，但战斗力却十分低下，形成"冗兵"。宋代官员人数多，而俸禄又很优厚，"恩逮于百官者，惟恐其不足；财取于万民者，不留其余"。北宋行募兵制，庞大的军队需要巨额军费，养兵之费竟占全国财政收入的十分之七八，加之皇室挥霍及对辽、夏的大量"岁币"支出，从而形成冗费，使北宋政府"百年之积，惟存空簿"。冗官、冗兵、冗费的出现，使北宋政府财政发生危机，入不敷出。为了解决财政危机，宋王朝便加重对农民的剥削，结果又促使阶级矛盾更加尖锐，农民起义的规模日益扩大，恶性循环，使北宋发生了政治危机。

▲清明上河园反映北宋社会风貌

公元993年　王小波、李顺起义

▲北宋淳化年间李顺起义军所铸应运元宝

宋初，宋廷对四川大肆劫掠，引起屡次反宋武装斗争，形成农民起义的中心。淳化四年(993年)初春，茶农王小波领导农民在青城县(四川灌县)起义。王小波向群众宣告："我疾贫富不均，今为汝辈均之。"这是中国农民战争史上第一次明确提出"均贫富"的战斗口号。附近农民闻风而动，群起响应，义军发展到数万人，一举攻占青城县，又转战邛、蜀各州县，攻克眉山县。十二月，义军攻江原县，王小波阵亡，众推举其妻弟李顺为领袖。李顺继续战斗，许多州县被义军攻占。淳化五年(994

年)正月,义军攻占成都,李顺称大蜀王,改元“应运”,设官置署。宋王廷震恐,派大军前往镇压,至道元年(995年)二月,起义被镇压下去。王小波、李顺起义虽然失败了,但他们在中国农民战争史上第一次提出“均贫富”的口号,不仅使唐末农民起义处于萌芽状态的平均思想具体化、明朗化,而且对以后的农民起义具有重大的影响,在中国封建社会农民战争史上具有承前启后的重要意义。

公元995年　至道建储

▲宋真宗召见岳麓书院山长周式

太宗即位后,初立长子楚王元佐为太子,涪陵之祸中元佐谋救廷美,与父不和,廷美死,元佐发狂疾,雍熙二年(985年)因纵火焚宫被废为庶人。随后多年不立太子,大臣有奏请建储者,均遭贬斥,中外没有再敢说这件事的人。淳化五年(994年)九月,寇准自青州(今属山东)召为谏议大夫,太宗问谁可立为太子,准曰:“此事不可谋及他人,请陛下定夺。”太宗屏退左右,问:“襄王可否?”准对:“知子莫若父,愿即决定。”太宗乃以襄王元侃为开封尹,改封寿王。至道元年(995年)八月,封为太子,更名恒。三年,太宗死,宦官王继恩等谋立元佐,宰相吕端止之,赵恒即位,是为真宗,王继恩等被贬。

吕端大事不糊涂

吕端,字易直,是宋时幽州安次人。当时,宋太宗想任命吕端任宰相。有的人说:“吕端为人糊涂。”宋太宗说:“吕端小事糊涂,大事不糊涂。”于是,便任命吕端任宰相之职。吕端的确没有辜负宋太宗的期望。后来,宋太宗得了重病。当时,宋真宗为皇太子,吕端每日都伴随太子到宋太宗病榻前问安。等到宋太宗病危的时候,宫廷内侍王继恩忌恨太子英明,怕太子继位后于自己不利,就暗地里谋立楚王元佐为帝。宋太宗死后,李皇后命王继恩传召吕端。吕端知道事情有变,就把王继恩扣锁在房内,命人看守,自己进宫见李皇后。李皇后说:“太宗皇帝已经去世,拥立继承大统的人应当按照长幼的顺序进行,这样才是名正言顺的。你看现在应该怎么办呢?”吕端说:“先帝在世前册立太子正是为了今天,现在先帝刚刚离开人世,尸骨未寒,怎

▲北宋·郭熙·窠石平远图

么可以突然间就违背了先帝的遗命，另外再提什么建议呢？”于是就率群臣拥簇着太子来到福宁殿的庭院中，宣布由太子即位。真宗即位后，垂着帘子准备逐一接见群臣，但是吕端却挺直了身子站在殿下，并不率领群臣叩头下拜，而是请内侍先卷起帘子，然后又登上殿去仔细辨认是否真的是真宗本人，发现确实是真宗后，才走下殿阶，率领群臣行叩首跪拜的大礼，高呼万岁。

公元 1008 年　真宗封禅泰山

封禅泰山是中国古代帝王祭祀天地的盛大礼仪活动，也是封建王朝天下大治，进入太平盛世的重要标志。为掩盖澶渊之盟的“屈辱”，参知政事王钦若迎合真宗意伪造“天书”，封禅泰山。宋真宗于大中祥符元年(1008 年)十月初率宰臣百官自京都汴梁出发。十月二十四日，宋真宗在泰山极顶以隆重的仪式封祭昊天上帝及五方诸神，下山后又以同样的仪式禅祭地祇神于社首山，完成其封禅大礼。此后，宋真宗封泰山神为“仁圣天齐王”，封泰山老母为“天仙玉女碧霞元君”，并大赦天下，爵赏百官。这次封禅活动前后历时四十七天，耗费缗钱 830 余万贯。封禅之后，群臣争上表章致贺，赞颂朝廷功德，几达举国若狂的程度。真宗也命三司使丁谓等将封禅泰山的整个过程记录下来，编撰为《大中祥符封禅记》一书。真宗在封禅后，又去各地祭祀，多修道观，大兴土木，挥金如土。宋真宗此次活动为封建皇帝最后一次

▲以宋真宗封禅为原型的壁画——《泰山神启跸回銮图》(局部)

▲北宋·燕文贵·江山楼观图

封禅泰山。宋代以后，金、元、明三代皇帝都不再举行封禅大典，而是改为每年派亲信大臣到泰山代祭并形成制度。至清代，康熙、乾隆皇帝都曾至泰山致祭，但已不是封禅泰山的仪制与规模。

丁 谓

丁谓字谓之，苏州长洲(今吴县)人，淳化进士，历任转运使、工部员外郎、权三司使、参知政事、同中书门下平章事，封晋国公，是北宋太宗、真宗、仁宗三朝元老，显赫一时。寇准是北宋时期的直臣，宋太宗在位的时候，就很看重他，把他比作唐太宗时的魏征。宋真宗的时候，寇准做了宰相，权势很大。丁谓出于寇准之门，是寇准一手提拔起来的，但此人善佞，后来寇准对他也不大满意了。寇准做宰相的时候，丁谓官为参政(副宰相)。有一次他们在中书省里一起吃饭，寇准的胡须上不慎沾了一些菜汤。丁谓看到了，就站起身，替寇准把胡须擦净。寇准笑道："参政是国家的大臣，难道就为上司擦胡须吗？"丁谓讨了个没趣，羞得无地自容，心中暗恨寇准。乾兴元年(1022 年)二月，宋真宗死，宋仁宗即位时。年仅 13 岁，太后听政，丁谓利用职位之便修改"诏书"，把真宗死因归罪于寇准，并以此为借口，将朝中凡是与寇准相善的大臣全部清除。丁谓勾结宦官雷允恭，规定将重要奏章先送丁谓阅过后再送内廷，以达到把持朝政的目的。雷允恭为修宋真宗皇陵的都监，与判司天监邢中和擅自移改陵穴，这本是要杀头的事，而丁谓庇护雷允恭，不作处理。但最后终于被人揭发出来，触怒了太后，雷允恭被诛，丁谓被罢相，贬为崖州(今海南省)司户参军，四个儿子全被降黜。抄没家产时，从他家中搜得"四方赂遗，不可胜纪"。

▲丁谓触怒太后被罢相

▲范仲淹像

公元1036年 “朋党”之争

北宋王朝自建立到宋仁宗庆历年间，已经统治了八十余年。景祐三年(1036年),范仲淹上百官图讽刺宰相吕夷简任用亲信，又上书讥切时弊,希望宋仁宗不要一味信任吕夷简。为此范仲淹被吕夷简指责为离间君臣、引用朋党,被罢去权知开封府事。从此朋党问题成了宋朝政治斗争的一个重要内容。在范仲淹遭受排斥时,挺身而出对他表示支持的,有尹洙、欧阳修、蔡襄等一批人士。当时尽管支持范仲淹的人都被罢官,但斗争却没有因此而停止,不断有人上疏要求复用范仲淹,反对用“朋党”的罪名堵塞言路。欧阳修还作了著名的《朋党论》一文呈献给宋仁宗,分析了朋党之说自古有之,君子、小人都各有朋。凡小人之朋得势,就会以朋党为名排斥君子之朋,国必乱亡,要求宋仁宗以历史上的兴衰治乱之迹为鉴,“退小人之伪朋,用君子之真朋”。庆历三年(1043年),在一片改革呼声中,范仲淹的各项改革,在当年和次年上半年陆续颁行全国,号称“庆历新政”。但主持“新政”的范仲淹等人遭到各种无端的诽谤,攻击范仲淹、富弼是“朋党”的论调更是甚嚣尘上。

◀富弼像

公元1043年 王伦起义

庆历三年(1043年),京东安抚使陈执中,大括民财,强迫农民修青州城,“民间苦之”。在阶级斗争浪潮的推动下,各地士兵的哗变越来越多。是年五月,沂州虎翼军(军队名号之一)卒王伦结合四、五十名士兵,杀掉了巡检使朱进,直入青州境。陈执中派官军掩击,王伦乃率众转攻淮南,历沂、密、海、泗、真、扬诸州,“转斗千余里”,“如履无人之境”,至高邮军有众二、三百人,“皆是平民”。这些起义者,在脸上刺了“天降圣捷指挥”六字,以表示取得斗争胜利的信心和希望。淮南一带宋军州县的防务能力较差,楚、泰等地的知县、县尉、巡检,多未经过战斗,怕得要死,不敢抵挡。但这支以士兵为骨干的起义军,未能深入发动群众,人数较少,势力单薄。宋政府害怕汴河受阻,派傅永吉带兵尾追。起义军在扬州山光寺南

▲王伦起义失败被俘

为官军所败，七月至和州，强行渡江，王伦在采石为官军所俘，不幸遇害。有人称这是“赖其天幸，偶自败亡”。可见这次起义失败并不是由于官军强大，而是王伦主观方面有错误，带有一定的偶然性，以致未能与京西的起义形成互相呼应的形势。

公元 1043 年　庆历新政

宋仁宗时期，宋朝的社会、经济、政治，以及军事都面临巨大问题，集中表现为冗兵、冗员、冗费等现象严重。庆历三年(1043年)初，宋廷对夏战争惨败后，农民起义犹如山雨欲来，而宰相吕夷简对此束手无策。于是仁宗以范仲淹为参知政事，富弼、韩琦为枢密副使，他们以整理吏治为中心，条陈十事，推行新政。庆历新政的主要内容有以下几方面：①明黜陟。改变过去文官三年、武官五年一磨勘的旧例，对改变冗官问题有一定作用。②抑侥幸、精贡举。改变恩荫之制，防止恩荫过滥现象再度出现。科举注重品德与办事才能的考核。这亦对改变冗员问题、整顿吏治有一定作用。③均公田。使官吏廉洁奉公，同时抑制官僚大地主的兼并之势。④劝农桑、修水利。发展生产，增加政府收入，以应付冗费问题。⑤覃恩信、重命令。扩大宣传，使百姓感受到皇帝恩泽，取信于民。这有利于提高老百姓的信心，以忠心护卫宋王朝。范仲淹庆历新政执行范围有限，施行亦不甚系统，但仍受到反对派猛烈攻击，以结朋党为名排挤他。一年多后，新政被彻底放弃，范仲淹被挤出朝，支持者先后遭贬。新政失败的主要原因是它触动了一些名臣、大官僚的实际利益。

▲北宋·李成·寒林骑驴图

▲王安石像

公元1058年　王安石上万言书

王安石(1021~1086年),字介甫,抚州临川(今属江西)人。早年随父到过京城和许多地方,了解一些社会现实。他博闻强记,能文善赋,22岁中进士。历任幕僚、知县、通判、知州、提点刑狱等职,有较好的政绩,并认识到严重的社会问题。嘉祐三年(1058年),调京任三司度支判官。赴任后,便上仁宗万言书(即《上仁宗皇帝言事书》)。在万言书中,王安石提出要"变更天下之弊法",首先是培养和选拔"能讲先王之意以合当时之变"的贤才,让他们掌握治国之术,而不是只会记诵经典章句;提倡官吏的节俭和养廉,不使频繁调动,以便专一和发挥才干。理财方面,主张"因天下之力以生天下之财,取天下之财以供天下之旨"。万言书集中地反映了王安石变法的指导思想:一是通过抑制兼并,发展农业生产,增加财政收入,达到富国的目的;二是通过整修武备、训练军队,遏制辽、夏,实现强兵的目的,扭转"积贫积弱"的局面。三是依靠皇帝的权力,对现行的法度改弦更张,即走自上而下的改革道路。尽管万言书没有得到仁宗的重视,但王安石却因此受到要求改革的士大夫们的推崇,成为改革派的代表人物。

公元1062年　嘉祐建储

宋仁宗在位日久,所生三子皆早亡,其余十余人都是公主,所以二十余年嗣位尚虚。至和以来,仁宗多病,当时太子未立,朝臣包拯、范镇等以建储为言,不听。嘉祐后,仁宗病得很严重,中外惶恐,群臣上奏,请求选择宗子近亲为皇嗣,司马光、吕诲等词尤切,宰相韩琦再三言之。帝悟,嘉祐七年(1062年)八月,乃立宗室子宗实为皇子,更名曙。次年三月,仁宗死,赵曙即位,是为英宗。

◀宋英宗赵曙像

公元 1064 年　濮议之争

宋仁宗无嗣，死后以濮安懿王允让之子赵曙继位是为宋英宗。英宗即位次年（1064 年）诏议崇奉生父濮王典礼。以宰相韩琦、副相欧阳修为代表的一派认为英宗该称其生父濮王赵允让为父亲，这是符合以人的血缘和最基本的感情需要的。而以司马光为首的尊崇儒学的大臣，则竭力主张

英宗该称其生父为伯父，这是以遵守宗法制度为出发点得出的结论。两派各执己见，互不相让，司马光一派因人多势众而逐渐占据了上风。御史中丞贾黯在临死前还留下遗书，请求英宗务必称其亲生父亲为伯父。同知谏院蔡伉在面见英宗时，竟长跪于地痛苦流涕，如丧考妣，大呼这一叫法关乎国家兴亡。英宗为之感动。而韩琦、欧阳修被打入了小人系统。英宗依旧坚持称生父为父亲，持不同意见的反对者以君子圈自居而不屑与小人系统同处朝堂，扬言辞去在朝廷中的职务。这就是宋代历史上有名的“濮议之争”。

▲濮议之争

公元 1069 年　王安石变法

治平四年（1067 年）正月，宋神宗赵顼即位。神宗立志革新，熙宁元年（1068 年）四月，召“负天下大名三十余年”的王安石入京，用为参知政事，要倚靠他来变法立制，富国强兵，改变积贫积弱的现状，并设置三司条例司作为领导变法的机构。从熙宁二年（1069 年）到熙宁九年（1076 年）的 8 年内，围绕富国强兵这一目标，陆续实行了均输、青苗、农田水利、募役、市易、免行、方田均税、将兵、保甲、保马等

▲王安石纪念馆中的王安石雕像

新法。王安石变法以“富国强兵”为目标，从新法实施到守旧派废罢新法，前后将近15年时间。在此期间，每项新法在推行后，基本上收到了预期的效果，使豪强兼并和高利贷者的活动受到了一些限制，使中、上级官员、皇室减少了一些特权，而乡村上户地主和下户自耕农则减轻了部分差役和赋税负担，封建国家也加强了对直接生产者的统治，增加了财政收入。王安石变法是封建地主阶级针对北宋统治危机进行的改革运动，它不可能使北宋从根本上摆脱封建统治危机。变法的目的在于维护封建统治，但客观上有利于社会进步。王安石针对北宋社会积弊大刀阔斧进行改革，其“天变不足畏，祖宗不足法，人言不足恤”的勇敢精神值得肯定，他不愧是我国古代一位杰出的政治家、改革家。

▲北宋李公麟线描人物——免胄图(局部一)

公元1070年　整军新法

整军新法主要有：保甲法，熙宁三年(1070年)十二月颁行。规定凡农村民户每10家编为1保，5保为1大保，10大保为1都保。凡家有2丁以上的，出1人为保丁。由各保中选择家境富实而有才能者充任保长、大保长、都保正。每一大保夜出5人巡逻防盗。保丁于农闲时节集合训练。同保中如有犯强盗、杀人等罪者，他人须告民，知情不告则治罪。通过保甲制，在乡村组建起严密的治安网，“保甲之法成，则寇乱息而威势强矣。”到熙宁末，全国保丁已达56万多。保马法(又保甲养马法)，熙宁五年(1072年)五月试行于开封府，后推行于京东、京西、河北、河东、陕西5路。规定，凡义勇、保甲愿意养马者，每户1匹，富户可养2匹，由政府给马或给钱自行购买。养马户可免征折变、沿纳等赋税。三等户以上养马，每10户为1保，四等户、五等户每10户为1社。如马死，上户单独赔偿，下户由社共同赔偿马价的一半。军器监，熙宁六年(1073年)六月设置于开封，“总内外军器之政”。下辖京城军器坊及各州所置都作院，管理军械兵器的生产，从而提高了武器装备的性能和质量，满足了军队训练与作战需求。将兵法(又称置将法)，熙宁七年(1074年)九月实行于开封府界以及京东、京西、河北等路，继又推行于陕西五路。先精简军队，淘汰老弱30多万；随后进行整编，加强训练。将兵法实行后，在北方各路陆续设置100多将，作为新的军队编制单位，每将有兵力数千至数万不等，挑选武艺高强、有作战经验的武官担任正将教练本将兵士。后陕西五路设42将，东南诸路设13将。此法实行后，兵知其将，将统其兵，提高了战斗力。

▶北宋李公麟线描人物——免胄图(局部二)

公元1071年 改革科举、学校制度

王安石出于变法对人才的需求，很重视培养和选拔经纶之才。他认为旧的科举制度最大的弊端是"今以少壮时正当讲求天下正理，乃闭门学作诗赋，及入官世事皆所不习，此乃科法败坏人才，致不如古"。熙宁四年(1071年)二月颁行"贡举(即科举)新制"：废除诸科、明经科和制举；进士科停试诗赋、贴经、墨义，改考经义、论、时务策；增明法新科，考律令大义和断案。王安石认为培养、选拔人才极重要的途径是学校教育，教育的原则是"一道德"，即统一思想。为此，他对《诗》、《书》、《周礼》三部古代典籍加以新的注释，通称《三经新义》，经神宗批准，于熙宁八年(1075年)颁行全国，成为太学和州县学的必读之书。科举考试的经义，也须以此作为标准。对学校的管理作了新规定，严格各级学校学生的考试制度，制定"大学三舍法"：大学生初入学为外舍，每月考试一次，年终总考。成绩合格，又无违反校规，德行端正者，即可升入内舍。内舍生学习一年后，考试成绩"优"、"平"者，参照平时的表现，可升入上舍。上舍生如考试成绩列为上等，可免科举考试直接授官。目的在于激励太学生刻苦学习，防止太学成为品官子弟的寄养之处。

▲始建于宋朝的白鹿洞书院

公元 1080 年 ~ 公元1082 年
元丰改制

▲宋神宗赵顼像

王安石第二次罢相后，在神宗的主持下，新法继续推行，并作了局部调整。元丰三年至五年(1080~1082 年)，神宗主持了针对职官制度的改革。首先，改正官名，将原来只是虚衔的寄禄官改为正官，使之成为主管各机构事务的职事官。中书令、侍中、尚书令、六部尚书、侍郎等官因此作为三省六部的长官参预政务，有了实际职掌。其次，又仿照唐制，重新厘定了一些官称，如参知政事改称中书侍郎、门下侍郎和尚书左、右丞。第三，调整机构，对重复设置或没有实际事务的机构进行裁减、合并，如三司分归户部、工部，审官院并入吏部。第四，明确各机构的定编、定员及职责。第五，改革铨选制度，颁布了新的官阶，即《元丰寄禄格》，共 25 阶，官员的升迁、俸禄都必须依此“以阶易官”。神宗对职官制度的改革仅仅是一种局部的调整，实际只局限于文官中的京、朝官，行政办事效率并没有得到根本的提高。只是由于裁减了一些冗员和冗散机构，节省了 2 万缗的开支。元丰四年(1081 年)，神宗趁西夏惠宗失位之机，出兵攻夏，败于灵州城下。翌年，又败于永乐城。两次失利，使神宗受到很大的打击。元丰八年(1085 年)三月，神宗病逝。

▲宋朝皇帝朝服(绛纱袍、蔽膝、方心曲领穿戴及通天冠、黑舄)

公元 1086 年　元祐更化

元丰八年(1085 年)春，神宗病死，其子赵煦即位，是为哲宗，年仅十岁，其母宣仁太后以太皇太后的身份执政。宣仁太后是宫廷中反对变法的后台，掌权后遂援引司马光、文彦博等保守派到政府中，各种反变法的力量聚集在一起。司马光打着“以母改子”的旗号，反对新法。他把变法的责任都推给王安石，攻击“王安石不达政体，专用私见，变乱旧章，误先帝任使”；接着全盘否定了新法，诬蔑新法“舍是取非，兴害除利”，“名为爱民，其实病民，名为益国，其实伤国”。新法大部废除，许多旧法一一恢复。与此同时，打击变法派，列为王安石等人亲党的变法派官员，全被贬黜。对西夏，则继承了熙宁以前的妥协政策，把已收复的安疆、葭芦、浮图、米脂四寨割让给西夏，以偷安一时。这些政策，将国家通过变法的钱财积蓄耗散殆尽，激起社会上广泛不满。因这一事件发生在元祐年间，故史称“元祐更化”。所以后来把支持变法的一派人称为“元丰党人”，而反对变法的一派人则被称为“元祐党人”。宋朝的政治陷入党争的泥沼，不可自拔。

◀司马光像

▲司马光砸缸救人故事插图

公元 1093 年　绍圣绍述

元祐八年（1093 年）九月，高太后病死，哲宗亲政，有意恢复熙宁新法。他重新起用变法派章淳为相，并改元绍圣，以表示继承新法的决心。变法派掌权后，对保守派进行打击。以文彦博为首的 30 余人被列为司马光党羽，相继贬斥出朝，连已死的司马光也遭追贬。同时逐步恢复新法，“凡元祐历革，一切复之”，到元符元年（1098 年），各项新法基本推行全国。在恢复新法时，鉴于熙宁、元丰年间的弊端，作了一些小的变动。“绍述”虽是继承新法，可没有像王安石那样认真执行，而且在变法派内部又不断出现分裂，甚至相互倾轧。绍圣年间所恢复的新法，收效不明显。

◀宋哲宗赵煦像

北宋的经济

北宋结束了五代十国分立割据的局面，为社会经济发展创造了有利条件。北宋时期封建的租佃契约关系得到较大的发展，佃户对地主的人身依附关系有所削弱，劳动者的生产积极性有了提高。经过广大人民群众的辛勤劳动，北宋时期的农业、手工业以及商业，都有显著发展，社会经济呈现出新的繁荣。北宋农业的发展，突出表现在生产工具的改进和创造上。北宋时期，农业发达的另一个表现是耕地面积的扩大和水利工程的兴修。农作物的推广和亩产量的增加，也是北宋农业发展的一个重要标志。北宋的手工业生产也有很大进行。各种手工业作坊的规模和内部分工的细密，都超越前代。生产技术发展显著，产品的种类和数量大为增加。中国古代城市的发展，到北宋有了一个新的转折。北宋以前的城市，一般是坊、市分区，即住宅区与商业区严格分开。北宋时，随着商品经济的发展和城市人口的增加，彻底打破了“坊”、“市”的界线，商店可以随处开设，不再采取集中的方式。坊与坊之间的墙壁也都拆除了。北宋创印“交子”，这是我国使用纸币的开始，也是世界上最早的纸币。

▲《清明上河图》(局部)描绘了当时汴京清明时节的繁荣景象，也是北宋经济情况的真实写照。

农业的发展

北宋建立后，消除了南、北方交通的障碍，南北粮食品种得到了交流。福建一带种植的占城稻，传到了江淮地区，占城稻耐旱、早熟，“不择地而生”，适应性强，易于推广，中国北方也种植了占城稻。北方的粟、麦、黍、豆等粮食作物也推广到江南以及福建、广东等地。优良品种的培育和交流，水利工程的兴修，提高了单位面积产量，北宋一般农田亩产一石，江浙地区的稻田，中常年景可亩产二石至三石，而太湖周围的稻米可一岁两获，有的上田亩收五六石，有“苏湖熟，天下足”之说，这里是稻米的高产区。北宋初年，为解决耕牛不足的问题，劳动人民创造了用人力推动的踏犁，功效等于牛耕的一半。据王祯《农书》记载，湖北鄂州（今湖北武昌）地区还出现了秧马，形如小船，农民骑在上面插秧，一天可行千畦，既可减少弯腰曲背之苦，又能提高工作效率。此外，劳动人民还创造了开垦芦苇、嵩莱等荒地的刀，翻地的铁搭等。在灌溉工具方面，南方人民已普遍使用龙骨车来戽水，还有用水力转动的高转筒水车，能把山下的水引到山上。

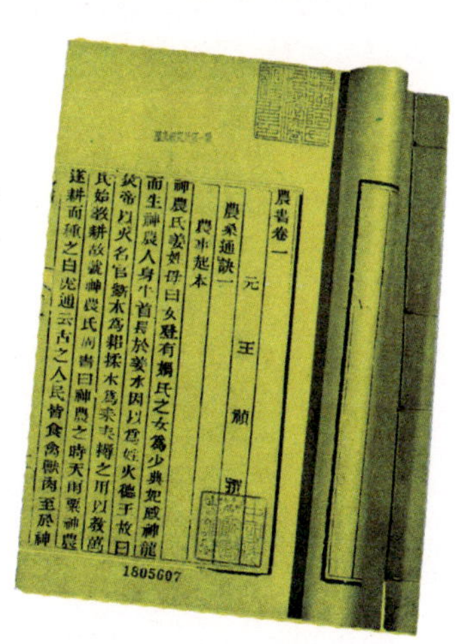
農書卷一
元 王禎 撰
農桑通訣一
農事起本
神農氏姜姓母曰女登有媧氏之女爲少典妃感神龍
而生神農人身牛首長於姜水因以爲姓火德王故曰
炎帝以火名官斲木爲耜揉木爲耒耒耨之用以教萬
氏始教耕故謂神農氏周書曰神農之時天雨粟神農
遂耕而種之白虎通云古之人民皆食禽獸肉至於神
1805607

▲王祯《农书》书影

▲王祯《农书》中辘轳汲水灌溉图

矿冶业

北宋时期，矿区由唐代的 168 处增加到 271 处，而且规模大，产量高。河南鹤壁的北宋煤矿遗址，竖井口径约 2.5 米，深 46 米左右，4 条巷道总长 500 多米，推测当时大概有数百人在此从事采掘。采掘技术甚至接近于近代的水平，如采煤先于煤田上方开凿竖井，再于井下沿煤层打出巷道，把煤层分成若干小

▲北宋·铜勺

块，采取“跳格式”挖掘，先内后外，逐步后撤。胆铜法的推广使产铜能力迅速提高；冶银时把铅混入银末，炼出纯度很高的银。信州（今江西上饶）铅山附近盛产铜、铅，“常募集十余万人，昼夜采凿，得铜、铅数千万斤”。煤在当时已成为居家主要的燃料，如开封城内的居民，“数百万家，尽仰石炭（即煤），无一爱燃薪者”。

兵器制造业

▲最早的火药武器——突火枪示意图

兵器制造是由官营手工业作坊垄断的。宋初有南北作坊（神宗熙宁中改为东西作坊），“掌造兵器戎具、旗帜、油衣、藤漆、什器之物”。仁宗天圣年间，南北作坊有兵校及工匠 7931 人，每年造铁甲 32000 付，弓弩等 650 余万张。开封还有东西八作司，规模也很庞大。诸州的兵器作院，每年造弓弩 620 余万张，与开封几乎相等。史称，“戎具精致犀利，近代未有”。当时，京师所造的武器，每十天一进，由皇帝亲自察看，可见北宋是非常重视兵器生产的。北宋常用的传统武器中，长兵器以枪为主，长杆大刀次之，还有钩竿、叉竿等杂形兵器，是吸取了北方少数民族武器中的特长而制造出来的。短兵器则以刀和剑为最主要的两种。宋太宗及真宗时，又采用了南方少数民族使用的标枪、旁牌等，作为官军的正式武器。北宋武器制造上最突出的成就是火药已从道家的丹炉中解放出来，逐渐运用到军事上，使火药武器迅速发展起来。

▲北宋时用弓发射的火药箭

纺织业

北宋纺织业有丝、麻、毛、棉四大类，其中以丝织业为主。养蚕业遍及江、淮、黄河流域，丝织业产地分布广，产量高，技术精。形成以两浙、四川为中心，包括河北东路、京东东路、淮南东路、江南东路的主要丝织业中心。开封有官办的绫锦院，拥有 400 多张织机。民间出现了独立经营的丝织业作坊，称为机户。仁宗时，梓州（今四川三台）有机户数千家，生产规

▲北宋·王居正·纺车图

模很大。丝织品的花色、品种繁多，其中仅蜀锦就有数十种之多。京东单州(今山东单县)所产的薄纱每匹仅重 4 两，望之如雾。而亳州轻纱，“举之若无，裁以为衣，真若烟雾”。麻织业主要集中在河东、广西、荆湖、成都府等路及京东地区。毛织业则以西北地区为主，产量都比较高。

制瓷业

制瓷业在北宋发展到一个重要阶段。制瓷窑户几乎遍及全国，在今十几个省、市、自治区的 130 多个县，都发现北宋瓷窑遗址。各地的瓷器制作工艺、风格不同，逐渐形成了定窑系、耀州窑系、钧窑系、磁州窑系、龙泉青瓷系、景德镇青白瓷系六大瓷窑体系和定、汝、官、哥、钧五大名窑。北宋制瓷技术已相当进步，发明了用“火照”测定窑温的技术；将许多三角形胎坯(即“火照”)上半部施釉，下半部埋入盛满沙粒的匣钵中，随瓷坯一同入窑，放在炉前的观火孔内。要测定窑温时，用铁钧钩出一个火照，打碎后从胎质和釉色的变化中推断温度的高低。直到瓷器烧成，匣钵中的火照也基本被取光。为了利用瓷窑的空间，提高瓷器的产量，还发明了叠烧法，即将盛放瓷坯的匣钵入窑后层层叠码，中间衬以垫圈。在瓷器的装饰上，利用刻、划、刺的手法，勾勒出花卉、云龙等造型图案，并且又出现了印花装饰工艺，使瓷器更显绚丽多彩。瓷器不仅成为当时皇宫、官府的器物，百姓的日常生活用品，而且风靡世界，大量远销海外。景德年间在江西昌南镇设官窑烧制进贡瓷器，瓷器底部书“景德年制”四字，该窑后来日益发展，镇上居民多从事窑业，镇亦改名为景德镇，其产品精美，有“假玉”之称。

▲北宋·定窑系大壶

▲北宋·耀州窑刻花狮流水注

▲北宋·钧窑内外满红斑小圆碗

▲北宋·磁州窑系白釉瓜楞罐

▲北宋·龙泉梅瓶

▲宋·景德镇湖田窑青白瓷刻花桶式尊

五大名窑

瓷器发展到宋代，达到了高峰，名窑辈出，品类繁多，当时最著名的有定、汝、官、哥、钧五大名窑，它们各有特点，争奇斗艳，为祖国的瓷业作出了巨大的贡献。

▲南宋·官窑粉青香炉

宋官窑，包括北宋官窑和南宋官窑。北宋官窑也称汴京官窑。南宋官窑是宋是南迁以后在杭州设立的新窑。南宋官窑产品以洗、碗为多，一般无纹饰，多有开片，但与汝、哥纹片不同。此外还有坯薄釉厚的制品。

定窑，继邢窑之后的著名的白瓷窑场，宋时属定州，故名定窑。定窑在宋代主要烧制白瓷，也兼烧绿釉、黑釉、褐釉，首创覆烧法。定窑以丰富多彩的装饰花纹取胜，工整素雅的印花定器，一向被视为陶瓷艺术中的珍品。

▲宋·钧窑外红内蓝花口高足碗

汝窑，窑址在河南临汝。临汝在宋代属汝州，故名汝窑。迄今尚未发现汝窑的确实窑址，只有瓷器传世。汝窑主要烧造宫廷用瓷，烧瓷时间短促，仅从北宋哲宗到徽宗的二十年间，所以是宋代名窑中传世品最少的一个窑。

钧窑，窑址在河南省禹县，古属钧州，故名钧窑。创烧于北宋，盛于北宋晚期。钧窑属北方青瓷系统，其独特之处是使用窑变色釉，烧出的釉色青中带红。釉中有“蚯蚓走泥纹”的曲折线也是钧釉的特征之一。盆、托及尊等宫廷使用器物底部均刻一个由一到十的数字。

▲宋·哥窑八方碗

哥窑器物以纹片著名，纹片多为黑色，俗称“金丝铁线”。按颜色分有：鳝血、黑蓝、浅黄鱼子纹；按形状分有：网形纹、梅花纹、细碎纹等。哥窑开片总的特点是：平整紧密，片纹裂开成上紧下宽状；黑色纹片中有时闪蓝色。

▲宋·汝窑三足洗

▼宋·定窑孩儿枕

▲张择端·《金明池争标图》，描绘北宋时期金明池龙舟争标的场景。

造船业

随着水上交通和海上贸易的发展，北宋的造船业特别发达。官营的造船作坊以生产漕运船（纲船）为主，也生产战船、运兵船（马船）和运送官员的客船（座船）。一般年产漕运船 2900 余艘，最多可达 3300 余艘，其中处州（今浙江丽水西）、吉州（今江西吉安）、虔州（今江西赣州）等地，年产量都在 500 艘以上。民营作坊多生产商船、小型客船及游船。当时行驶于运河中的漕船，一般载重量都在 300 料（1 料即 1 石的重量，约合 55 公斤）至 500 料之间。长江中有千料大船，最大的“万石船”，可装料 12000 石，约 660 吨。为使船只航行平稳安全，海船都是甲板宽平，底尖如刃。船底和两舷一般用两层或三层木板制成。船头置碇石锚，用粗藤和绞车升降。如遇到风浪，再加抛“游碇”。船上桅杆 4~6 根，可以起伏，装帆多幅。每船 8~10 橹，最多的有 20 橹。船尾除大、小正舵外，还装有“三副舵”两个。船舱之间采用防水隔舱，这是我国造船史上的一大创举。兵船的制造技术也很先进，最大的运兵船一次可载千余人。此外，还有拆卸灵便的战渡两用船、船头装有铁制铧的攻击舰、用于疏浚河道的“浚河船”和开通航道的破冰船等。为方便船只检修，北宋时还建成了世界上最早的船坞。太宗时，造船师张平穿池引水建成一座内坞，船只可驶入其中。熙宁年间，皇帝的龙舟年久失修，船底腐烂，宦官黄怀信于开封设计建造了一座干船坞。

文具制作

笔、墨、纸、砚，号称“文房四宝”，随着北宋文化的发展，与此相关的制作业也十分兴盛。宣城是当时著名的毛笔产地，城中有位制笔名家诸葛高，擅长制作紫毫笔，软硬适度，经久耐用，深受文人喜爱。江浙一带多产羊毫笔，尤以明州（今浙江宁波）、

▲北宋·蝉形青花端砚

信州所产为上品，具有柔和而不弯曲的特点。京城开封是全国最大的制笔业中心，城内相国寺以东，集中了许多自产自销的毛笔铺。入宋后，产生了专业性的制墨业，或由家庭，或由作坊进行生产。徽墨是当时的名墨。徽州（今安徽歙县）有很多制墨世家，制作的墨书写流畅，墨迹有光泽。衢州（今属浙江）、宣城、成都、洛阳、开封等地都是重要的产墨地。制砚业分布很广，以歙州、端州（今广东肇庆）所产石砚最有名。歙砚质地坚硬，发墨好；端砚色理莹润，更胜一筹。

造纸业

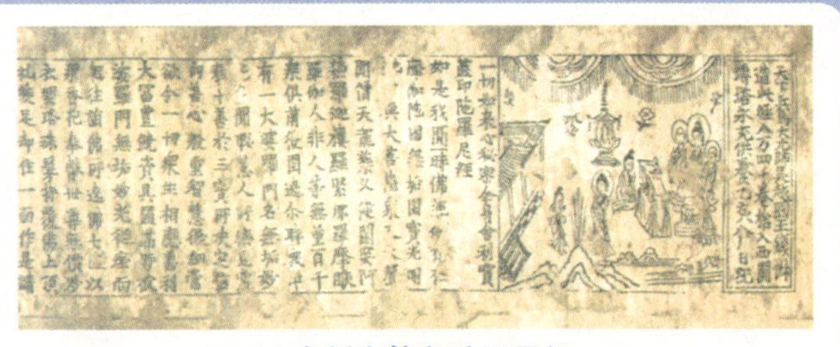

▲木刻宝箧印陀罗尼经

造纸业是重要的手工业部门，原料除麻之外，竹、藤、稻秆、麦秆、桑皮等都能造纸。纸张的产地和生产规模不断扩大，技术也不断提高，如成都的蔡伦庙附近有百余家造纸作坊。徽州产纸，一改传统的上墙日晒法，置于火上焙烤，既不受气候影响，又大大缩短生产周期。歙州纸光滑洁白，有一种匹纸长 50 尺，厚薄均匀，似白绸。还发明了“椒纸”，可防虫蛀，便于长期保存。苏州瑞光寺塔中发现的《妙法莲华经》，是雍熙年间（984~987 年）刻本，其纸时隔千年，还保存完好，具有良好的抗水防潮性能。造纸术的提高也扩大了纸张的用途。纸不仅作为书写的材料，也成为日常生活的用品。陆游《谢朱元晦寄纸被》一诗写道：“纸被围身度雪天，白天狐腋软于绵。”康定元年（1040 年），西夏侵边，陕西军备不足，仁宗下令江南、淮南起制纸甲，一次就生产出 3 万副，作为守城弓弩手的护甲。

▶北宋·李成·读碑巢石图

市镇的勃兴

农村商品货币关系的发展，手工业行业分工的扩大，密切了城乡之间的交换关系，原有的商品交易市场已不能满足需要，城市周围和乡村交通要道等处不断出现新的交易场所。设于城外的称为草市，实际是城中的商业区向城外的扩展。开封城外就有街市，店肆林立。乡村有定期开放的小市，北方称“集”，南方称“墟市”或“赶场”。集市贸易主要是满足人们的生活和生产的需要，交换的商品有粮食、肉、鱼、鸡、水果、蔬菜等农产品，布帛、竹木器、炭柴等生活用品，牲畜、农具等生产资料，以及药材等。交易十分频繁，成交额也很大，一些大的市镇年税额都在 1 万贯以上，多的可达 2.6 万贯。草市和小市是长期或定期开放的交易场所，一些商人和手工业者在此定居，生产经营。随着交易规模的扩大，定居人口的增加，这些草市或小市便成为新的市镇。有些市镇继续发展而成为当地政治、经济的中心，形成新的县城。宋初的 45 年间，升为县一级的市镇 39 个，以后数量更多。

城市商业的繁荣

宋以前的城市商业已有一定规模，但“市”、“坊”之间界限使商业活动受到场所和时间的限制。入宋，逐渐打破了这种界限，“市”延伸入“坊”中，形成“坊”、“市”杂处的局面，城市的功能从单一的政治中心，演变为政治和工商业中心。都城开封既是政治中心，又是全国的商业贸易中心。城内手工作坊遍布，坊巷街头店铺林立，中等以上工商业 6400 多家，小商小贩则近万家。据孟元老《东京梦华录》记载，城内有多处热闹非凡的商业区。内城州桥以南到朱雀门一段，酒楼、饭店、茶馆、商号、药铺等鳞次栉比；州桥以东是鱼市、肉市、金银器铺；以西有鲜果行、珠玉铺。宫城东面的潘楼街、界身巷等，集中了大量的店铺，少数民族的客商也在这里出售猎鹰及其他特产，界身巷金银采帛“每一交易，动即千万，骇人闻见”。城中还有迟至三更的夜市，五更点灯开市、天明即散的“鬼市子”（早市）。除固定的商业活动外，还有多处定期开放的大型交易场所。相国寺每月举行五次庙会，庙会时，寺内可达上万人，商品应有尽有，吸引了众多的商旅。众多的人口，频繁的交易，使每天商品的上市量十分惊人，仅猪肉一项，每晚就有万余头生猪赶入开封城屠宰。北宋时，人口在 10 万以上的城市还有 40 多个，如杭州、长沙、福州、泉州、洛阳、成都、扬州等，其商业活动与开封大体相同。城市中的商业行会组织更加严密，为保护本行的商人利益，行会对“行户”有很多限制，同一行会的行户用同一种术语（行话），穿统一的服装行服。外行商人，不经“投行”（参加商行），不得贸易。这种组织又受政府的控制，成为向商人征购货物、敲诈勒索的工具。

▲此图表现了宋时城市商业繁荣坊巷街头店铺林立

货币的流通

▲至道元宝

▲景德元宝

▲元丰通宝

商业的发展，使货币的需求量迅速增加。宋初，铜钱的铸造量逐年增长，至道年间(995~997年)，每年铸铜钱80万贯，相当于唐代年铸铜钱的最高额32万贯的2倍多。景德年间(1004~1007年)，已增加到183万贯。元丰年间(1078~1085年)，又达到506万贯。由于铜产量有限，因而还铸造铁钱。景德中，年铸铁钱21万贯。元丰中，达88万多贯，并将全国划分为铜钱、铁钱流通区：成都府路、梓州路、利路、夔州路全部使用铁钱；陕西路、河东路铜、铁钱兼用；其他地区使用铜币。

公元1023年　交子始发行

最初的交子由商人自由发行。北宋初年，四川成都出现了专为携带巨款的商人经营现钱保管业务的"交子铺户"。这时的"交子"，只是一种存款和取款凭据，而非货币。随着商品经济的发展，"交子"的使用也越来越广泛，许多商人联合成立专营发行和兑换"交子"的交子铺，并在各地设交子分铺。但此时的"交子"尚未取得政府认可，还是民间发行的"私交"。宋仁宗天圣元年(1023年)，政府设益州交子务，由京朝官一二人担任监官主持交子发行，并"置抄纸院，以革伪造之弊"，严格其印制过程。"交子"的出现，便利了商业往来，弥补了现钱的不足，是我国货币史上的一大业绩。

▲北宋"交子"是世界上最早的纸币

与辽夏的贸易

宋初，宋辽便在沿边互市，并设官署管理。太平兴国二年(977年)和淳化二年(991年)，又先后在镇(今河北正定)、易(今河北易县)、雄(今河北雄县)、沧(今河北沧州东南)、代(今山西代县)等州及雁门等设立榷场。澶渊之盟后，辽在涿州(今属河北)等地新置榷场，双方派官吏监督贸易，征收榷税。宋出口辽的货物有茶、粮食、药材、丝麻织品、漆器、香药、犀角、瓷器、硫磺等；进口辽的货物有羊、马、骆驼、马具、皮毛制品、盐等。北宋每年可从宋辽交易中收入榷税150万贯。宋、夏间贸易也多通过榷场互市进行。景德四年(1007年),宋在陕西保安军(今陕西志丹)设立榷场。后因战争,贸易时断时续,民间走私十分严重,甚至私立榷场、和市。庆历四年(1044年),宋又增设高平寨(今宁夏固原)榷场。宋出口西夏货物有茶、丝织品、粮食、香料、瓷器、漆器、药材等;进口西夏的货物有羊、牛、马、骆驼、毡毯、药材、盐等。北宋与回部、龟兹、于阗、吐蕃、鞑靼、女真以及大理等西南地区少数民族及其政权都有密切的贸易交往。

◀此图表现了北宋与辽夏的贸易往来

榷 场

▲此图表现了商人通过榷场相互交易

自宋辽"澶渊之盟"以后,随着两国关系的不断改善,双方在边境增设了许多榷场,边境贸易非常活跃。北宋在雄州、霸州等地,辽在涿州、朔州等地,设立了榷场。北宋向辽输出丝织品、麻布、稻米、茶叶等商品,辽向宋输出马、羊、骆驼、皮革、毛织品等商品。辽朝中期以后,境内通用宋朝的铜钱。宋、夏和议后,北宋在保安军和镇戎军建立榷场。北宋用丝织品、瓷器、粮食,换取西夏的骆驼、马、牛、羊、地毯。金在西北边境设有榷场,同邻近的民族进行贸易。宋、金边境也设有多处榷场。榷场贸易由官府经营。民间商人经过政府批准,交纳税款后,也可在此贸易。榷场的设置,促进了边境地区商业的发展,丰富了各民族的经济生活。

海外贸易

海外贸易是北宋时期一项重要的贸易活动，先后在广州、杭州、明州、泉州、密州(今山东胶东)、秀州(今浙江嘉兴)等港口设有市舶司，主管舶商出入手续。以“广州市舶条法”，通行诸路，征收1/10的舶税，抽买舶货，称为“官市”，或“博买”，政府按规定价格收买舶船运来的货物。皇祐年间，年市舶收入53万多贯，英宗时为63万多贯。北宋还积极“招诱”外商来贸易。雍熙四年(987年)，太宗派8名内侍，带着敕书金帛，分4路到南海诸国招诱番商，与宋有贸易往来的国家和地区多达50多个。由于原有的陆上丝绸之路被西夏控制，所以海上运输便成为主要的贸易方式。

广州位于广东珠江的入海口，是北宋的第一大港，海外诸国的商船大多集中到这里贸易，号称“宝货雄富”。开宝四年(971年)，宋灭南汉后，即在广州设立市舶司，作为对外贸易的税收机构。外商到中国贸易的日渐增多。随着对外贸易的发展，广州城也不断扩建，分东城、子城、西城三个部分，比唐代扩大了几倍。宋真宗时，又沿城开凿了一条内濠，以便于船只的停泊、抗拒飓风的侵害。到南宋初年，广州市舶司的收入“倍于他路”。

▲宋代海船模型

▲《清明上河图》局部，图中来往的船只表现了北宋繁忙的航运。

宋仁宗赵祯的寝陵——永昭陵

北宋的衰亡

由于北宋官吏的腐败，至北宋末年出现了方腊、宋江等人的起义。与此同时，北方的强国辽已经被女真族建立起来的金所消灭，金灭辽后，既而把矛头直指北宋的统治。公元1125年2月，金以宋朝破坏与其定下的共同对辽的协议为名，大举出兵侵宋，此时正是宋徽宗宣和七年。金军兵分两路南侵，东路大军由完颜宗望指挥，西路则由粘罕指挥，共同进攻太原。此时，宋朝的局面已经大乱，徽宗迫不得已将皇位让于太子赵恒，是为宋钦宗。此时，金兵已到达黄河岸边，直迫宋都开封，宋徽宗逃至金陵（今南京）。北宋军队在丞相李纲的指挥下，击退了金军，暂时制止了金国的南侵，但由于徽、钦二帝的无能，一心想和金国求和。他们先后答应割地赔款给金国，又罢免了李纲等忠臣，使得金兵更加肆无忌惮。公元1127年，金军又一次攻打开封，并掠去徽、钦二帝及大量财物。至此，北宋王朝宣告灭亡。

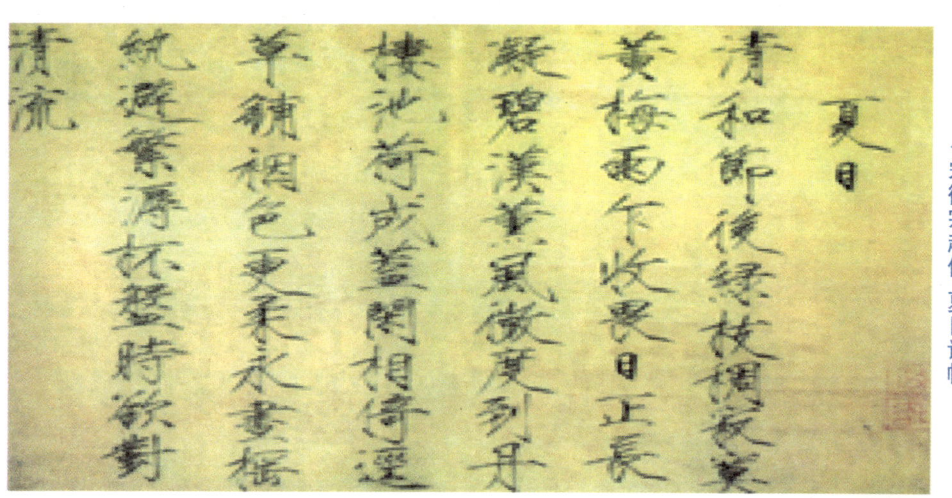

◀宋徽宗赵佶·夏日诗帖

公元 1100 年 徽宗继位

▲宋徽宗赵佶像

宋徽宗，名赵佶，神宗十一子，哲宗之弟，先后被封为遂宁王、端王。哲宗于元符三年（1100 年）正月病死时无子，向皇后于同月立他为帝，是为徽宗。第二年改年号为“建中靖国”。徽宗即位后不久，即重用蔡京、王黼、童贯、梁师成、李彦、朱勔，时称六贼。赵佶还以“绍述”的旗号，定司马光、文彦博等人为“元祐奸党”，刻石朝堂，以示贬斥。徽宗生活穷奢极侈，和六贼滥增捐税，大肆搜刮民脂民膏，大兴土木，修建华阳宫等宫殿园林。他派朱勔设立苏杭应奉局，搜刮江南民间的奇花异石，称“花石纲”，运送汴京，修筑“丰亨豫大”（即丰盛、亨通、安乐、阔气的意思）的园林，将北宋政府历年积蓄的财富很快挥霍一空。徽宗的腐朽统治，激起了方腊、宋江等农民起义。

多才多艺的宋徽宗

宋徽宗多才多艺，爱好诗词、书画、音乐、戏曲。其画擅山水、人物、花鸟，重视法度，能深入观察、体会所画物象。其花鸟描绘工细入微，笔墨精妙，设色匀净，富丽典雅，造型生动，形神兼备。精书法，创瘦金书体，笔画劲挺秀丽，风格独特。因个人所好及政治需要，宋徽宗在位时大力扩充宫廷画院，提高画院画家的地位和待遇，使宫廷画院达到繁荣隆盛的顶峰。他还下令将宫中所藏历代书画选优去劣，编为《宣和睿览集》。赵佶书法有墨迹《夏日帖》等，绘画有《芙蓉锦鸡图》、《瑞鹤图》、《红蓼白鹅图》等及临摹张萱《捣练图》、《虢国夫人游春图》等传世。徽宗在位时广收古物和书画，扩充翰林图画院，并使文臣编辑《宣和书谱》、《宣和画谱》、《宣和博古图》等书，对绘画艺术有很大的推动和倡导作用。

▲宋徽宗赵佶·芙蓉锦鸡图

▲元祐党籍碑

公元 1102 年　立元祐党籍碑

宋徽宗即位一年后，改年号崇宁，也就是崇奉熙宁新法之意。崇宁元年（1102 年），用蔡京为相，他以追述神宗、哲宗政事为名，广泛打击反对新法的人，将哲宗元祐中任职、曾对王安石变法不满的大臣数百人列为“元祐奸党”，并将其名单刻石，颁布全国。这就是有名的《元祐党籍碑》。司马光、文彦博、苏轼均榜上有名，同时将变法派以为臣不忠之名治罪。作为北宋新旧党争的实物资料，这是一件具有重要史料价值的碑刻。通过对这块碑刻的研究，人们可以清楚地了解宋代的社会状况和统治集团的矛盾。

公元 1119 年　宋江起义

宣和元年（公元 1119 年），宋江领导的农民起义在河朔一带（今河南、河北、山东交界处）爆发。从五代到宋，由于黄河多次决口，形成一个大湖泊，称为梁山泊。宋江等起义以后，便以此作为根据地。公元 1120 年冬，宋江的力量已经发展很大，他们已经能离开梁山和梁山泊到今鲁南、苏北一带活动，农民军“横行河朔”，官兵数万“莫敢撄其锋”，望风瓦解，不敢抵抗。北宋统治者看到农民军战斗力很强，便采取了“剿”、“抚”并用的手段，一面派禁军数万人围攻农民军，一面进行“招安”活动。宣和三年（公元 1121 年）二月，宋江在海州（今江苏连云港）为张叔夜战败，终于接受“招安”投降了。但不久，宋江等又重新举起了义旗，转战各地，连败官军，直到宣和四年（公元 1122 年）夏天，宋统治者镇压方腊起义军后，又派禁军将领折可存等前来镇压，宋江战败被俘牺牲，数百农民军也惨遭统治者杀害。

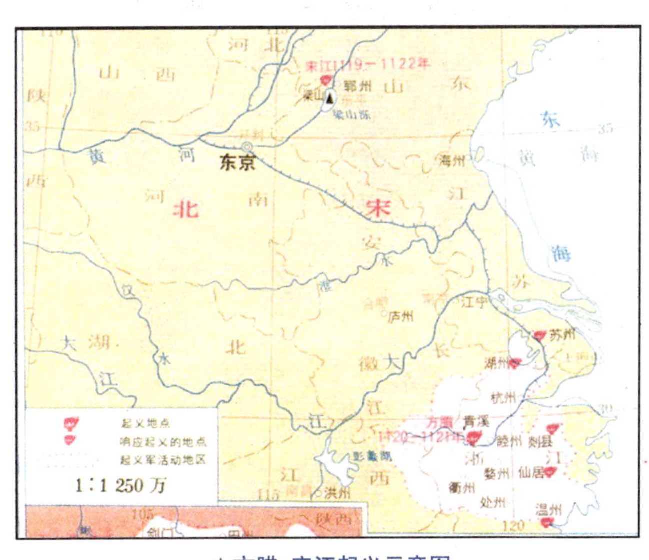

▲方腊、宋江起义示意图

公元 1120 年　方腊起义

北宋末年，统治者为所欲为，人民无以为生，阶级矛盾异常尖锐。另一方面，宋王朝在同西夏、辽的战争中，节节败退，屈辱求和，每年以“百万计”的银两、绸绢等送给辽、夏的统治者，用劳动人民的血汗换取朝廷的苟安偷生。民族矛盾促进了阶段矛盾的深化，各地农民不断举行起义。从宣和二年(1120 年)十月到宣和四年(1122 年)三月，在江浙地区爆发了方腊领导的农民起义。这是北宋时期规模最大的一次农民起义。方腊是睦州青溪县(浙江淳安)人，雇工出身。于宣和二年(1120 年)，方腊发动群众，宣告起义。他自称“圣公”，建年号“永乐”，设置官吏将帅。方腊利用当地秘密流行的摩尼教来组织群众，起义队伍很快便扩大到数万人。起义军所向披靡，三个月内，接连攻占了两浙首府杭州等地，共攻占六州六十多县，队伍扩大到近百万人，“东南大震”。当北宋最高统治者接到方腊起义军逼近杭州的消息之后，立即派童贯统率官军南下，镇压起义。接着，宋徽宗又“下诏罪己”，宣布撤消“造作局”、“应奉局”，停运花石纲。这时各地的地主武装也纷纷出来配合官军进攻。而起义军兵力分散，抵挡不住宋军的反扑。次年四月，方腊被俘，就义于开封。浙东的各支起义军到 1122 年以后也被镇压下去。宋军所到之处，烧杀抢掠，无所不为，无辜百姓被杀害的不计其数，两浙经济遭受严重破坏。

▲方腊雕像

▲方腊洞，方腊起义失败后的避难之所

公元 1120 年　订立海上之盟

在辽兵屡次被金兵打退以后，宋朝以宋徽宗为首的统治集团看到辽朝有必亡之势，便想借金人之力收复燕云。从政和七年(1117 年)起，宋府先后数次派人从登州渡海与金人联络，相约夹攻辽朝。宣和二年 (1120 年)，宋金订立所谓“海上之盟”。双方约定：①双方同时出兵夹攻辽朝，金兵攻取辽的中京大定府(今内蒙古宁城县西)，灭辽以后占领辽朝长城以北的州县；宋军攻取辽的燕京析津府（今北京）。②辽朝灭亡后，北宋占领燕云诸州，把原来每年给辽的银绢照原数转送给金朝。“海上之盟”的约定，使金朝由最初要求摆脱辽朝统治的斗争，发展为要推翻辽朝，取而代之。

▲宋府派人从登州渡海与金人联络

公元 1122 年　燕京之役

海上之盟订立后，金军连克辽中、西京，北宋却忙于镇压方腊起义。直到宣和四年(1122 年)，宋军才在童贯的率领下两次进攻辽南京，但都被守将耶律大石击败。为了掩饰失利，童贯竟请金军进攻辽南京。十二月，金军入居庸关，一举攻陷该城。金背弃前约，无意归还燕云之地。经过几番交涉，金才答应将燕京及蓟(今天津蓟县)、景(今河北遵化)、檀(今北京密云)、顺(今北京顺义)、涿、易六州之地归宋，但北宋要每年加纳“燕京代税钱”100 万贯，宋全部应允。金军退出时，把燕地之职官、富民、金帛、子女“尽掠而去”，宋仅得一座空城，改燕京为燕山府。宣和七年(1125 年）十月，金兵两路南侵，燕山府地复失。

▲燕京之役

公元 1125 年　李纲守东京

▶李纲像

宣和七年（公元 1125 年）十月，金兵即分两路南下：西路由粘罕率领，从云中（大同）攻太原；东路由完颜宗望率领，由平州（卢龙）攻燕京，对北宋开始了大规模的掠夺战争。西路金兵在太原城下受到河东人民的英勇抗击，相持九个月之久。东路金兵到达燕京时，守将郭药师投降，金兵得以长驱南下，后来顺利渡过黄河，包围了东京开封。开封被围后，在军民的强烈要求下，钦宗任命李纲为亲征行营使，负责开封防务。李纲是抗战派的主要人物之一，他先后做过兵部侍郎、尚书右丞、东京留守，这时受命匡危，立即组织军民修缮开封城的防御工事，在城周每面配备禁军 12000 人，捕以厢军和民兵若干；又组织马步军 4 万人，分为前、后、左、右、中五军，每天进行操练，规定各军的主要任务是：前军负责保护粮库，后军驻在城门外以防金兵靠近城壕，右、左、中三军作预备队，随时可以抽调出去策应。在李纲的组织下，开封城军民精神振奋，严密防守，勇于决战。当金军包围开封，派出战船顺汴河而下攻夺水门时，宋军敢死队用长钩将敌船拖到岸边砸烂；在金军集中兵力压过城壕，当先者爬云梯攻城时，宋军弓弩手发箭将爬上云梯的金兵射倒，用手炮、座炮、擂木将向城壕压过来的金兵击杀。金帅完颜宗望数次发动强攻都不达目的，士兵死伤又多，害怕北宋各地援军开到时想撤兵也来不及，就不等索取财物足数，于 1126 年 2 月撤围北返。李纲主持的开封保卫战取得了胜利。

▲李纲墓石牌坊及林则徐在李纲陵园题写的对联

公元1127年 靖康之难

徽宗宣和七年(1125年),金朝在灭辽之后驱兵南下,分两路进攻北宋,进逼宋朝都城汴梁(今河南开封)。昏庸无能的宋徽宗赵佶听到金兵来犯,惊恐万状,传位给太子赵桓(宋钦宗),自称太上皇,借"烧香"为名,逃往镇江避祸。宋钦宗即位后,改年号为"靖康"。他同样畏敌如虎,只是迫于形势,才任命主战派李纲负责保卫汴京。同时,派遣使者前往金营求和,答应割地输款。金兵在获得北方大片土地和大量金银之后北撤,投降派又得势起来。宋钦宗以为天下无事,罢免了李纲。太上皇宋徽宗回到汴京,继续过着腐朽的生活。靖康元年(1126年)秋天,金兵第二次南侵,东西两路军队合围汴京。在这危急关头,无赖郭京说他能请"神兵"退敌,宋钦宗竟信以为真,下令撤去城上守军,大开城门,请"神兵"退敌。金兵就乘机攻入汴京,徽宗、钦宗束手就擒,做了俘虏。次年三月,金军大肆搜掠后,立张邦昌为楚帝,掳徽、钦二帝和宗室、后妃、教坊乐工、技艺工匠等数千人,携文籍舆图、宝器法物等北返,北宋亡。史称靖康之难、靖康之祸或靖康之耻。

◀宋徽宗赵佶·听琴图

▼靖康之难,宋朝战俘被分批押往金国。

▲北宋·王诜·雨村小雪图

宋朝南迁与北方的抗金斗争

在开封的北宋为金国所灭，宋钦宗的弟弟赵构逃往南方，迁都于临安，史称南宋，赵构被推举为皇帝，史称宋高宗。高宗在位初期，起用抗战派李纲为相，以宗泽为东京留守，发动军民抗金。但高宗与其父、兄（徽、钦二帝）一样，畏敌如虎，为保皇位而一味求和苟安。不久，他罢免了李纲，启用投降派黄潜善、汪伯彦，把宋军防线由黄河一线南移至淮、汉、长江一线，从而使抗战形势逆转。使得金兵分兵三路轻易即渡过黄河，并在不到三个月之内即占领了西自秦州、东至青州一线之广大地区。金军不断南侵，烧杀掳掠，捕捉人口与西夏交换战马，对中原地区的经济和生产造成极大的破坏，各地人民奋起自卫，组成抗金义军。从建炎元年（1127 年）到绍兴八年（1138 年）的十余年间，高宗一直辗转在东南沿海各地，躲避金军。他否定了张浚“权都建康，渐图恢复”的建议，南逃至临安（今杭州市）定都。结果造成临安卫军政变，金军亦乘机南下，宋高宗航海走避。金军穷追宋高宗不获，由江南北撤，被南宋韩世忠部拦截在黄天荡，北撤金军险遭灭顶之灾。此后，金军不敢轻易渡江，南宋朝廷得以立足江南。

▲位于江苏省淮安市新城北辰坊的梁红玉祠

公元 1127 年　赵构建南宋

赵构(1107~1187 年),字德基,徽宗第九子,钦宗弟。赵构先后被封为广平王、康王。金军北撤后,伪楚皇帝张邦昌不受宋廷旧臣拥戴,更为百姓所唾弃,33 天后被迫退位。靖康二年(1127 年)五月,康王赵构在南京应天府(今河南商丘)即帝位,是为高宗,改元建炎,重建宋政权。后国都南迁临安(今浙江杭州),史称南宋。

◀宋高宗赵构像

公元 1127 年　罢黜李纲

高宗贪生怕死,苟且求安。即位之初,重用主和派黄潜善、汪伯彦等人,甚至还封张邦昌为王。只是政权初建,黄、汪没有威望,而金的威胁仍然十分严重,才不得不起用李纲为右相,以此稳定民心和局势。李纲主张与金罢和议,联络河北、河东地区忠义民兵,加强抗金力量,并推荐宗泽为开封知府,后又改任开封府尹兼东京留守,主持开封城防务。在李纲、宗泽等人的积极经营下,开封城防得到加强,抗金义军得到招抚和改编。当时仅宗泽手下已拥兵百万,仓储丰裕,可供半年之需,他请求高宗还都开封。高宗无心返回开封。他一面表示"朕当与卿等独留中原,训练将士,益聚兵马。虽都城,可守;虽金贼,可战";一面却将孟太后等送过长江,以便日后南逃方便。黄、汪之流指责李纲"为金人所恶,不当为相",致使执政仅 75 天的李纲被罢相。太学生陈东、进士欧阳澈因上书奏请留用李纲,罢免黄、汪,反遭杀害。其他一些主战派将领也相继贬职、罢官,宗泽因德高望重未被罢免。

◀宋朝名相李纲雕像

公元 1127 年　红巾军抗金

南宋初，金军占领河东、河北部分州郡，残暴掳掠。两河（即河东、河北，今山西与河北中、南部一带）民众组成忠义民兵，纷起反抗，袭扰金军营寨。建炎元年（1127 年）九月，河东忠义民兵以红巾为标志，号红巾军，曾于泽、潞州间猛攻金左副元帅完颜宗翰大寨，交战中，完颜宗翰险被俘杀。后完颜宗翰屡闻各地营寨遭袭，痛恨红巾军，急令出兵逐捕，因红巾军战时集中，散时隐匿于平民中，故金军每次出击皆无所获，常妄杀平民以泄愤。而红巾军却日益壮大，成为南宋初期著名的抗金义军之一。

▲完颜宗翰雕像

八字军抗金

王彦领导的“八字军”原是北宋官军。建炎元年（1127 年）八月，时为河北招抚司都统制的王彦与岳飞等 11 名军将率 7000 兵士渡黄河，收复卫州新乡县（今属河南）。金军以为是宋军大举来攻，聚集了数万金军进行围攻，宋军战败。王彦突围后收集残兵转移到共城县（河南辉县）西的太行山区，坚持抗金。战士们都在面部刺上“赤心报国，誓杀金贼”八字，表示抗金的决心，因此被称为“八字军”。两河人民响应八字军的抗金号召，义军首领傅选、孟德、刘泽、焦文通等率领十余万人，接受王彦的领导，数百里内都被八字军所控制，给南侵的金军造成很大的威胁。八字军多次打败金军，“斩获甚众”，并夺回被金军掠夺的无数河南人民。

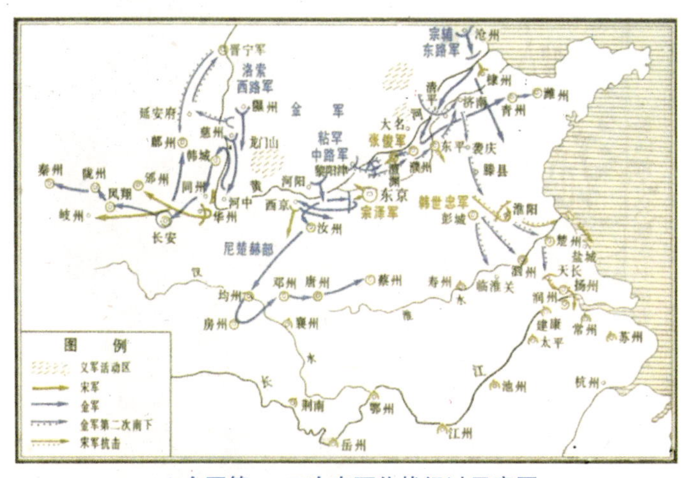

▲金军第一、二次南下作战经过示意图

公元 1128 年　五马山寨抗金失败

五马山在今河北赞皇县境，靖康元年(1126 年)冬，武翼大夫赵邦杰就在这里组织义军抗金。五马山寨的另一位首领是原保州路廉访使马扩，他曾在真定西的和尚洞组织义军，在一次战斗中被俘，建炎二年(1128 年)二月逃到五马山寨后被推举共同领导山寨义军。这支抗金义军曾发展到十多万人，在两河地区产生了重大影响。这年三月，马扩受命前往宋高宗处，要求京军北伐，收复失地。但是，宋高宗并不真想出兵抗金，只"选数千乌合之兵"给马扩，以后又下诏"一人一骑不得渡河"，并要他"听诸路帅臣节制"，马扩因而被迫驻军黄河南岸的大名府境内，不能前进。五马山寨义军自马扩南行后，叛徒向真定的金军告秘，金军在这年秋天，大举发兵围攻五马山寨。这时马扩所率的军队正在馆陶县，由于宋高宗的通令而不能北上抗金，五马山寨义军在孤军无援的情况下，进行了英勇的抵抗。由于诸寨没有井，取水道又被金军切断，五马山寨终于被金军攻陷。

▲北宋·影青四方枕头

公元 1128 年　中山府失守

除了义军的抗金斗争以外，两河地区宋朝的地方官吏也率领军民抗击金军，中山府保卫战，就是其中战斗激烈、坚持最久的保卫战之一。河北重镇中山府军民，早在宣和七年(1125 年)冬金军第一次南侵时，就曾抗击过金兵。当靖康元年(1126 年)秋金军第二次南侵，知府陈遘赴任时，金兵已抵城下，他冲进城内，率领军民再次抗击金兵。陈遘死后，中山府军民在金军的长期围攻下始终坚持不屈，经过二年半的战斗，直到建炎二年(1128 年)三月间，由于粮食缺乏，军民们饿得拿不起刀枪，才被金军攻陷。

▶中山府失守

公元 1128 年　洺州保卫战

洺州于建炎元年(1127 年)夏被围，守臣王麟降金，军民们将他杀死，推举韩一主持城守。这时，皇族赵士晤从金军押解北上的途中逃出，在磁州召集义军，响应的有几万人，行至邯郸，义军首领李琮也率军来会，他们半夜进攻包围洺州的金军，进入城中。洺州军民用炮击毁金军的攻城器械，又俘获金军将领，金军战败撤走。以后金军继续围攻洺州，前后共达 274 天，大小五十七战，直到建炎二年(1128 年)四月间，洺州军民终于因粮尽被迫突围前往大名，州城才被金军占领。

▲洺州因粮尽被金军占领

公元 1128 年　宗泽含恨而死

◀宗泽像

靖康二年(1127 年)十月，高宗听说金军再次南侵，仓皇南逃扬州，并派王伦出使金朝谈判求和。南宋政权的南撤，招致金军的大举南侵。十二月，金军分三路进攻山东、河南、陕西。此次金军南侵时，东京留守宗泽早就作好抗金的准备，不仅击退了金军多次试探性的进攻，还积极准备收复两河地区。两河地区的许多军人，如著名的八字军、五马山寨义军等等都派人和宗泽联系，要求宋军北上共同抗击金兵。当时，河北、河东大批抗金义军纷纷南下，云集在开封周围。他们都接受宗泽的领导，使金兵不敢向开封侵犯。在这种形势下，宗泽坚决要求宋廷大举北伐，并且多次上书宋高宗，请求他回京领导抗金战争。但是，宋高宗仍不予理会，宗泽忧愤成疾，于建炎二年(1128 年)七月中疽发背而死。死前一日，宗泽长吟“出师未捷身先死，长使英雄泪满襟”的诗句，并嘱咐部将们要继承遗志，继续抗金；临终时还连呼三声“过河”，念念不忘抗金斗争。

公元 1129 年　金兀术渡江南侵

▲韩世忠墓碑

建炎三年(1129 年)六月,金兀术率领燕云兵南侵。十月,分兵两道渡江,一自滁(今安徽滁县)、和(今安徽和县)入江东;一自蕲(今湖北蕲春)、黄(今湖北黄冈)入江西。十一月初,兀术部克和州,寻自马家渡(今江苏南京市西南)渡江,宋杜充、刘光世所部溃败,充降敌。高宗获悉,率众奔越州(今浙江绍兴)。兀术占建康(今江苏南京),率众追踪,下广德,迫临安(今浙江杭州)。高宗自越州而明州(今浙江宁波),入定海(今浙江镇海)。建炎四年(1130 年)正月,金兵克明州,高宗入海,金舟师追三百余里,为宋军击败,回师明州,宣称“搜山捡海已毕”。二月,金军自临安北撤,一路上遭宋军袭击,伤亡惨重。攻江西的金军于建炎三年十月底渡江,闻孟太后在洪州(今江西南昌),便紧紧迫击,孟太后走虔州(今江西赣州),金军陆续占领洪州、吉州(今江西吉安)、抚州、筠州(今江西高安)。建炎四年二月,金兵犯湖南,沿途大肆劫掠,遭到南宋军民坚决抵击,只得北返,行至宝丰时,被宋军统制牛皋所败,大将马五被擒,金军溃退。兀术北归,暂时无力南侵。高宗回到临安,亦无意北进,江淮地区局势渐定。

公元 1130 年　黄天荡之战

宋高宗建炎三年(公元 1129 年)冬天,金将兀术率军渡过长江,进入江西、湖南,然后转向浙江,如入无人之境,连续攻下杭州、越州(今绍兴市)、明州(今宁波市)、定海(今定海县)。高宗小朝廷被迫乘船入海,漂泊到温州避难。1130 年 2 月,金军掳掠大批财物北还。3 月,宋将韩世忠率水师由海口进趋镇江,截击金兵归路,韩将军夫人梁红玉亲自击鼓助战,将金兵围困于黄天荡(今江苏南京市东北)。兀术败退回建康(今南京市)后,准备改由建康城西北的静安镇渡江,又意外地遭到了岳飞军队的沉重打击,于是金军渡江北撤。

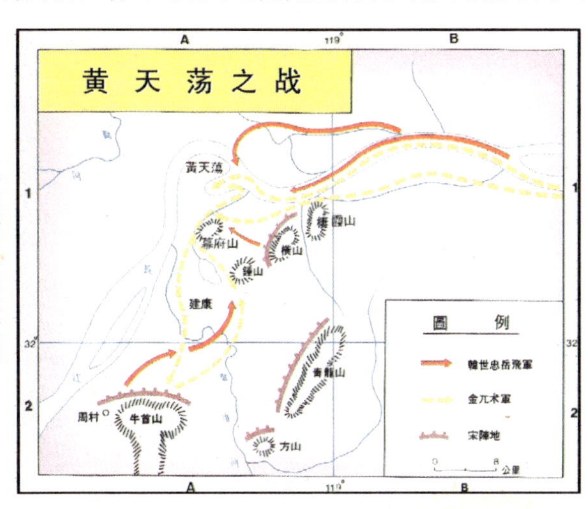

▶黄天荡之战示意图

韩世忠

◀韩世忠像

韩世忠字良臣，绥德（今属陕西）人，幼年家贫，年十八应募入伍，性格粗犷、豪爽、嗜酒使气，人呼为韩泼五，能挽强弓，勇冠三军，在对西夏作战中屡立战功。宣和三年（1121 年），以偏将身份随王渊镇压方腊起义。宋金战争爆发后，韩世忠率部转战浚州（今河南浚县东南）、庆源府（今河北赵县）、大名府（今河北大名东北）等地，以少击众，是北宋末年官军中少见的一支劲旅。建炎元年（1127 年），宋高宗赵构即位，韩世忠任御营左军统制。建炎三年（1129 年），以镇压临安苗傅、刘正彦政变有功，驻守镇江。金完颜宗弼率军渡江南侵，韩世忠退保长江口一带，在金兵北归时，以水军八千人重返镇江江面，进兵追击，将金军逼进黄天荡（今江苏南京东北），又尾追至建康（今南京），前后战斗四十日，给金军以沉重的打击。岳飞收复襄阳等地后，金与伪齐联合向两淮地区反扑。绍兴四年（1134 年），韩世忠伏兵大仪镇（今江苏扬州西北），击败敌军。此后，韩世忠移屯楚州（今江苏淮安），积极发展生产，联合山东义军，以不足三万人的兵力，使淮东成为保卫东南的重要屏障。在宋廷对金乞和的岁月里，韩世忠多次上书，揭露金之阴谋，坚决请战，与秦桧进行多次斗争。绍兴十年（1140 年），在岳飞北伐的同时，韩世忠连克海州等地，绍兴十一年（1141 年），奉命救援淮西，后被宋廷调回，任枢密使，解除兵权。秦桧迫害岳飞，举朝无敢言者，独韩世忠面诘秦桧误国，为岳飞伸冤。绍兴和议后，他闭口不言兵，杜门谢客，以家乡清凉山为名，自号清凉居士，表示思念沦于金朝统治的故土。绍兴二十一年（1151 年）病逝，宋孝宗时追封蕲王，谥忠武。

▲钟相像

公元 1130 年　钟相、杨么起义

南宋初建，金军紧逼南下，宋溃军沿途剽掠，统治者横征暴敛，政繁赋重，激起江南民众纷起反抗。建炎四年（1130 年）二月，鼎州武陵（今湖南常德）民钟相率先聚众起义，抗击溃兵游寇集团抢劫，破州

◀杨么像

县、焚官府、杀贪官，号召等贵贱、均贫富，得鼎、澧、潭（今湖南澧县、长沙、岳阳）等州19县民响应。三月，遭宋溃军游寇集团孔彦舟部镇压，义军奋力抗击，初战获胜。后因孔彦舟遣间混入义军作内应，钟相不备，被俘杀。钟相牺牲后，数十万义军在杨么、夏诚等率领下转入洞庭湖区，继续与官府抗衡。起义军实力日益增强。绍兴三年（1133年）四月，杨么立钟相少子钟子义为太子，自号大圣天王，重建楚政权，队伍发展到20万，声势浩大，南宋曾七次派军围剿，均告失败。绍兴五年（1135年）二月起，岳飞封锁洞庭湖区，分化瓦解义军。同年六月，在一次水战中，义军失败，杨么投水被俘。起义失败，却给南宋政府以沉重的打击。

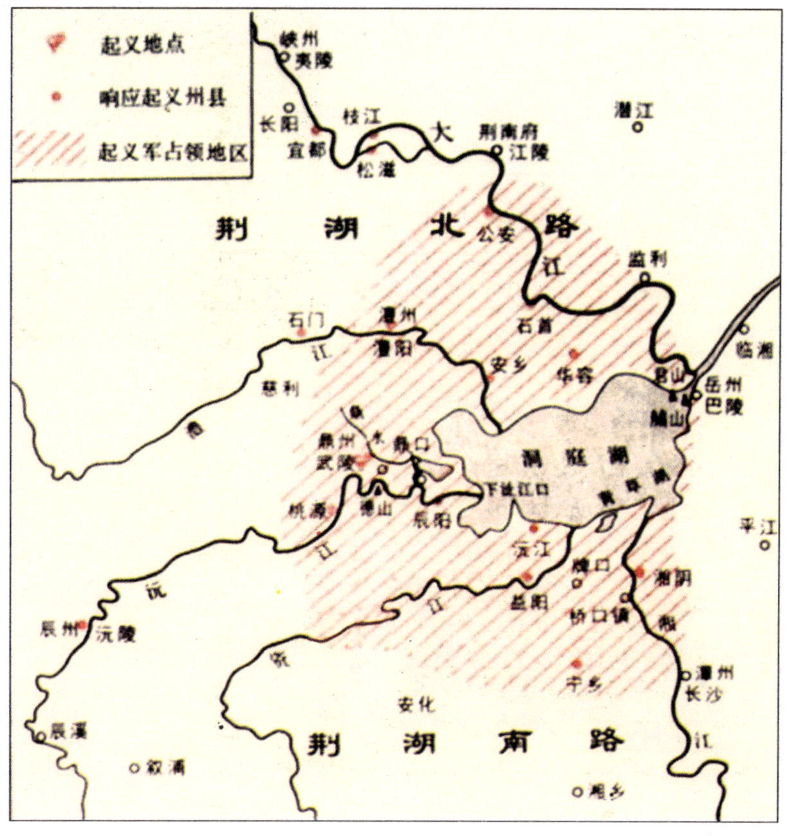

◀钟相、杨么起义作战地图

南宋·李唐·采薇图卷

南宋与金的和战

腐朽的南宋王朝一旦稳定了自己的统治，便“直把杭州作汴州”，在西湖的山光水色中歌舞升平了。同时，又遵照“守内虚外”的政策，不惜调用抗金的主力军，对各地农民起义进行残酷的镇压。贪图苟安的宋高宗对抗金大业完全丧失了信心，让从金营回来的主和派秦桧担任宰相，不顾广大军民的反对，秘密派人与金人议和。金兀术灭宋之心不死，再次大规模分兵南侵。南宋军民幸而有备，抗战派将领在顺昌、淮宁、洛阳、郾城等地连获大捷。可是，宰相秦桧却欲利用时机与金议和，诏令诸将班师。岳飞回朝后，以“莫须有”的罪名被诬陷致死。后来，宋金之间遂达成南北分治的“绍兴和议”。此后，南宋王朝便在苟且偷安中过着残喘于一隅的日子。

▲南宋武将石雕

▲仿造的南宋御用龙舟

公元 1130 年　金廷对宋策略的调整

▲秦桧鼓吹和议

建炎四年(1130 年)以后,金朝除继续南侵外,又"以和议佐攻战,以僭逆诱叛党"。同年九月,金册立南宋叛臣刘豫为帝,国号大齐(史称伪齐),旨在分化瓦解南宋王朝。十月,金将开封陷落时俘虏的秦桧放归南宋。秦桧自被俘时就已投降金朝,并得到金臣挞懒(完颜昌)的信用。由于他极力鼓吹和议,金便利用他促成南宋的投降。金军南侵北归后,又转攻陕西,准备打开入川通道,迂回包围南宋。金朝策略的改革,对南宋的影响很大。广大军民求战,以高宗为代表的最高统治集团欲降,因而形成了南宋和金之间的战和局面。

公元 1130 年　富平之战

◀张浚像

建炎四年(1130 年)的夏天,金兀术渡江后仍停留在两淮,宋廷对此感到担忧,害怕金军在秋后再次过江南侵,就命令张浚在陕西发动攻势,以牵制金军。张浚受命,积极在西北战场进行军事部署。由于张浚的抗金措施,以及广大军民的奋勇抗金,收复了不少城镇。金军兵力不足,急忙情求增援。这年七月,金太宗命兀术率精兵两万赶往陕西战场,并派讹里朵统一指挥陕西军事。九月,张浚调骑兵六、七万,步兵十二、三万,号称四十万,向东挺进,很快进至富平。当时,讹里朵也率领兀术、娄室两部金军到了富平,双方开展了大战。激战半天之后,刘锜率宋军将士奋勇杀入金军阵中,兀术陷入重围,大将韩常也被宋军射中眼睛,金军经过拼死搏斗,才得突围而出。但是,由于宋将赵哲在遭到娄室所部攻击时,首先弃军逃遁,致使宋军全部溃败。富平之战是宋军首次以大兵团主动出击的会战,打乱了金军的战略部署,迫使金王朝把金军主力从数千里外的江淮战场调到西北战场并被牵制在那里,因而解除了金军对南宋朝廷的直接威胁,为南宋政权的稳定与巩固作出了贡献。但是,陕西宋军的全部溃散,致使西线宋军长期处于守势,陕西地区为金军占领,也造成了不可弥补的损失。

▲宝鸡大散关上的吴玠、吴璘兄弟像

公元 1132 年　吴玠守四川

富平会战后，吴玠与弟吴璘收聚数千散兵，扼守川陕交通咽喉和尚原（今陕西宝鸡附近），阻止金军入川。绍兴元年（1132 年）十月，兀术亲率大军攻和尚原，双方激战三日，金兵伤亡、被俘万余人，狼狈撤军。绍兴三年（1134 年）正月，金军攻占金州（今陕西安康），吴玠奉命扼守饶风关（今陕西石泉西），激战六日。金军绕道从关后夹击，饶风关失守，吴玠退守仙人关（今甘肃徽县西）。绍兴四年（1135 年）二月，兀术率金、伪齐军 10 万进攻仙人关，吴玠、吴璘合兵坚守，金军大败。宋军乘胜反击，收复秦（今甘肃天水）、凤（今陕西凤县东北）、陇（今陕西陇县）等州。经过多年的争战，金军企图通过陕甘地区进入四川的战略失败。

公元 1134 年　收复襄阳

绍兴元年（1131 年），宋的叛将李成在被南宋官军打败以后，带领几万军马，从淮西投降伪齐，随后占有襄阳一带，给南宋以很大威胁。绍兴四年（1134 年），岳飞奉命收复襄阳等地，首先和伪齐展开了大规模的军事斗争。1134 年五月，岳飞率军自鄂州趋襄阳，这是在中原战场上宋军第一次主动发起的大进攻。岳家军首先攻下郢州，然后分兵两路，张宪率东路军攻随州，岳飞自率西路军直扑襄阳，吓得伪齐守将李成弃城而逃。岳飞军占领襄阳后，又收复了唐州，随州也在牛皋的助战下收复。北逃的李成伙同金军驻守在邓州一带，岳飞派王贵、张宪两军由光化（今湖北老河口市西北）、横林（今襄樊西北）分两路夹攻李成，又派董先等率军出奇兵进行突袭，再次打败李成，接着收复了邓州。岳飞所部只用了二、三个月的时间，按照预定计划收复失去的六州，这是南宋政权建立以来的第一次。年仅三十二岁的岳飞因此获得了节度使的头衔，与韩世忠、刘光世、张俊并列为南宋初年著名的四大将，岳飞所部亦被称为“岳家军”。

◀襄阳城门临汉门

公元 1137 年　宋金议和

秦桧回到南宋后，深得高宗赏识，官至宰相。他秉承金人旨意，“专主和议”，遭到主战派的激烈反对，屡被弹劾。绍兴二年(1132 年)，高宗迫于形势，将其罢黜，并张榜朝堂，以示永不复用。绍兴七年(1137 年)，金朝权臣粘罕亡，挞懒升任左副元帅。高宗因秦桧曾得挞懒信用而重新起用他，为议和创造条件。年初，南宋得知徽宗死于金地，派王伦等为“迎奉梓宫使”赴金，实为议和。十一月，金朝废除伪齐，挞懒等人主张把伪齐所辖河南之地，归还南宋，但以南宋臣服为条件。不久，挞懒遣返宋使王伦，金右副元帅兀术还将归还伪齐故地与南宋臣服的议和条件写成书信，交王伦面呈宋高宗。次年，以秦桧为宰相兼枢密使，专办议和之事，其他大臣不得干预。凡是反对投降求和及弹劾秦桧的官员相继被贬出朝，投降派势力在南宋朝廷中占据上风。五月，金朝派使臣入宋，谈判订约之事，秦桧对金提出的条件全部接受。年底，金使臣携带“诏书”到南宋正式签订和约，要赵构拜受诏书。经过一番讨价还价，最后由秦桧代赵构跪拜，接受诏书。双方约定，金将陕西、河南地赐宋；宋向金称臣，岁贡银 25 万两、绢 25 万匹。

▲秦桧代赵构跪拜，接受诏书，宋向金称臣。

公元 1139 年　金再侵宋

高宗、秦桧一伙的卖国行径，激起全国军民的愤慨。韩世忠等一批官员纷纷上疏，直言极谏，反对求和，临安城内甚至出现“秦相公是细作(奸细)”的标语；而高宗、秦桧却认为已达到求和目的，大事庆贺。不料，绍兴九年(1139 年)三月，王伦与兀术刚在开封办理完陕西、河南地的交割手续，七月，金廷发生政变，挞懒以“与宋朝交通”罪被杀，兀术升为都元帅。兀术执政后，撕毁和约，扣留王伦，于次年分兵四路，大举南侵，南宋军民再度掀起抗金高潮。

公元 1140 年　顺昌保卫战

绍兴十年(1140 年)五月,新任东京副留守刘锜在前往开封的赴任途中。刚由水路到顺昌(今安徽阜阳),金军占领东京开封的消息传来了,刘锜立即催促后队赶来顺昌,又命令凿沉船只,修筑防御工事,准备抗击金兵。五月底,金军三万多围攻顺昌被打败后,六月上旬,兀术亲率大队金军赶到,他下令说:“顺昌城壁如此,可以靴尖踢倒,来日府衙会食。”气焰嚣张到了极点。刘锜所部不满二万,其主力是原来王彦率领的著名的“八字军”。此次战役开始的前夕,“八字军”战士就表示要奋勇杀敌。但宋军除去守城的战士,可以出战的只有五千。六月九日一早,兀术率步骑十余万攻打顺昌,兀术的亲军是重装骑兵,都身披重甲,号称“铁浮图”(铁塔);又有左右翼铁骑,号称“拐子马”,常以此取胜,被称为“常胜军”。刘锜面对十余万金军,决定专攻铁塔兵、拐子马等金军精锐。时方盛夏,刘锜军早晨凉爽时重在防守,中午过后,当穿戴着重甲的金军力疲气衰时,突然出击,冲入敌阵,用枪挑去重甲,刀砍斧劈,以至徒手搏斗,杀敌五千。兀术大败后,改变战略,退守近郊,准备坐困宋军,恰好又遇上大雨,平地水深一尺多,刘锜派兵劫营,金兵日夜不得安宁。到十二日,兀术终于支持不住,率军退往开封。这是一次击败金军精锐以少胜多的著名战役,大灭金军的嚣张气焰,挡住了金军自两淮南侵的矛头。

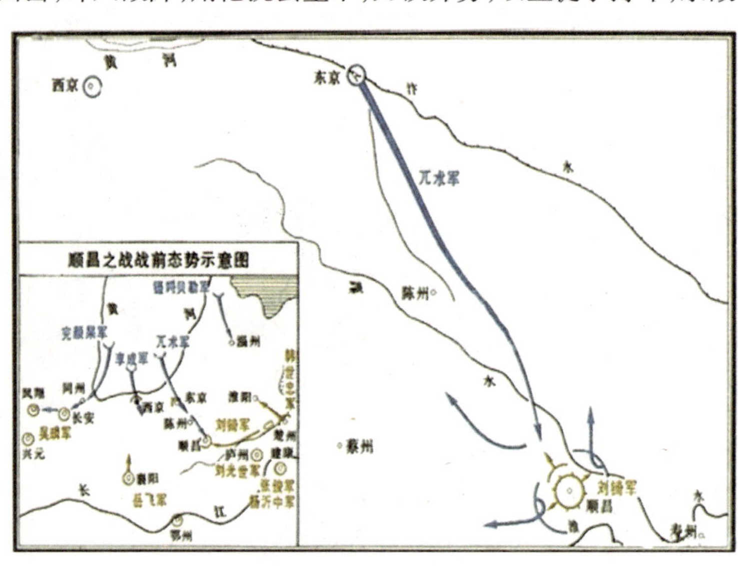

▲顺昌之战示意图

公元 1140 年　郾城破金

南宋绍兴十年(1140 年)五月金军分兵两路向陕西和河南大举进攻,在很快夺回了河南、陕西之后,又率大军向淮南大举进攻。宋高宗急忙下诏让岳飞从襄阳出击,当时,岳飞带领为数不多的军队驻扎在郾城。金军探知这一消息,用精锐骑兵一万五千人直扑郾城,企图一举消灭岳家军的指挥中枢。同年七月初八日,完颜宗弼(金兀术)率领金军在郾城北与岳家军对阵。岳飞令其子岳云率轻骑攻入敌阵,往来冲杀,同时岳飞又派

▲岳家军将佐图

背嵬军和游奕马军迎战，杀伤了大量金兵。初十日，金兵再犯郾城，岳飞在城北的五里店再一次大败金军。这时，金兀术又调集了十二万大军屯于临县。十三日，岳家军的杨再兴竟以三百骑兵杀死了金兵二千多人，其中包括一百多名将领。第二天，岳家军的张宪率兵再战，金兵只好退出临县。郾城之战是岳家军抗金的一次大胜利。然而此时高宗以“孤军不可久留”为借口，一日连下 12 道“金牌”迫令岳飞退兵。岳飞退兵后不久，河南境内已经收复的各州，又重新落入金人手中。不久，秦桧又捏造罪状，以莫须有的罪名，将岳飞害死。

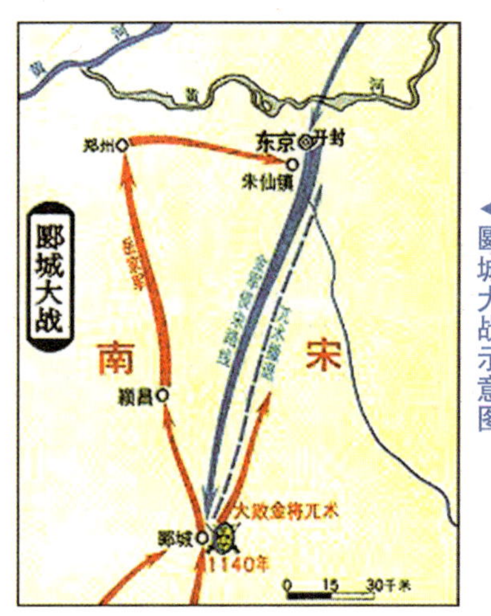

◀郾城大战示意图

公元 1141 年　岳飞被害

岳飞（1103 年 ~1142 年），字鹏举，河北西路相州汤阴（今河南汤阴）人，岳飞出身雇农家庭，家境贫寒。少时沉默寡言，有志气，而且“生有神力”，未成年时，就能拉得开三百斤的劲弓，并能引发八石的腰弩。初随陈广学射箭、枪技，无所不精。后随同乡人周侗学骑射，攻读《孙子兵法》，是一位文武双全的少年，深受乡人赞赏。联金灭辽时应募从军，曾在张所部任统制，并与王彦一起抗金。旋随宗泽守东京，任都统。宗泽死后，南下投

◀岳飞雕像

张浚部，逐渐成为南宋重要抗金将领。南宋高宗建炎四年（1130 年）收复建康（今江苏南京），高宗绍兴三年（1133 年），获高宗赐与“精忠岳飞”锦旗。绍兴四年（1134 年），大破刘豫齐军，收复襄阳等六郡，封靖远军节度使。绍兴五年（1135 年）率部镇压杨么起义。绍兴八年（1138 年）底，上表提出：“金人不可信，和好不可恃”，反对高宗、秦桧的议和。绍兴十年（1140 年）郾城（今河南境）一战，大败兀术统率的金兵主力，收复颍昌、郑州、洛阳等重镇。绍兴十一年（1141 年）十二月二十九日，与子岳云、部将张宪被秦桧以“莫须有”的罪名杀害，年仅 39 岁。孝宗即位后，追谥“武穆”，宁宗时追封为“鄂王”，有《岳武穆遗文》。所作《满江红》诗，为世所传颂。

▶岳王庙内的张宪塑像

公元 1141 年　绍兴和议

1137 年，金熙宗采纳完颜宗磐、完颜昌的建议，下令取消伪齐，对南宋采取“以和议佐攻战”的斗争策略，派遣宋朝在金的使臣王伦回朝，向高宗诱降。高宗随即任命秦桧为右相，并不顾抗战派将领反对，于 1139 年与金订立和约。1140 年，金朝发生政变，兀术一派掌握大权，撕毁和约，对南宋发动全面进攻。以妥协苟安为国策的宋高宗，在大敌当前、不得不战的形势下，下令抗金，但目的仍在以战求和，并无北上恢复的打算。同时又时刻担心战争的顺利发展，将帅权大，威胁朝廷。1141 年，高宗收回张浚、韩世忠、岳飞三大帅在外兵权，后来又杀害岳飞。十月，高宗派吏部侍郎魏良臣等使金，在宗弼面前“再三叩头，哀求甚切”，宗弼才准议和。十一月，金派使臣萧毅到“江南抚谕”，规定投降条款：宋奉表称臣于金，金册宋主为皇帝，宋每年贡银绢各 25 万于金，称“岁贡”；金主生辰及元旦宋遣使致贺；东以淮水、西以大散关为界，宋割唐、邓二州，又割商（今陕西商县）、秦（今甘肃天水）之半予金。这就是“绍兴和议”。宋金再次议和后，天下太平，宋金二十年间无大的战争，基本维持南北对峙的局面。

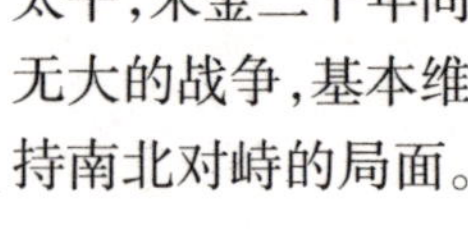

▲宋向金纳“岁贡”

秦桧

▲秦桧夫妇跪像

秦桧，字会之，江宁（今南京）人，北宋末任御史中丞。1127年（靖康二年）与徽、钦二帝同时被俘到北方，卖身投敌，成为金太宗弟挞懒的亲信。建炎四年（1130年）随金军至楚州（今江苏淮安），被挞懒遣归，从内部破坏南宋的抗金斗争。秦桧回朝后，诈称杀死守卫士兵，夺舟逃回，群臣怀疑，但高宗信之，因此受到重用，很快升任宰相。秦桧执政期间，力主与金议和，受到高宗宠爱。绍兴十年（1140年），金朝都元帅完颜宗弼领兵南侵，岳飞等军大举北伐，屡破金军，进逼开封，秦桧却怂恿宋高宗迫令班师。绍兴十一年（1141年），宋高宗与秦桧解除岳飞、韩世忠等大将军权，诬构谋反罪状，杀害岳飞，与金朝再次签订屈辱的和约。宋向金称臣、纳贡、割地，金规定宋高宗不许以无罪去首相。秦桧再次任相18年，独揽朝政，排除异己，大兴文字狱，极力贬斥主张抗金的官员，压制抗金舆论，篡改官史。他还任用李椿年等推行经界法，丈量土地，重定两税等税额，又密令各地暗增民税十分之七八，使很多贫民下户因横征暴敛而家破人亡。

▲金上京会宁府遗址

公元1161年　完颜亮南侵

金王朝的完颜亮篡夺了皇位以后，于绍兴二十三年（1153年）迁都燕京，并不顾金统治区人民的死活，疯狂地进行战争准备。绍兴二十九年（1159年）正月，宋、金贸易的“榷场”几乎全部被金停止。二月，金又下令造战船，并调发诸路猛安谋克军，凡是年二十五岁以上、五十岁以下的，全部编入军籍。接着，遣使赴诸总管府督造兵器，所有兵器的制造费用全部由人民负担。同时加紧修建开封的宫殿，作为南侵的前进基地。完颜亮于绍兴三十一年（1161年）春前往开封，接着政府也迁到这里。九月间发动南侵战争，西路由徒单合喜、张中彦率领，自凤翔攻大散关，以取四川；中路由刘萼、仆散乌者率领，自蔡州南攻荆襄；金军的主力——东路由完颜亮亲自统领，从淮西南侵，企图一举消灭南宋。南宋军民在抗战派将领组织下进行了英勇的抵抗，各路金军皆被打败。十一月，完颜亮在瓜州军中被杀，南侵失败。

采石之战

▲采石矶扼守长江天险，历来是兵家必争之地。

完颜亮南侵消息传来，南宋朝廷一片混乱，高宗准备再次“浮海避敌”。在右相陈康伯、兵部尚书杨椿等人力主之下，高宗才决定抗金，重新起用抗金老将刘锜等人。刘锜抱病进驻镇江，精心部署防卫，不料负责淮西防务的王权临阵南逃，宋军只得退守长江。金军选择采石(今属安徽马鞍山)为渡江突破口。驻守采石的王权所部因主将革职无人指挥，督视江淮军马府参谋军事虞允文毅然担负起抗击金军渡江的重任。他组织沿江布防，鼓舞士气，并亲临前线指挥，击退渡江的金军。又命民兵驾船攻击金军船队，派水军过江进攻，烧毁金军船只，彻底打败了金军主力。

公元1161年　金军北撤

进攻川陕的西路金军在吴璘痛击下，接连失利。宋军乘胜收复秦、陇、商等州。中路金军受到宋军和义军的联合攻击，所积粮草被焚，邓、蔡等州相继失守。海路金军驻屯陈家岛(今胶州湾内)，拟渡海攻临安，宋将李宝率水军北上，与山东义军配合，一举歼灭金军舰队。攻击中，宋军首次将火药兵器使用于海战，此亦为世界军事史上首次使用火药的战例。金军南侵不仅各路受挫，后方局势也因反金武装力量的频繁活动而极不稳定。此时，金东京留守完颜雍在辽阳府(今辽宁辽阳)称帝(金世宗)，下诏废黜海陵王完颜亮。完颜亮闻讯急令金军渡江攻宋，以占领江南地区。不料金军内讧，完颜亮被部将杀死，金军北撤。

▲吴玠、吴璘纪念馆

公元 1164 年　隆兴和议

▲宋孝宗赵昚像

金海陵王完颜亮侵宋失败、各地农民起义接连发生，统治集团之间也争权夺利，相互火并。初登帝位的金世宗完颜雍，忙于稳固自己的统治，向宋派出使臣议和，要求维持宋、金间旧有关系。绍兴三十二年(1162 年)，宋高宗退位，太子赵昚即位，是为孝宗。宋孝宗起用张浚为枢密使，主持北伐，却遭到符离之战的失败。投降派汤思退向金示意，要金出兵两淮，迫宋议和。隆兴二年(1164 年)，金世宗派大军突破宋的两淮防线，再次逼近长江。同年冬，宋廷经过多次激烈的争论，决定派魏杞赴金，重新订立和约，史称“隆兴和议”。和约约定：1. 改金与南宋的君、臣关系为叔、侄关系。2. 改“岁贡”为“岁币”，减银绢各 5 万两、匹为各 20 万两、匹。3. 双方疆界仍以“绍兴和议”为准。隆兴和议是宋、金对峙新形势的产物。

公元 1189 年　宋光宗即位

“隆兴和议”后，金世宗锐意内治，宋孝宗也致力于生聚教训，两国和平相处三十余年。淳熙十四年(1187 年)宋高宗死，孝宗于高宗崩后，哀伤过度，开始倦政，乃于淳熙十六年(1189 年)二月禅位于太子惇，是为光宗。光宗体弱多病，为李皇后所左右，罢免周必大、辛弃疾等主战派大臣，起用留正为宰相，朝政为主和派所操纵。李氏是一位猜忌成性的女人，挑拨离间，使光宗对孝宗心怀埋怨，绍熙五年(1194 年)6 月孝宗病重时，他拒绝前去探望。孝宗死后，他又不去服丧，致使丧礼无法进行。知枢密院事赵汝愚和知门事韩侂胄上奏，建议太皇太后下诏令光宗退位，传位于其子赵扩，由赵扩主持孝宗丧礼。太皇太后同意，光宗禅位，称太上皇，闲居寿康宫。

▲宋光宗赵惇像

公元 1206 年　开禧北伐

宁宗时，韩侂胄专政，力主抗金。嘉泰四年（1204 年），宁宗追复岳飞原官，加谥号武穆，追封为鄂王，削去秦桧王爵，改谥号为缪丑。时金内乱，后方又受到蒙古人威胁。韩侂胄想趁机对金用兵。宋开禧元年（1205 年），金派殿前右副都点检马林答毅等贺宋正旦，晋见宁宗时有违使节之礼，引起朝臣气愤。开禧二年（1206 年）四月，为了鼓舞士气，朝廷追论了秦桧的误国之罪，五月，正式下诏伐金，史称"开禧北伐"。开战初期，金采取了守势。八月，金兵分数路南来，中路金兵曾六围襄阳而不下，只好退兵。东线金兵主力遭到了毕再遇率领的宋军顽强抵抗，损失惨重。但在西路，金兵则很快便占有了关外四州。时宋将吴曦叛，受金命为蜀王。同时金亦分兵九路南下，迅速渡淮直抵长江北岸。开禧三年（1207 年），在金军的压力下，韩侂胄被罢免，旋被杀，朝政被史弥远、钱象祖把持，向金求和，于嘉定元年（1208 年）由史弥远主持与金议和，订立了"嘉定和议"。通过"嘉定和议"与金约定：1. 改金、宋叔侄之国为伯侄之国。2. 增岁币为银 30 万两、绢 30 万匹。3. 南宋另付金犒军银 300 万两。4. 两国疆界仍以"绍兴和议"为准。

▲开禧北伐失败

宋·李唐·江山小景图卷

南宋王朝的腐朽没落

南宋中期，统治阶级中围绕着主战、主和，道学、反道学两个问题，进行着长期反复的斗争，国家实力受到很大影响和削弱。进入后期，政治腐败现象日益严重，经济剥削加重，阶级矛盾激化，各地不断爆发小规模农民起义。这时，北方的蒙古族迅速兴起，统一各部后积极向外扩张，灭夏、灭金后，又不断南侵，腐朽透顶的南宋王朝未能组织有效的抵抗，广大爱国军民难以力挽狂澜，只留下了一曲曲悲壮的正气歌。

▲南宋·官窑鬲式炉

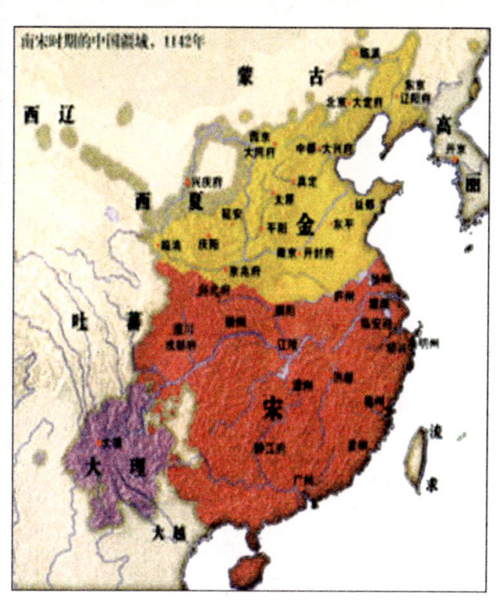

▲绍兴和议后宋金各自领域地图

疯狂的土地兼并

偏安江南的南宋王朝自绍兴和议后，更是文恬武嬉，歌舞升平。林升的《题临安邸》诗："山外青山楼外楼，西湖歌舞几时休？暖风吹得游人醉，直把杭州作汴州。"便是对此的最好写照和讽喻。宋室南渡后，北方豪强富户、官僚贵族尾随而至。他们凭仗权势，趁着战乱巧取豪夺，侵占土地，土地的兼并与集中程度大大超过北宋。南宋政府大肆搜括土地，扩大官田，以营田、屯田等名目招募佃客承佃输租。从绍兴元年到淳熙元年（1131~1171年）的40年间，官田达20

万顷左右，约占南宋全境垦田总面积的1/50。官田以赏赐等各种方式最终转入官僚权贵手中，“朝籍于官，暮入私家”。著名的建康永丰圩950余顷膏腴之田，曾被高宗赐予秦桧，一年可收租3万石；秦桧罢官后，转赐予其他皇室或权臣。据记载，官僚一次受赐田产多则上百顷，有的还多次受赐，数量更大。南宋中期以后，土地兼并愈发加剧，理宗时已出现“吞噬千家之膏腴，连亘数路之阡陌，岁入号百万斛”的特大地主了，而“亚乎此者，又数家焉”。殿中侍御史谢方叔惊叹道：“豪强兼并之患，至今日而极”。一般地主和商人兼并土地更是普遍，“有田者不自垦，而能垦者非其田”的现象比比皆是。

▲“有田者不自垦，而能垦者非其田”是当时南宋的普遍现象

繁重的赋税剥削

南宋的耕地面积比北宋减少近1/3，人口只及北宋的3/5左右，可赋税收入却与北宋的最高额相同，为6000万贯，最高达8000余万贯。南宋仍以春秋两税为正税，但附有“加耗”，其数额少则一石加五斗，多则加一倍以上，收税时普遍使用大斗或大斛，容器中的粮食要高于斗口或斛口。官员常以检查质量为名，要另收“样米”。农民为此交纳的附加税往往超出正税的二三倍。当时普遍实行实物地租的形式，其中，货币地租所占比重逐渐上升。实物地租主要采用分成制，称为“主客分”，租率或对分，或三七分，或四六分。定额地租也比较流行，平江府一带上等田一般年租米1至2石，中等田7至9斗，下等田3至5斗。与分成制相比，定额地租下佃农有更多的人身自由，生产积极性相对较高。农民除按租佃契约交纳地租，还要受额外剥削，其中大斗量租是地主盘剥农民的重要手段，有以150合甚至190合为斗者，结果租米一石，实收一石五六斗，直至三石。不仅如此，征收地租时，还有“加耗”、“縻费”等各种名目的克扣。

▲租米一石，实收一石五六斗，农民赋税繁重。

公元 1142 年　经界法

▲李椿年整理“砧基薄”

激烈的土地兼并和繁苛的赋税，使“产去税存”的现象极为严重，直接影响朝廷的赋税收入。绍兴十二年（1142 年），经两浙转运副使李椿年建议，开始推行“经界法”，规定各县以都（次于乡的区划）为单位，进行“打量步亩”，描画土地的地形图，将各户户主姓名、田产面积、四至、土色以及土地的来由等项写成簿书，称作“砧基薄”，经官府丈量核实后，永为执照。此法初行于平江府，次年开始逐步推广到其它地区。“经界法”由于触及到官僚地主的利益，因而不可能有实际的效果。

公元 1145 年　福建农民起义

绍兴和议后，福建赋税特别重，经界不正尤为突出，因此南宋初年农民起义刚被镇压下去不久，即又点起新的斗争烈火。绍兴十五年（1145 年）前后，福建八个州郡的农民起义都一齐起来同宋王朝开展了斗争，著名的领导者有管天下、伍黑龙、卓和尚、邱崇、廖七嫂、满山红、何白旗等一百多起，大者数千人，小者数百人，共有数十万之多。何白旗与曾少龙、周老龙、陈大刀等，有众数万，活动在汀、漳、泉、剑四州，泉南七个县其中四个县都是农民起义活跃的地区。管天下、伍黑龙等活动在福州一带，人数最多，给福建的政治中心福州以很大威胁。福建路李贵带兵镇压，结果为管天下的起义军活捉。农民起义军熟悉山区小路，不怕瘴病，走山越岭，往往乘敌不备，“直冲县镇”，如入无人之境。当时福建路的薛弼已感到当地官军懦弱无能，乃从虔州选拔地主武装头子周虎臣、陈敏，带家兵千余人，以此为骨干组成殿前司左翼军，深入山区作战。这次起义的农民群众，由于缺乏统一的领导，经过几年的奋战，到绍兴十六年时先后失败。

▼福建农民起义

公元1165年 湖南农民起义

南宋中期以后，各地农民起义风起云涌。湖广地区的农民反抗最为激烈，而且多与当地的少数民族反抗斗争结合在一起。乾道元年（1165年），湖南大旱，官府强行摊派乳香，导致李金领导的郴州峒民起义，并很快发展到万余人，分道活动于两广的英、韶、连、广、德庆、肇庆等州和湖南的道州、桂阳军一带。后来虽被镇压，但影响很大。淳熙六年（1179年），郴州再度爆发由陈峒、邝涤领导的农民起义。他们使用雷石、手炮等武器杀伤官军，队伍很快发展到数千人，攻陷道、佳、连、广诸州的一些县，后失败。嘉定元年（1208年），郴州又爆发峒民李元砺领导的起义，一度有数万之众，转战数千里，坚持斗争长达4年。

▲南宋·建窑兔毫盏

公元1179年 李接起义

宋孝宗统治的后期，广西除赋役剥削外，吏治更加败坏。随着封建压迫剥削的加重，农民起义的规模也不断发展壮大，政治纲领口号越来越明确。淳熙六年（1179年），广西陆川爆发了李接领导的一次较大规模的起义。李接原是一个弓手，因被克扣钱粮无法生活，振臂一呼，从者数千，杀掉九州巡检，举起武装起义的大旗。这支起义军曾占领容、雷、高、化、玉林等州凡八县，杀死大批官吏。李接号李王，因"出榜约，不收民税十年"，而受到了广大农民的极大拥护，"从叛者如云"。这可以说是农民起义"免赋"要求的先声。起义军以"官兵为贼"，还了"官军"的本来面目，把统治阶级颠倒了的历史再颠倒过来。起义军每到一地，镇压贪官污吏，开仓放粮，救济贫民，扩大队伍，成立各级政权机关，老百姓"安然从之"。在短短的几个月里，使得南宋"疲于征战"，沉重打击了官府统治。宋政府看到李接斗争坚决，无法招安，就企图离间各地的起义军并用各种手段防止知识分子参加起义。这年十月，官军用残酷野蛮的手段镇压了这支起义军。

▲南宋·刘松年《四景山水图卷》之一

▶赵汝愚像

公元 1195 年　庆元党禁

宁宗即位后，赵汝愚以参与绍熙内禅功任宰相。宁宗韩后叔韩侂胄曾参与“定策”，仅自知合门事迁枢密都承旨，遂与赵汝愚发生嫌隙。庆元元年（1195 年），韩侂胄使谏官奏赵汝愚以宗师居相位，不利于社稷。朱熹约吏部侍郎彭龟年同劾韩侂胄，韩侂胄对宋宁宗说朱熹迂阔不可用。时宋宁宗信任韩侂胄，遂罢用朱熹，赵汝愚和中书舍人陈傅良等力争不能得。庆元元年（1195 年）二月，赵汝愚罢相。韩侂胄当政，凡和他意见不合的都称为“道学”之人，后又斥道学为“伪学”，禁毁理学家的“语录”一类书籍，科举考试稍涉义理之学者，一律不予录取。庆元三年（1197 年），将赵汝愚、朱熹一派及其同情者定为“逆党”，开列“伪学逆党”党籍，凡五十九人。史称“庆元党禁”。至嘉泰二年（1201 年）初，韩侂胄感到权势已巩固，才解除伪学之禁，列入党籍的人士也逐渐恢复官职。

公元 1224 年　史弥远立赵昀

▲赵昀像

史弥远字同叔，明州鄞县人，淳熙十四年（1187 年）进士及第。开禧三年（1207 年），韩侂胄北伐失败，金朝来索主谋。史弥远时任礼部侍郎兼资善堂翊善，与杨皇后等密谋，遣权主管殿前司公事夏震于玉津园槌杀韩侂胄，后函其首送金请和。史弥远因此升任右丞相兼枢密使，独相宋宁宗赵扩十七年。史弥远的所作所为与擅权用事，使得皇位继承人赵竑深恶痛绝，下决心要除掉史弥远，曾经指着挂在宫内墙上舆地图中的琼、崖州说：“吾他日得志，置史弥远于此”。但是，赵竑身边的史弥远的爪牙，使史弥远对赵竑的一举一动知道得很清楚，因而史弥远千方百计排斥赵竑。他首先在宋宁宗面前进行诽谤，企图促使宋宁宗罢废赵竑，另立他所扶植的赵昀为新的皇位继承人，宁宗没有听信谗言。他又暗中伙同郑清之扶植赵昀，以便将来相机争夺皇位。嘉定十七年（1224 年），宋宁宗病危，史弥远从郑清之处得知赵昀是个容易控制的人物，他就决心踢开原来的皇位继承人赵竑，宋宁宗一死，立即胁迫杨皇后同意他所扶植的赵昀继承皇位。于是伪造遗诏立赵昀为帝，说是宁宗生前的遗志，原来的皇位继承人赵竑被封为济王，出居湖州。

公元 1234 年　联蒙灭金

成吉思汗死后，其三子窝阔台即汗位，继续向金发动进攻。1232 年，蒙古兵两路攻金南京（开封）失败，乃采取成吉思汗死前制定的"联宋灭金"战略，派使者至宋商谈宋蒙夹击事宜，约定灭金后宋蒙以黄河为界，宋得河南地，但夹击中宋要接济蒙古军粮。联兵后，蒙古兵假道南宋，绕过金的军事重镇潼关，经唐（河南唐河）、邓（河南邓县）二州北上攻金都南京（开封）。1233 年城破，金哀宗逃亡蔡州（河南汝南）。宋将孟拱率精兵两万，运粮三十万石，助蒙古攻金。1234 年，宋军力战，攻破蔡州，金哀宗完颜守绪自杀，金亡。

▲元太宗窝阔台像

公元 1256 年　丁大全专权

宝祐三年（1255 年），宋理宗一度任用早年学习孙武、曹操兵法以收复中原自任的董槐为相。董槐指出当时形势涉及宋王朝的存亡，应当像越王勾践那样振作起来，并对宋理宗说："外有敌国，则其计先自强。自强者人畏我，我不畏人"。他想更新一下南宋王朝的腐败政局，首先要对皇亲国戚、达官权臣的不法行为进行制裁，因而遭到他们的强烈反对。其实理宗根本没有任用董槐以更新政局的意图，他的阎贵妃及其党羽丁大全等共同排斥董槐。第二年（1256 年）夏天，丁大全上章攻击董槐，罢相诏书还没有下，丁大全竟然半夜调兵百余人包围董槐府第，迫令董槐离开家，气势嚣张到了极点。不久，丁大全控制朝政，宰相形同摆设。当时有人在朝门上写了"檐马丁当，图势将亡"八字（暗指在阎贵妃、马天骥、丁大全等人当政下，南宋政局日趋败亡）。以后丁大全步步高升，于宝祐六年（1258 年）任右丞相兼枢密使。开庆元年（1259 年）十月，丁大全因封锁蒙军攻宋的消息而被罢相。这个为人民所痛恨的奸相，于景定四年（1263 年）在前往贬所的船上，被押送的将官推入水中淹死，结束了他可耻的一生。

▲南宋·官窑海棠贯耳瓶

▼宋代黄鹤楼模型

南宋灭亡

南宋末年，奸臣当道，陷害忠良，宋朝国力每况愈下。淳祐十一年(1251年)，蒙哥继承汗位，在灭大理和吐蕃后，于宝祐六年(1258年)，大举攻宋。开庆元年(1259年)，忽必烈进围鄂州，宋理宗令贾似道率师援鄂州，贾似道竟暗中遣使求和。咸淳八年(1273年)，元军攻陷襄阳、樊城(今湖北襄樊)，从长江中游进攻南宋的大门被打开。宋恭帝德祐二年(1276年)，元军攻陷临安，俘恭帝，陆秀夫、张世杰、文天祥等忠臣在福州拥立赵昰即位，是为端宗，继续抗击元军。后，元军攻打福州，宋军败退，景炎三年(1278年)端宗病逝，赵昺继位。至帝昺祥兴二年(1279年)二月，元将张弘范进攻厓山，陆秀夫和张世杰等保护帝昺，誓死抵抗元军。可是，宋军兵少力弱，抵挡不住元军的攻击。至帝昺祥兴二年(1279年)二月，陆秀夫见大势已去，背着宋帝昺跳海殉国，张世杰突围后遇风暴溺死。南宋至此灭亡。

▶陆秀夫像

▲宋端宗像

▲元世祖忽必烈像

公元1259年　鄂州之战

宝祐四年(1256年),蒙古兵三路征宋。左路军由忽必烈率领攻鄂北重镇鄂州,准备得手后顺流东下趋杭州。但这时忽必烈因病休养,改由诸王塔察儿率领。他在战斗中只热衷掳掠财物,军纪不严,一年多时,一城未取。至开庆元年(1259年)方由忽必烈主军,八月渡淮抵黄陂,九月得蒙哥死讯,但忽必烈欲立功以为谋取汗位资本,乃从阳逻堡渡江,围攻鄂州(今湖北武昌)。守将张胜、高达奋勇拒战,吕文德从重庆东下来援,突围入城,共同防守。贾似道亦屯兵汉阳为援,又移兵黄州,扼守长江冲要。蒙军攻鄂二月不克,忽必烈得其妻急信,促其北归夺取汗位,迟恐有变,乃与贾似道议和,率军撤围北去。

▲宋度宗像

公元1265年　贾似道拥立度宗

为了巩固自己已有的政治地位和权势,贾似道一面大树党羽,培植亲信,收买人心,一面党同伐异,消除异己,控制言路,而时任右丞的吴潜便成为他进一步专权的最大障碍。当初贾似道奉命守汉阳之际,吴潜出于军事需要派他去守黄州,可贾似道却认为这是吴潜成心要置他于死地,此后便对吴潜怀恨在心,一直在伺机报复。恰逢吴潜与理宗在立储一事上意见相左,贾似道便抓住这一时机,迎合理宗心意,奏请立忠王赵禥为太子,并阴险地诬蔑吴潜有不轨之谋,于是吴潜被贬出京,为贾似道进一步结党营私、专擅朝政扫清了道路。景定五年(1265年)十月二十六日,理宗去世,忠王赵禥即位,是为度宗。度宗即位后,非常感激贾似道当初的支持和拥立,对他礼遇有加,称他为师臣,仍继续委以重任。而贾似道却采取以退为进的策略,宣布辞官,摆出一副还政放权的高姿态,一面却在暗中指使心腹谎报蒙军大举入侵,军情危急。此时度宗初即位,立足未稳,乍听此报,不辨虚实,惊慌失措之中只有再度起用曾经“击败”过蒙军而又忠心拥立他的“大功臣”贾似道,重新掌握大权。

贾似道专权

贾似道掌握大权后，官吏们争相贿赂以求美职，要求担任军队指挥官、地方监司长官、郡守的人，贡献给贾似道的财物无法计算。宋度宗咸淳五年（1269年），贾似道再次声称有病请求离开朝廷。皇帝流着眼泪挽留他，贾似道没有听从，皇帝命令他六天上一次朝。后来，皇帝命令贾似道入朝时不必跪拜。退朝时，皇帝必定起身离开座位，目送着贾似道走出殿堂才坐下。接着又命令贾似道每十天上一次朝。贾似道虽然深居简出，凡是御史台谏院的御史谏官弹劾官员、朝廷有关部门举荐征召官员以及京城地方长官、京城地区的漕运等一切事项，不向贾似道报告就不敢实行。朝廷中的正直官员，只要稍微违背贾似道的意思，就被斥责，情况严重的则被弃出朝廷，终身不再录用。一时间朝廷中的正人君子、行为端庄之士，被贾似道迫害的几乎没有了。

◀贾似道像

▲张世杰像

公元1275年　焦山之战

宋军自芜湖溃败之后，江防解体，建康、宁国、太平、和州、无为等地不战而降，但不少抗战派将领仍组织力量继续抵抗。张世杰自郢州率兵入卫，时方危急，命总部督府兵，遣将四出，取元军新占之平江、安吉、广德诸城，兵势颇振。德祐元年（1275年）七月，张世杰会合诸将在镇江焦山与元军进行决战。事先约定殿帅张彦率步骑兵自常州趋镇江，控制长江南岸；约扬州李庭芝领兵出瓜州，自江北配合；自与刘师勇等率水师在焦山列阵，每十舟为一方，系以索链，沉碇中流，“非有号令，不得起碇”，誓与元军决一死战。此时，元军主帅伯颜离职赴阙，指挥力量削弱，宋军经过充分准备，可望经过决战出现新的局面。谁料时至约定之日，扬州宋军失期，常州张彦竟不发兵，致使张世杰陷于孤军作战境地。元将阿术选健卒千人乘巨舰多艘，分两翼用火箭夹射宋军。宋舰俱焚，虽经死战，船不能起，损失惨重。宋军经此挫败，不复能振。

公元 1275~1276 年　扬州保卫战

德祐元年（1275 年）三月，元军入建康，分兵四出攻取附近州县。当时，两淮地区是宋军重要防线，扬州尤为战略要地，是守护建康、拱卫临安的藩篱，常驻重兵。名将李庭芝在此经营多年，宋廷甚为依重。四月，元将阿术奉命进军扬州，先派使者招降。庭芝诛杀使者，积极备战。四月十九日，阿术军进至真州（治今江苏仪征），知州苗再成迎战不利，死亡两千余人。元军至瓜州扎营。宋将姜才在三里沟作三迭阵，击退元军，追至扬子桥。元军于此建堡固守，宋军多次进攻失利，姜才为流矢所中，拔矢奋战，退至城中。李庭芝多方鼓励宋军固守，人人为之死战。元军攻城，久不能拔，乃作长围以困之。次年二月，临安陷落后，谢太后出面为元招降，李庭芝严辞拒绝，他说“奉诏守城，未闻有诏谕降也”。表示誓死守城。三月，庐州、淮安、盱眙、泗州等城，皆以粮尽陆续降元。扬州军食更加困难，但仍日出苦战。七月，宋福王自海上遣使来召，李庭芝乃留朱焕守扬，自与姜才率兵七千士卒打算经泰州由海道南下勤王。不料庭芝一走，朱焕即降，元军追至泰州，李庭芝、姜才被俘，元人劝降，誓死不屈，二人同时遇害。

▲李庭芝诛杀使者

▶贾似道整日作乐，不理政事。

公元 1273 年　襄樊失守

从 1267 年冬天起，元兵全力攻襄、樊二城。襄樊夹汉水对立，汉水上有浮桥，两城可相互声援。被围后，两城守将向南宋政府告急求援，宰相贾似道置之不理，日夜与妻妾作乐。襄樊被围五六年之久，城内军民奋力抵抗，他们拆屋木作柴烧，缝纸币作衣穿，毫不动摇。宋将夏贵、范文虎、李庭芝等数次率兵赴援，均被元兵打退，无功而还。1272年5月，当襄阳告急时，郢州（今湖南钟祥）民兵首领张顺、张贵率民兵三千人往援，他们在汉水和襄阳城下，与元兵展开激烈战斗。张顺勇往直前，砍断封江铁链，“转战二十里，元兵皆披靡”，最后身中六箭，光荣牺牲。张贵冲入城内，加强了襄阳的防御力量，鼓舞了城内的士气。但在以后的战斗中，张贵也因受重伤而不幸被俘，不屈遇害。1273年春，元兵切断了襄樊间的汉水浮桥，二城失去联系，不能再相互支援。元兵更用西域人新献的“回回炮”（是一种巨大的发石机）攻城。樊城在内无粮草，外无援兵的情况下，终于被攻破了。城破后，守将范天顺、牛富率领军民与元兵展开激烈巷战，最后壮烈牺牲。在元兵进攻下，襄阳也很快失陷了。

◄南宋·剔红凤鸟穿花图盘

公元1276年　元兵入临安

1274年，元兵以伯颜为统帅，分两路攻宋。一路由伯颜与大将阿术统领，从襄樊南下，降将吕文焕率舟师为先锋。一路由刘整、博罗干率领，从淮西攻扬州。伯颜一军，围汉阳，渡长江，破鄂州，宋军节节败退。时宋度宗已死，太子赵㬎即位，是为恭帝，谢太后听政，命贾似道督各路兵马抗元。元兵顺江东下，1275年破黄、蕲等州，攻安庆，守将范文虎降。贾似道率舟师到芜湖，不敢前进，遣使求和，又不成，进退失据。贾似道的十三万水军在池州下游的丁家洲与元兵相遇，元兵于长江两岸立炮射击，江中则“划车”数千艘乘风直进。贾似道见元军来到，早已吓破了胆，未即接战，即鸣锣退兵，十三万大军一时溃散，战船、辎重、物资尽失，贾似道自己也弃军逃走。元兵乘胜前进，直指临安。1275年三月南宋罢免贾似道，改任陈宜中为宰相，号召各地勤王。元兵很快破独松关（今余杭县西北），1276年正月进至临安，陈宜中遣使求和，愿称臣纳贡，不许，宋恭帝投降。元兵入临安，俘恭帝及谢太后等皇族、后妃，抢掠图籍、文物及大量金、银、布帛、珍玩而去。

►南宋·青釉八方形人物纹龙把壶

文天祥就义成仁

南宋德祐初年，文天祥任右丞相兼枢密使。元兵到达临安，文天祥奉命与元兵谈判，被拘留在军中。后来逃到真州，经过海路到达温州。益王赵昰即位，是为端宗。文天祥任右丞相，以都督的身份出兵江西。后来元兵入江西，文天祥战败，1278 年 12 月，他转战于潮阳等地，部队遭到突然袭击，不幸被元兵所俘。文天祥被俘后，汉奸张弘范强迫他致书劝降张世杰，文天祥坚决拒绝，写《过零丁洋》诗与之，诗末二句是“人生自古谁无死，留取丹心照汗青”，表示了他的决心。文天祥被解到大都，元朝统治者百般劝降，威胁利诱，都被他拒绝。文天祥被囚禁五年，受尽各种折磨，不屈被杀。

▲文天祥像

公元 1279 年　南宋灭亡

临安陷落后，南宋王朝尚拥有闽广及浙赣南部地区，淮东、四川等地也还有一些抗元据点，兵力尚有张世杰、文天祥等各地勤王兵十余万人。1276 年，张世杰、陆秀夫等退往福州立赵昰(端宗)为帝，文天祥也率兵进驻江西各地，企图恢复。不久，元兵入闽，陆秀夫等由海道至泉州，泉州市舶司提举阿拉伯人蒲寿庚降元，以海船助元攻宋，陆秀夫等被迫退至广州海上。1278 年赵昰病死，陆秀夫等拥立其弟赵昺即帝位，继续坚持斗争。1279 年 2 月，元兵会同张弘范全力攻张世杰、陆秀夫，南宋的最后据点——广东新会县南海中的厓山被攻破，陆秀夫负赵昺投海而死，许多士兵也都投海，浮尸十余万具。张世杰力战不胜，突围至平章山，收拾残军，准备再战，又遭风覆船，不幸殉难，南宋政权灭亡。

▲陆秀夫负赵昺投海雕像

南宋·马远·雪景图卷(局部)

宋朝的中外交往

两宋时期，中国与今天东南亚地区的越南、柬埔寨、缅甸和印尼等国保持了密切的交往，中国的文化和产品对这些国家产生了很大的影响。如越南曾长期使用汉字，直到13、14世纪之交，越南人才以汉字为素材，创造了自己的文字。两宋时期，中国和南亚的印度等国也有密切的经济和文化交流，而阿拉伯地区继续与中国保持频繁的贸易交往。当时的广州、泉州、扬州，都是阿拉伯商人经常往来和居住的地方。阿拉伯人把自己的文化介绍到中国，又把包括造纸术、炼丹术、火药及指南针在内的中国文化传播到西方。在今天东非海岸的一些国家，发现了许多宋代的钱币和瓷器，这都是中国和非洲海上交往的证明。南宋人周去非的《岭外代答》和赵汝适的《诸蕃志》，是当时中外交流的重要资料。

▲宋·玉透雕聚八仙花

▲南宋·马远·雪滩双鹭图

宋朝与朝鲜的经济往来

▲《宣和奉使高丽图经》书影

两宋时期，朝鲜半岛处于王氏高丽统治时期（918~1392 年）。两国之间友好相处，使臣穿梭往来。北宋在汴京城建同文馆，专门接待高丽使节，甚至沿途置高丽亭，热情款待。宋使赴高丽，也同样受到隆重礼遇。高丽在都城开京（今朝鲜开城）置顺天馆作为宋朝使节的使馆。宋宣和五年（1123 年），奉徽宗之命出使高丽的徐兢受到盛情款待，回国后，著成《宣和奉使高丽图经》一书，详尽地记载了出使的经历和所见所闻，生动地记录了中朝两国的友好关系。由于受辽的阻隔，宋朝与高丽的交往多经海路。宋朝的登州、明州、泉州和高丽的贞州等港口是两国通商交往的重要口岸，其中尤以明州和碧澜度为最。一般在春末夏初，商旅多借北风由高丽驶往宋朝，七八月间，再乘南风北上高丽，航程最快时只需 18 天。两国商人频繁浮海贩货，从高丽运来人参、麝香、牛膝、甘草、白术等药材和金银铜器、布、绸缎、虎皮等商品；从宋朝运去茶、丝、瓷器、药材、绢帛、染料、犀角、象牙、香药、书籍、文具等物。高丽王朝对与宋朝的通商交往表现出极大的兴趣，在开城及重要港口专设宾馆，用于接待中国商旅。中国商旅纷纷而至，甚至有的留在高丽，担任官职。

与朝鲜的文化交流

文化交流方面，宋廷除派遣使臣携带大量的礼品外，还常应高丽的请求赠送礼服、乐器、祭器和书籍。其中书籍的数量颇可观，有《九经》、《史记》、《汉书》、《后汉书》、《太平御览》、《册府元龟》、《大藏经》等书籍。高丽使臣也多在中国购书，而两国商人及高丽入宋僧人更是大量地将汉文典籍传入高丽。元丰八年（1085 年），高丽僧义天来中国求法，次年回国时，所携佛学经典 3000 余卷。在此基础上，义天编了一部《续藏》，4700 多卷。泉州商人徐晋还在杭州雕

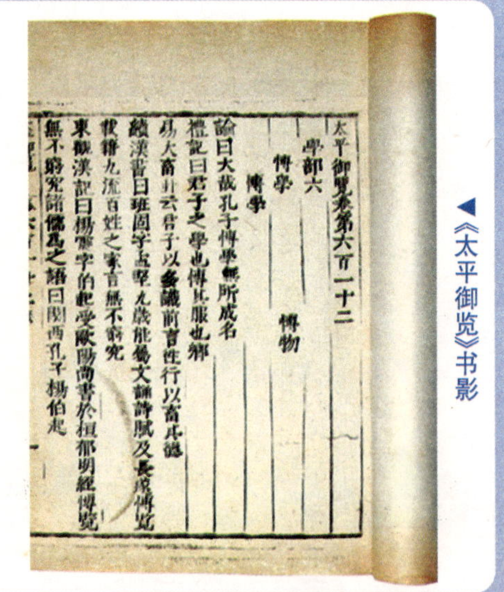
太平御覽卷第六百一十二
學部六
博學
博物
論曰大哉孔子博學無所成名
禮記曰君子之學也博其服也鄉
易大畜卦云君子以多識前言往行以畜其德
續漢書曰班固字孟堅九歲能屬文誦詩賦及長遂博貫
載籍九流百家之言無不窮究
東觀漢記曰楊震字伯起少受歐陽尚書於桓郁明經博覽
無不窮究諸儒為之語曰關西孔子楊伯起

◀《太平御览》书影

刻了一套《新注华严经》，专门运往高丽。在中国散佚的一些书籍却也因此在高丽得以保存，并又传回中国，如《黄帝针经》、《东观汉记》等书。中国的雕版印刷术在高丽得到较广泛的推广和应用，儒学、佛教、历史、医药等方面的书籍大量雕印刊行。11 世纪中叶，毕昇发明的活字印刷术于 13 世纪初期传入高丽，经高丽人改进后使用铜活字排版印书。高丽还向宋朝派遣留学生学习中国文化，有的就读于国子监，有的参加科举考试，进士及第后，任职居官。

▲《华严经》书影

宋朝与南洋诸岛国的联系

海上交通的发达，进一步密切了宋朝与南洋诸岛国的联系。其中三佛齐、阇婆等印尼历史上的古代强国，极其重视与宋朝的商贸往来，他们除派遣使臣入宋外，更多的是民间的交往。三佛齐地处东西海上交通的要冲，"扼诸番舟车往来之咽喉"，"大食诸番所产，萃于本国"，成为南洋地区重要的商品集散地，来自南亚、西亚等地区的真珠、乳香、木香、象牙、珊瑚树、猫儿睛、琥珀等货物常经于此再转贩中国。阇婆国出产的象牙、犀角、真珠、硫磺、茴香等商品也常输入宋朝。宋朝商人主要用丝织品、瓷器、漆器、铁器、金银器皿及药材等商品与之交易。这些国家十分欢迎宋朝商人来此经商，"中国贾人至者，待以宾馆，饮食丰洁"，因而宋朝与之交往日渐频繁。

▲泉州港出土的宋代海船

与东南亚、南亚地区的交往

东南亚、南亚地区与我国的交往历史悠久。宋代，这一地区与中国有贸易往来的国家达50多个。据历史记载，东南亚、南亚的蒲端、麻逸、三屿、蒲哩噜等国(均属菲律宾)，佛罗安、蓬丰等国(均属马来西亚)，单马锡国(今新加坡)，渤泥国(今文莱)，罗斛、真里富、西棚等国(均属泰国)，真腊国(今柬埔寨)，缅国(宋时又称蒲甘，今缅甸)，天竺、注辇、南毗等国(均属印度)，狮子国(又称细兰、锡兰，今斯里兰卡)等，都与宋朝在政治、经济、文化等方面有不同程度的交往。中国的丝绸、瓷器和先进的造船、航海、印刷、造纸等技术陆续传入这些国家，或再经此转传西亚、阿拉伯地区，从而形成了联系中国与海外的海上“丝绸之路”。这一时期，不少中国商人和劳动人民移居到东南亚及南亚地区，为传播文化、促进当地经济的发展，增进各国人民的相互了解和友谊作出了积极贡献。

▶北宋·磁灶窑绿釉军持(军持是专供外销的产品，在东南亚等地区常有出土，这从另一方面反映了宋朝时期泉州外贸的繁盛。)

宋朝与越南的联系

位于宋朝南邻的交趾、占城两国，是越南历史上北、南两个古国。交趾因与宋朝毗邻，水陆相通，而占城则多经海上与宋沟通。交趾、占城和宋朝既有政府间的经济贸易往来，又通过民间进行商品交易。两国都曾先后派遣数十批赴宋使臣，向宋朝进献香药、犀角、象牙、丝绸、棉布、金银器、药材等“贡品”；宋则以丝织品、金银、瓷器、铜器等物作为“回赐”。无论是“贡”还是“赐”，数量都很大，香药多的可达5万多斤，宋廷也十分慷慨地将4700两银赐于来使。因而这些外交使臣实际也是经济交往的使者。民间贸易的规模更大，广东、福建等地的商人经常经海路到交趾、占城经商，两国入宋的商人也络绎不绝。双方

▲《武经总要》中描绘的宋代海船

用于交易的货物，中国有丝织品、瓷器、漆器、扇、伞、草席、铅、锡、酒、糖及纸、笔、书籍等，交趾、占城则有香料、犀角、象牙、金银、棉布等。文化的交流更为密切，在13世纪以前，汉文是这一地区的通用文字，官方的文书、民间的著作都使用汉字。以后，在汉文的基础上，越南人民创造了一种“字喃”文字。中国印刷术也于南宋末年在越南开始得到应用。

与阿拉伯国家的往来

宋朝与西亚地区的阿拉伯国家往来频繁，尤以阿拉伯帝国（即大食国）最为密切。宋初，两国多沿古丝绸之路进行商贸往来。自西夏崛起后，通道多为阻断。宋天圣元年（1023年），宋廷“恐为西人钞略，乃诏自今取海路由广州至京师”。此后，两国间的海上往来日渐繁盛。宋代的广州、泉州、扬州等港口是阿拉伯商客云集之地，宋朝官府在此专设蕃坊，以安置“蕃商”、“蕃客”。蕃坊由一名巨商充任“蕃长”，“专切招邀蕃商”。宋朝与西亚阿拉伯商人既有直接的贸易，也有经占城、三佛齐等国的转口贸易，“本国所产，多运载与三佛齐贸易，贾转贩以至中国”。输入中国的货物主要有香料、珠宝、犀角、象牙、药材等，中国则输出丝绸、瓷器、药材等。商业的交流促进了文化的传播，我国古代的航海技术，特别是指南针和火药的制造和应用，在宋代随海上贸易传入阿拉伯国家。而伊斯兰世俗和宗教文化，则通过阿拉伯人、波斯人陆续传入中国。建隆四年（963年），鲁穆（今小亚细亚）人马依泽应邀来华修撰《应天历》。泉州清净寺、扬州礼拜寺、广州怀圣寺等都是宋代由阿拉伯人建造或重修的伊斯兰清真寺。更有一些阿拉伯商人交由“舶主”往来贩货，自己则长期侨居于中国，或携家眷，或与中国人通婚。有的成为“富盛甲一时”的大富豪，如北宋时广州的辛押陀罗即是。“蕃客”的后代渐习汉文化，有的被宋廷委以官职，南宋末年泉州提举市舶使蒲寿庚即为阿拉伯人后裔。

▲泉州的清净寺（我国现存最早的具有阿拉伯建筑风格的伊斯兰寺庙，创建于北宋）

宋朝与非洲交往

宋朝与非洲也有直接或间接的交往。层檀国(今属坦桑尼亚)于宋神宗时两度遣使入宋，受到特别礼遇。宋朝输入的犀角、象牙、玳瑁及乳香、龙诞香、黄檀香等名贵香料多产于非洲，其中有相当多的数量是经阿拉伯转贩到中国的。通过阿拉伯商客，宋时已对非洲有了比较详细的了解，在当时一些文人的笔下有对非洲许多国家地理位置、官制、物产、风俗等方面的记载。在今天的埃及、索马里、坦桑尼亚、肯尼亚，甚至南部非洲的津巴布韦、南非等国，都曾出土有宋代的钱币、瓷器。中国的指南针、火药、印刷术也是在宋代开始传入非洲的。

▲宋·香料原木

中日经济交往

北宋时期，由于日本执政的藤原氏实行闭关政策，除间有僧人、商客入宋外，多为北宋商船往来于海上。南宋以后，执政的平清盛推行积极的对外政策，鼓励与中国交往，并设置鸿胪馆，专门安置和接待宋朝商贸及船员，提供膳宿。宋朝政府更以优厚的待遇欢迎日本商旅，若遇因风浪漂泊至港者，宋朝官府则赈济钱米送其归国。故而两国间的交往日渐密切，出现了“倭人冒鲸波之防，船相衔，以其物来售”的盛况。宋朝的明州、杭州、温州、泉州等和日本的博多、敦贺等港口是两国交往的主要口岸，经常有众多的商船在此停泊，装卸货物。宋朝输日的商品主要有瓷器、丝绸、药材、文具、书画、香料及铜钱等，日本则输入宋朝金、水银、硫磺、木材及折扇、屏风、刀剑等工艺品。尽管有些货物的交易是禁止的，如宋朝特别是南宋严禁铜钱外流，可实际上“商人贪利而贸迁，黠吏受贿而纵释，其弊卒不可禁”。近代以来，日本国内出土有大量的宋代铜钱，据统计多达56万余枚，这些钱币当时曾于日本国流通使用。

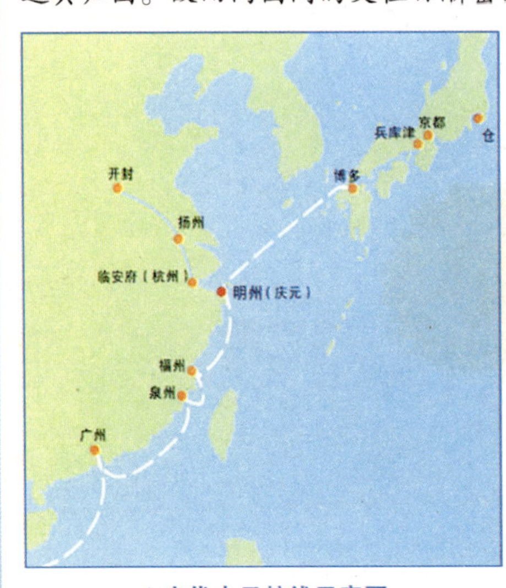

▲宋代中日航线示意图

中日文化交往

来往于宋朝、日本的商旅及僧人不仅进行商业贸易活动，同时也交流和传播两国的文化。太平兴国八年(983 年)入宋的日僧奝然曾向宋太宗进献《职员令》、《王年代纪》等日本书籍和宋朝已流失的《孝经郑氏注》、《越王孝经新义》等中国书籍，回国时，太宗则赐予新印本《大藏经》。宋代传入日本的中国书籍数量很多，如《五代史记》、《唐书》、《白居易文集》、《东坡指掌图》等，就连禁止外输的《太平御览》等珍贵书籍也被输往日本。佛教界的交往一直是中日文化交流的重要内容。自奝然之后，又有许多日本僧人相继漂海而至，求经学法，有的长期留居中国；有的从日本带来木料，修建中国寺庙；有的还得到宋廷赐予的法号，如元丰年间，日本通事僧仲回受宋神宗赐号"慕化怀德大师"。宋代也有不少工匠东渡，帮助日本建造寺庙。宋淳熙九年(1182 年)，宋代著名匠师陈和卿等人赴日本为重建东大寺铸造大佛像及塑造四天王像，寺庙的主体设计者是日僧重源。中国的建筑、制瓷、雕版印刷、造船航海、医药等技术相继在日本得到推广。茶叶也在日本开始种植。日僧荣西不仅带回了中国的茶种，亲自进行试种，还著有《吃茶养生记》二卷，宣传茶的保健之效，对饮茶之风的兴盛起了很大作用。

▲东大寺位于日本古都奈良的东部，始建于公元 751 年，复建于公元 1182 年，我国南宋匠师陈和卿应主持复建工作的日本重源和尚之邀而担任了此次复建的总大工(总建筑师)，使得东大寺在建筑结构和风格方面都留有宋朝的痕迹。

北宋时被改为道教观庙的天庆观

哲学与宗教

儒学在宋朝得到空前复兴，其与佛、道思想相结合，诞生了新的儒学思想——理学。经过二程与朱熹的发展，理学发展成为一套完整的哲学体系，成为南宋之后的官方哲学。之后，陆九渊又认为“宇宙便是吾心，吾心即是宇宙”，人们应当去人欲、存本心，到达清明寡欲的境界，陆九渊的思想经过之后明朝大儒王守仁的继承发展，成为新的哲学体系——心学，在明朝中叶以后占据了主导地位。除了理学与心学之外，宋朝晚期还出现了第三种学术势力——浙东事功学派。与唐朝相比，宋朝宗教对社会生活的影响力略有下降，宗教也更加世俗化与汉化。宋朝佛教宗派以禅宗和净土宗最为兴盛。而禅宗之中又以临济、云门二宗最为繁茂。净土宗相对禅宗而言更为世俗化，原先艰深的理论被阐释的更加简单化与口号化。与佛教相比，道教在宋朝变化繁多。宋朝管理道教的机构是礼部所属的祠部。宋朝道教出现了内丹派南宗、正一天师道、忠孝净明道和全真道等新的道教教派，最后全国形成了真大道教、正一天师道和全真教三足鼎立的局面。

▶陆九渊像

◀南宋·官窑单把杯

宋代理学

▲周敦颐像

宋代的理学是以儒学思想为基础，兼容佛、道思想而形成的新儒学。理学创始人周敦颐首创客观唯心主义学说，著有《太极图说》，阐述了“无极而太极”的观点，认为宇宙的本源是“太极”，由于太极的动、静而生阴、阳，阴阳互交又生“五行”（水火木金土），五行相互作用再“化生万物”。周敦颐弟子程颢、程颐，世称“二程”，建立了一套比较完整的客观唯心主义哲学体系，其核心是“理”（也称“天理”）或“道”。他们认为“理”是宇宙万物的本源，是永恒的，“万物皆只有一个天理”、“万物皆出于理”。“理”决定了社会的等级秩序，“君、臣、父、子”之道，都必须严格遵循“理”的规范。为此，主张修身养性，“存天理、去人欲”，让自身内心“悟”得“天理”，使人性去恶存善。朱熹是程颐的四传弟子，继承并发展了二程的思想，并吸收北宋张载等人的元气本体说，最终完善了理学体系，成为理学的集大成者。宋代理学的纲常伦理及人性之说对维护封建统治、强化封建礼教起了重要作用，倍受统治阶级的重视和推崇，奉为正统思想。

二 程

二程是程颢（1032～1085 年）和程颐（1033～1107 年）的合称，二人是兄弟，都是北宋著名儒者、思想家。程颢字伯淳，程颐字正叔，洛阳人。程颢曾支持王安石的政治变革，但在如何变革的问题上和王安石意见不一致，后来成为反对王安石改革的成员之一。程颐受佛教禅宗的影响，敢于把圣人作为自己努力的目标，也是儒学的一大进步。二程儒学的另一特点，就是和周敦颐一样，把心灵和道德的修养作为儒学的基本问题，认为君主心灵修养的程度，会决定政治的优劣。和心灵的修养相比，各种制度的建设是次要的，特别是不能把追求功利作

▲程颢像

▲程颐像

为治国的目标。这是他们和王安石儒学思想的基本分歧。二程在哲学上的基本贡献，是提出了“天理”这个概念。其实际意义是，理或天理的概念虽然早就被历代学者所使用，并且不断出现在儒家的典籍中，但是只有他们才把理或天理作为哲学的基本概念或最高范畴。二程特别重视《论语》、《孟子》、《大学》、《中庸》这四部著作，并且把它们作为学习其他儒经的先导。后来，这四部书被朱熹合在一起，称《四书》，并且把《四书》作为儒经中最重要的部分，作为儒者参加国家考试、取得做官资格的基本教材。其实二程没有系统的专著，他们的诗文和与学生的谈话被编在一起，今称《二程集》。

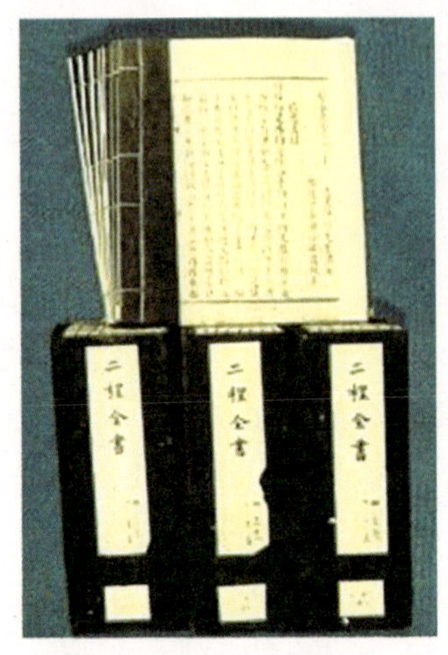

▲《二程集》书影

朱熹

朱熹（1130~1200 年），字元晦，号晦庵，别称紫阳，南宋时期的理学家和教育家，宋代理学的集大成者，继承了北宋程颢、程颐的理学，完成了客观唯心主义的体系。他认为理是世界的本质，“理在先，气在后”，提出“存天理，灭人欲”。朱熹学识渊博，对经学、史学、文学、乐律乃至自然科学都有研究。1178 年朱熹在庐山唐代李渤隐居旧址，建立“白鹿洞书院”进行讲学，并制定一整套学规。为了帮助人们学习儒家经典，他又于儒家经典中精心节选出“四书”（《大学》、《中庸》、《论语》、《孟子》），并刻印发行。四书影响深远，后来成为封建教育的教科书，使得儒家思想全面地控制了中国封建社会的思想。朱熹一生著述极丰，是中国历史上著作最多的儒家学者之一，有《四书集注》、《朱文公文集》、《朱子语类》、《朱子家礼》等。

▲朱熹像

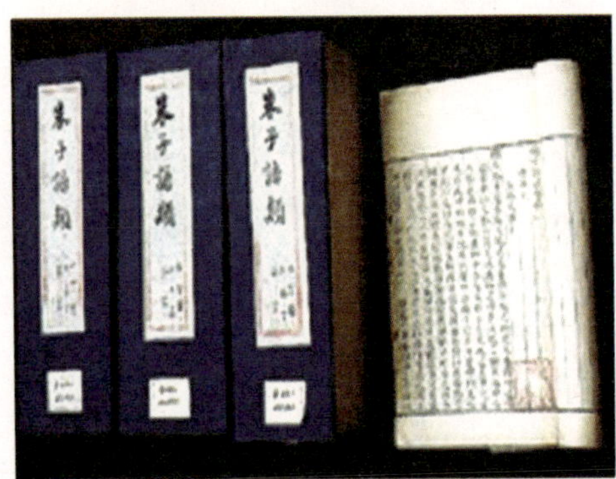

▲《朱子语类》书影

心学

▲位于江西铅山县鹅湖山麓的鹅湖书院，淳熙二年(公元1175年)朱熹、吕祖谦、陆九龄、陆九渊等会讲鹅湖寺，各持己见，“相与讲其所闻之学”，这就是哲学史上著名的“鹅湖之会”。

陆九渊是宋代理学主观唯心主义思想体系的代表，他融孟子学说与佛教禅宗说教于一体，创立了所谓的“心学”。其思想核心是“心即理”，“心”是宇宙万物的本体，“宇宙便是吾心，吾心即是宇宙”，完全排除了客观物质世界的存在。他认为“理”不是客观存在的，“人皆有是心，心皆具是理，心即理也”，“心外无理”。道德伦理纲常这些“理”的体现，也是人心所固有的。他主张“明本心”，否认人对客观事物的认识，“此心此理，我固有之，所谓万物皆备于我”。陆九渊与朱熹观点上的对立，是理学内部主观唯心主义与客观唯心主义两种思想体系的分歧。淳熙二年(1175年)，朱、陆两家相会于信州鹅湖，各自阐发自己的观点。朱熹主张通过“泛观博览”启迪人们内心去遵循“天理”，陆九渊则提出先使人“明本心”，再使其“博览”。这场中国哲学史上著名的大论战，称为“鹅湖之会”。他们的学说虽有分歧，但都极力维护封建统治秩序。

王安石的唯物主义思想

▲南宋·鎏金六瓣花式银杯

王安石对宇宙的认识是“道”本体论。所谓“道”，即是物质的“元气”，“道者天边，万物之所自生”。“道”分化为阴阳二气，由此产生“五行”，造化出万物。王安石认为宇宙万物都是变化的，这是在于“五行”的基本属性“有耦”、“有对”，故而存在着统一和对立的关系，导致“五行”相生与相克，矛盾的相互斗争，最终推动了事物的变化与发展。由此他提出客观世界是可知的观点。人们认识客观世界有“貌、言、视、听、思”五种方式，“五事以思为主”，即通过前四种方式感知到客观世界，经过“思”而加以综合，形成概念。在人性论上，他强调人性源于“形体”，就是人体的本性，是在“形体”形成后产生的。“神生于性，性生于诚，诚生于心，心生于气，气生于形。形者，有生之本”。提出“性不可以善恶言也”，反对将人性划分为“上智”、“中人”、“下愚”的等级。

陈亮和叶适的事功学说

陈亮字同甫，号龙川，婺州永康人，与朱熹同时。他认为世界是物质的，“盈宇宙者无非物，日用之间无非事”，和朱熹的理在事先、道在物先的唯心观点针锋相对。陈亮还针对朱熹的“天理存则人欲灭”的论调，大胆提出了“事功”思想。陈亮认为，“功到成时，便事有德，事到济处，便是有理”，有机地把事功和义理联系起来。在这种思想指导下，陈亮指斥理学家们置金人灭宋之仇于不顾而空谈身心性命和学问，主张加强军事，坚决抗金，建立大功。这种讲求事功的务实思想，对抵制朱熹的“无欲”思想起了重要作用。朱熹对陈亮的学说十分害怕，曾多次写信给陈亮，要他迁善改过，但每次都遭到陈亮的驳斥。当陈亮的思想传到江西时，朱熹更加惶恐，连呼“可畏！可畏！”。可见陈亮的反理学思想在当时产生了巨大影响。

◀陈亮墓

叶适字正则，号水心，温州永嘉人，他和陈亮一样，承认世界的物质性，他说：“夫形于天地之间者，物也。”“道虽广大”，“终归之于物”，尖锐批判了朱熹道在物先的唯心主义理论。在认识论上，叶适主张：“不以须臾离物”，即人的认识离不开客观存在的“物”，认识的正确与否应用客观事物来检验。他说：“欲折衷天下之义理，必尽考详天下之事物而后不谬”，又说：“无验于事者，其言不合；无考于器者，其道不化。”叶适也提倡功利，他把功利和仁义看成是统一的，反对把功利和仁义对立起来的观点。他认为，如果离开功利，仁义就失去了实际内容，而成为“无用之虚语”，叶适的功利思想和陈亮的功利思想基本一致，都在抵制理学的传播中起了重要作用。陈亮和叶适的事功学说，反映了东南地区商品经济的发展，代表了工商业者的利益，在中国古代思想史上占有重要的地位。

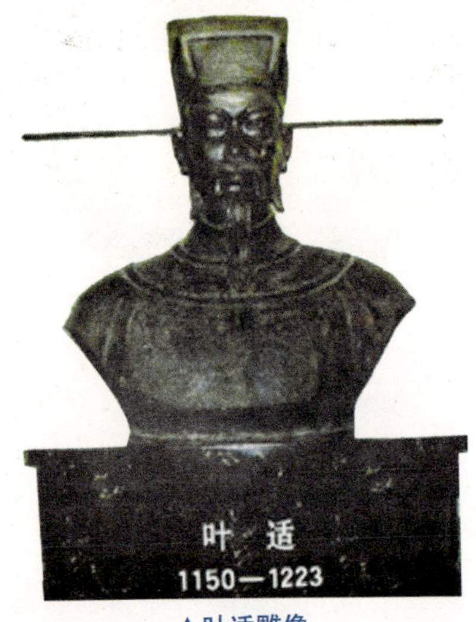

▲叶适雕像

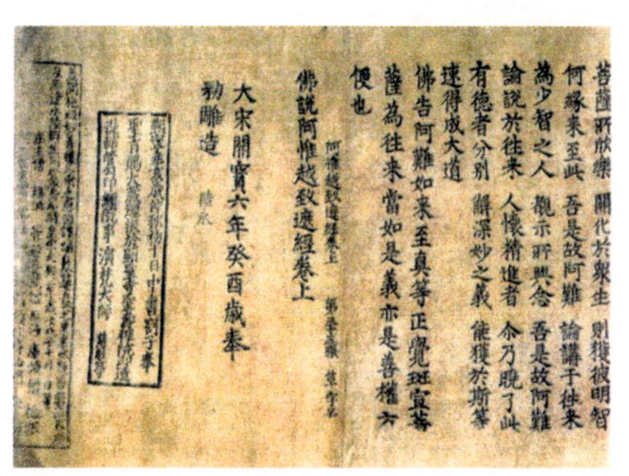
菩薩所欣樂 開化於衆生 則獲彼明智
何緣来至此 吾是故阿難 論講于徃来
為少智之人 覩示所興念 吾是故阿難
論說於徃来 人懐精進者 尒乃曉了此
有德者分别 解深妙之義 能獲於斯等
速得成大道
佛告阿難如来至真等正覺班宣菩
薩為徃来當如是義亦是善權方
便也
佛說阿惟越致遮經卷上
大宋開寶六年癸酉歲奉
勑雕造

▲宋刻《开宝藏》书影

佛教

佛教在宋代相当盛行，太祖乾德四年（966 年）即派僧人行勤等 157 人西行求学。开宝年间(968~476 年)，耗资百万重修了同州(今陕西大荔)龙兴寺舍利塔。太祖本人也经常读诵《金刚经》。其他各帝，除徽宗信道外，都很崇佛。宋代寺院和僧人数量很大，北宋时全国约有寺院 4 万多所，僧尼数十万人，仅汴京相国寺即有八禅、二律、六十四院。宋代译经、刻经极盛。太宗时曾建立译经院，著名译师有惟净等人，从太平兴国七年(982 年)至景祐二年(1035 年)，共译出经论 564 卷。宋代雕刻佛经盛行，我国第一部官刻藏经《开宝藏》，多达 653 帙、6620 多卷。私刻藏经有《崇宁藏》、《开元藏》、《思溪藏》等。宋代佛教各宗，大多继承晚唐、五代。禅宗除从晚唐、五代继承过来的“五家”——沩仰、临济、曹洞、云门、法眼，还有从临济义玄六传弟子石霜楚圆门下演化出来的杨岐方会和黄龙慧南两个支派，合称“五家七宗”。禅宗一改早期“不立文字”而成了“不离文字”，编有《灯录》、《语录》一类著述。宋代天台宗著有《让观久例》、《法华十妙》等书。高丽僧人义通与羲寂都是天台宗的嫡传祖师。由于净土宗提倡“修净土”，解脱苦难，因而有着广泛的群众基础，使禅宗、天台宗这两个最大的宗派也热心于“净土法门”。此外，宋代佛教中还有华严宗、唯识宗、律宗等宗派。

▲寿安寺始建于宋朝淳祐年间(约于 1241 至 1252 年)

道 教

宋代的南北道派在互相交融的基础上，茅山宗一直处于主流地位。北宋时的陈抟、张伯端、陈景元、贾善翔等在学术上有一定成就。南宋以后，茅山宗逐渐衰微，元时并入正一道。宋朝统治者的崇道活动，以宋真宗和徽宗最盛。真宗以“天书下降”为借口，兴修宫观，宠信道士，大封神仙。徽宗在其出生地建玉清神霄宫，铸神霄九鼎，又在皇宫附近建上清宝箓宫，道士尊徽宗为“教主道君皇帝”。徽宗还命编道史，设道学，录取道官，一时道教胜过佛教。南宋偏安，与金、元对峙，形成继南北朝之后中国历史上又一次南北分治的局面，由此带来道教发展的新格局，宗派纷起。南方以符箓三山为主，又有神霄、清微、净明等派，还有所谓金丹派南宗。北方产生了太一教、大道教、全真教等新道派，这是道教史上的又一个转折时期，教义教制都呈现了新的面貌，内丹学大为流行，形成新的符箓道派，道教再次出现新气象。南宋统治者对待道教的态度，和北宋基本一致。由于这时国力羸弱，常受金人和蒙古人的侵袭，为求消灾免难，保国延祚，更寄希望于神灵的护佑。但南宋统治者对道教不再像真宗、徽宗那样狂热，南宋高宗还对徽宗崇道的流弊作了纠正。

▲泉州清源山老君岩是我国现存最大的道教石雕，是北宋石雕艺术精湛技艺的集中表现。

◀伊斯兰教传入我国后最早建立的清真寺之一——广州怀圣寺

伊斯兰教

伊斯兰教自唐代传入中国后，主要流行于广州、泉州、扬州等沿海城市的阿拉伯、波斯商人中。宋时海上交通发达，中亚穆斯林大都通过海路入宋，留居在华的穆斯林已出现了“五世蕃客”、“六世蕃客”，穆斯林的人数和清真寺的数量都超过唐代。

民间宗教

白莲教是南宋初年昆山（今属江苏）人茅士元创立的，又称白莲宗。该教渊源于净土宗的弥陀净土法门，得名于5世纪初东晋庐山慧远之白莲社。提倡念阿弥陀佛，死后即可“往生”西方极乐世界。徒众要做到三皈（皈佛、皈法、皈僧）和五戒（不杀生、不偷盗、不邪淫、不妄语、不饮酒），主张素食。该教深受群众欢迎。摩尼教自唐代传入中国，后被取缔，渐由民间流传，到宋代称为“明教”，在福建、两浙一带相当流行。在流行过程中也吸收佛教及其他宗教教义。北宋末，方腊起义即利用该教发动群众。

北宋·李公麟·丽人行

宋朝的文学艺术

宋朝时文学艺术也呈现出一派繁荣瑰丽的景象。古文运动继续发展，欧阳修、王安石、曾巩和三苏，在“唐宋八大家”中已占其六，可见其盛。诗歌中，梅尧臣的作品颇具人民性，陆游的诗词爱国主义色彩特浓。词的写作至宋而特甚，婉约派柳永和李清照的影响颇大，苏轼才气横溢开创豪放派的先河，辛弃疾继续发展，作品中充满了爱国主义的激情。在绘画、书法、戏曲方面，也有许多新的发展和成就。此外，宋代“讲话”（评书）非常流行，讲话的内容就是话本。最著名的话本有《三国志平话》、《新编五代史平话》、《大唐三藏取经诗话》、《大宋宣和遗事》等；一些明清白话小说也是根据宋朝的话本改编。

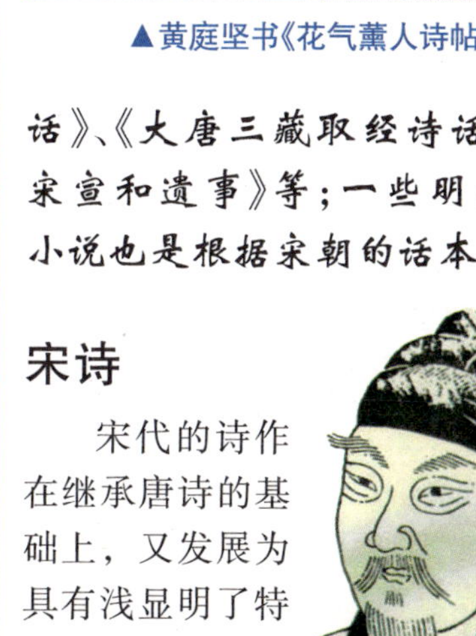

▲陆游雕像

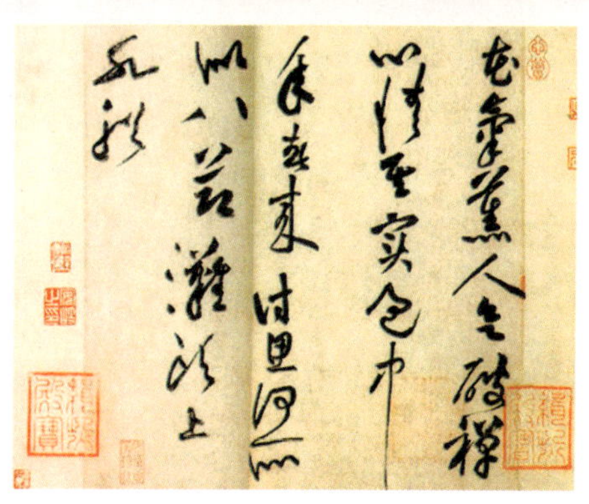
▲黄庭坚书《花气薰人诗帖》

宋诗

宋代的诗作在继承唐诗的基础上，又发展为具有浅显明了特点的散文化诗作。北宋一代，诗坛先后兴起西昆体和江西诗派等流派，其中以江西诗派影响最大。创始人黄庭坚（1045~1105 年），讲究修辞造句，不拘泥于旧法，题材多为个人生活。宋诗在南宋时期有了长足

▲黄庭坚像

的发展，陆游是这一时期的重要代表。他的诗作慷慨激昂，有明显的爱国热情和热恋祖国山河的思想感情，情真意挚，无雕镂痕迹。陆游继承了杜甫“诗史”的传统，正视社会现实，揭露统治阶级的荒淫无耻、卖国求荣，同情下层人民所遭受的欺凌和剥削，他的《农家叹》、《秋获歌》、《秋赛》，对后代的现实主义诗派产生了积极的影响。南宋后期是宋王朝江河日下、最后覆灭的时代，无论政治上或经济上都呈现一派萧条衰败气象，反映在文学上也出现一派“衰气”，这时盛行的是“四灵派”和稍后的“江湖派”。

▲位于四川省崇州的陆游祠

宋词

在我国文学史上，宋词是一座灿烂夺目的丰碑。词原来本是曲子词、歌词，是为乐曲配唱的，写词即就谱填词，后来才发展为一种独立的文体，不一定为歌唱所用了。词的发源可以追溯到隋代甚至六朝梁代，但词的正式兴起是在唐代。到了宋代，词发展到鼎盛时期，上至帝王卿相，下至倡优歌伎，都争相写词，而且名家辈出，佳作极多。柳永是北宋时期第一个专事填词的人，他的作品带有强烈的市民色彩，使词进入一个新的境界。宋词传统上分为两类，即婉约派和豪放派，这主要是以词的内容和风格来分的。婉约派是我国词坛上历史最久、数量最多、影响最大的一派。其代表人物有：秦观、李清照等。豪放派与婉约派相比，从内容到形式、题材到风格都大不同，它突破了词为“艳科”的藩篱，为词坛开辟了一个崭新天地。其代表人物为苏轼、辛弃疾等。

▲秦观像

▲位于武夷山的柳永纪念馆

李清照

▲李清照像

李清照，南宋女词人，号易安居士，齐州章丘(今属山东)人。父李格非为当时著名学者，夫赵明诚为金石考据家。早期生活优裕，与明诚共同致力于书画金石的搜集整理。金兵入据中原后，流寓南方，明诚病死，境遇孤苦。其所作词，前期多写其悠闲生活，后期多悲叹身世，情调感伤，有的也流露出对中原的怀念。形式上善用白描手法，自辟途径，语言清丽。论词强调协律，崇尚典雅、情致，提出词“别是一家”之说，反对以作诗文之法作词。并能诗，留存不多，部分篇章感时咏史，情辞慷慨，与其词风不同。其散文《金石录后序》介绍他们夫妇收集、整理金石文物的经过和《金石录》的内容与成书过程，回忆了婚后三十四年间的忧患得失，婉转曲折，细密详实，语言简洁流畅。著作有《漱玉词》、《李清照集》。

苏 辛

苏辛是北宋的苏轼与南宋辛弃疾的并称，二人同为豪放词派的代表。宋初词人继承了晚唐五代婉约绮丽的词风，虽然在艺术表现手法上取得了一些成就，但其思想内容却十分空虚颓废，到北宋中叶的苏轼，才为词开辟了较为广阔的天地。苏轼主张无意不可入于词，无事不可言于词，扩大了词的社会内容。在风格上，苏词豪迈奔放，气势磅礴，创立了豪放词派，如他的《念奴娇·赤壁怀古》，以豪放流畅的词句，描绘了大江

▲苏轼书法作品《洞庭春色赋》

▲苏轼像

边古战场的雄壮景色和周瑜、诸葛亮等历史人物的英雄风貌，给人以壮丽开阔的感觉。到南宋时期，词发展到高峰，辛弃疾是最著名的代表作家。辛弃疾字幼安，山东历城人，二十一岁就参加了耿京领导的抗金队伍，担任书记职务，后归南宋，任过安抚使等官。他一生坚决主张抗金，因而他的词中充满了对中原地区人民的怀念和对抗金斗争的赞扬。他在《南乡子》中写道："何处望神州，满眼风光北固楼。千古兴亡多少事？悠悠，不尽长江滚滚流。……天下英雄谁敌手？曹刘，生子当如孙仲谋。"借古喻今，表达了他老而不懈的抗金意志。他的词继承了苏轼的豪放风格而又加以发展，慷慨激昂，气势雄伟，激励了当时人民的抗金斗志。

▶辛弃疾像

新古文运动

北宋文坛因受变法思潮的影响，也兴起革新之风，形成了以欧阳修为代表的新古文运动。欧阳修、王安石、曾巩、苏洵、苏轼、苏辙，与唐代的韩愈、柳宗元合称"唐宋八大家"。欧阳修（1007~1072 年）主张"文道合一"，提出散文要与社会现实结合的观点，提倡创新精神。他的散文体裁多样，有论证有力、结构严谨的议论文，如《朋党论》、《伶官传序》；也有寓情于景、情文并茂的记叙文，如《醉翁亭记》、《秋声赋》。王安石也主张文章的实用性，其文极善说理，逻辑性强。曾巩的作品严密周详，语言简炼含蓄，多为书信、杂记的形式。苏洵、苏轼、苏辙父子三人，号称"三苏"，同为新古文运动的重要人物。苏洵主张散文应"有为而作"，反对华而不实的形式主义文风，笔调雄健奔放，论证精辟，代表作如《管仲论》、《辨奸论》。苏轼认为散文应酣畅淋漓，简明透彻地表述作者的思想感情。其作品汪洋恣肆，意态横生，代表了宋代散文的最

◀欧阳修像

▲位于安徽滁州的醉翁亭

高水平。论说文《教战守策》，记叙文《喜雨亭记》、《石钟山记》，赋体散文前后《赤壁赋》，都是名篇佳作。苏辙以政论文见长，剖辩明析，论理严谨，如《六国论》。新古文运动极大地冲击了晚唐以来文坛上沉腐华靡之风，使散文内容充实，意境开阔，开创了散文创作的新阶段。

说话与话本

话本是“说话人”所用的底本。宋代工商业发达，城市经济繁荣，在全国范围内出现了很多大城市，开封和临安是两个典型的代表。在这些城市里，除了达官贵人外，还聚集了大批手工业者和中小商人，形成一个市民阶层。他们必然要求适合于他们的文学，于是市井间各种杂技伎艺就繁盛起来。其中有一种叫做“说话”，执此业的人叫做“说话人”，“说话人”所用的底本就叫做“话本”。

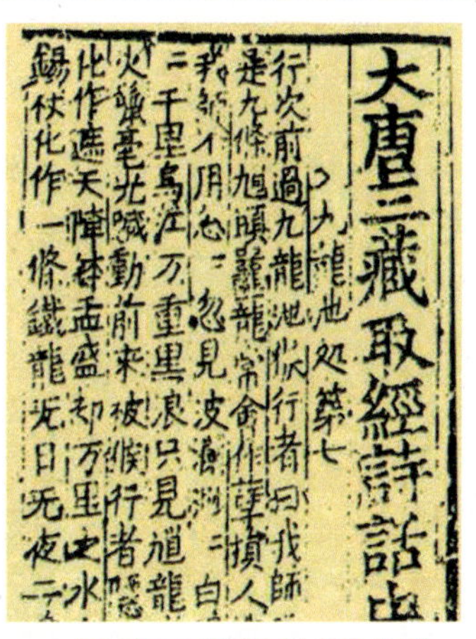
大唐三藏取經詩話 中
入九龍池處第七
行次前過九龍池猴行者曰我師
是九條馗頭鼉龍常會作孽損人
我師不用忩忩忽見波濤渺渺白
二千里烏江万重黑浪只見馗龍
火鼓毫光喊動前來被猴行者隱
化作遮天陣鉢盂盛却万里之水
錫杖化作一條鐵龍無日無夜二

▲《大唐三藏取经诗话》书影

“说话”有不同的种类。这些种类，当时称为“家数”。宋代说话的家数，主要分“讲史”（历史故事）、“说经”（佛经中的故事）和“小说”三种。“小说”是一些较短的故事，它的结局，立时可以知道。内容方面比较丰富的作品，主要是讲一些烟粉、灵怪、传奇、公案以及某个人物发迹变泰的故事。宋代话本流传到今天的有《大唐三藏取经诗话》、《五代史平话》、《大宋宣和遗事》以及《京本通俗小说》等。

宋代的杂剧

◀南宋·苏汉臣杂技戏孩图

宋代的戏曲是随着城市经济的繁荣而发展起来的一种艺术，其形式多种多样，值得注意的是杂剧。宋代的杂剧是在唐代参军戏的基础上发展起来的。一套完整的杂剧，共分艳段、正杂剧、杂扮三段。“艳段”是演“寻常熟事”；“正杂剧”是杂剧的正文，其内容大都以讽刺滑稽为主；“杂扮”与“艳段”相似，表演时可以取舍。在角色方面，据吴自牧《梦粱录》所载，已有末泥、引戏、副净、副末、装孤等五个。宋代杂剧的作品，一篇也没有流传下来，但从宋人笔记中，仍可看出宋杂剧的一些内容。宋代杂剧在思想内容上有一定的进步性，在剧本结构与演员角色方面已具备戏曲的基本条件。

南 戏

北宋时的温州是繁荣的港口城市,南宋迁都临安(今杭州)后商品经济更加活跃。原本流行于农村民间的歌舞小戏和里巷歌谣进入城市,业余戏班也成为职业剧团。在吸取了市民中流行的民歌小调或诸宫调、杂剧的长处后,形成了一种新的戏曲形式——南戏。南戏又称南曲戏文,它在形成和发展过程中吸收了大曲、诸宫调、滑稽戏等民间说唱技艺,以及宋杂剧表演故事的形式,故又叫“永嘉杂剧”,它的故事题材和演唱艺术又受到北杂剧的影响,并逐渐成为一种较为成熟的戏剧样式。南戏的体制结构灵活自由,曲牌的运用比较随便;表演时不拘一格,有独唱、有对唱,还有轮唱和合唱,各类角色都能歌唱;剧本的开头,有介绍创作意图和叙述剧情梗概的开场戏,称为“副本开场”。《张协状元》是今存南戏剧本中最早的一种。南戏的舞台上,出现了“生”、“旦”、“净”、“末”、“丑”、“外”、“贴”等角色分制。全剧围绕“生”、“旦”正剧的表演展开故事情节,辅以“净”、“末”、“丑”的插科打诨,这是中国戏曲史上最早且完备的行当分配制度。

▼南戏《张协状元》剧照

北宋画院的设立

▲宋·海棠蛱蝶图

汉唐已有宫廷画家。五代十国时,画家比较集中的南唐、西蜀始有“画院”。北宋初设置“翰林图画院(局)”,按才艺高下,分别予以待诏、祗候、艺学、画学正、学生、供奉等六职。徽宗时画院规模益加扩大,制度日益完善,并设立了“书画学”,规定了严格的学习科目和考试制度,“画院”的规模以此时为盛。北宋画院以工笔花鸟著称于画史。画院中还有专为庙宇道观作画的宗教画家。画院录取画家,一般要经过严格考试,也有少数经保荐入院的。考试命题多取前人诗句，让学生揣摩构思，绘出新意之画。试题十分刁钻古怪，如“乱山藏古寺”、“踏花归去马蹄香”、“野水无人渡，孤日尽日横”等等。徽宗极力提高画院地位，使之居于他院之上，画院更加繁盛，人才辈出，其中，最著名的有任安、高洵、黄守道、郭信等十余人。北宋画院的设立，有力地促进了绘画事业的发展。

南宋四大画家

李唐、刘松年、马远、夏圭并称为南宋四大画家。刘松年和夏圭是杭州人。马远祖籍河中(今山西永济)，但自幼生长于杭州，曾祖、祖父、父亲、伯父、兄长都是画院画家，他自己也历任画院待诏。马远多才多艺，而以山水画最长，所画作品简率峻刻，淋漓洒脱，构图时常常只在一角边画出山水，留出无尽的想像，极有意境，因此人称“马一角”。李唐是河阳(今河南孟县)人，他是四大家的开创者。李唐擅长画山水，也擅画人物和牛，所画山川用笔峭劲，尤好作长图大障，气势雄伟。刘松年也是画院待诏，画学李唐而又有所创新，画有南宋《中兴四将像》等。夏圭是宋宁宗时的画院待诏，擅用秃笔带水作大斧劈皴，简劲苍老而墨气明润，又常常只作半边之景，因此人称“夏半边”。其他杭州画家中，皇族赵伯驹的山水人物，赵伯啸的花禽，马和之的人物佛像，李富的人物道释等，也都十分有名。吴自牧说：杭州的“湖光山色之秀，钟为人物”，所以杭州的人物中也多出秀士。南宋画家经常选择西湖风景作画，画面上以四字题名概括画面，著名的“西湖十景”就是画家们概括出来的。这十景就是：平湖秋月、断桥残雪、南屏晚钟、花港观鱼、三潭印月、苏堤春晚、雷峰夕照、曲苑风荷、柳浪闻莺、双峰插云。

▲南宋·夏圭·溪山清远图(局部)

▼南宋·刘松年·中兴四将图

书法四大家

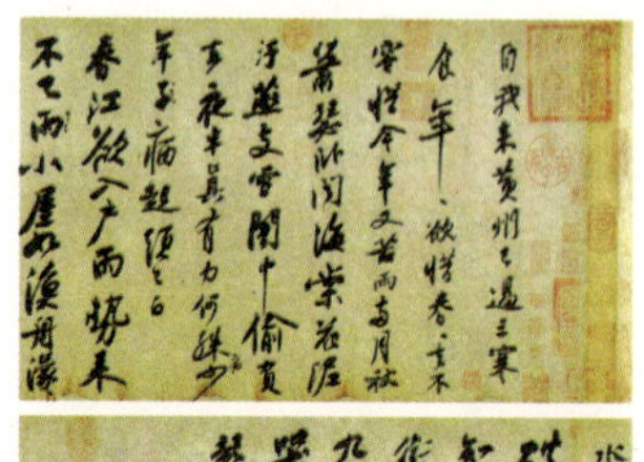

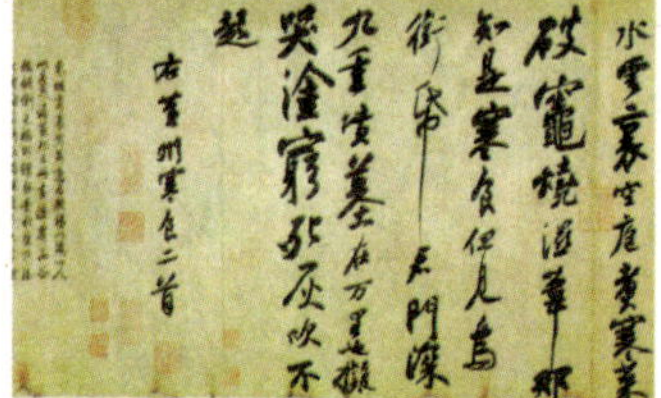

▲苏轼·黄州寒食诗

两宋时期，出现了许多书法名家。北宋的蔡襄、苏轼、黄庭坚、米芾号称四大家。蔡襄字君谟，官至端明殿学士，并两度知泉州。他是个书法能手，真楷行草，皆属妙品。楷书学颜真卿，草书特变张芝、张旭之意，善以散笔作书，风云龙蛇，随手奔腾，世称之为飞草。传世作品以《自书诗》较有代表性，被后人评为蔡襄“第一行书”。苏轼不仅是文学家，而且是著名的书法家和画家，自称其书法仿佛褚、薛、颜、柳之笔，其真迹《黄州寒食诗》书卷已传入日本。黄庭坚为苏门四学士之一，他写字以王羲之、张旭为法，而自成一家，尤长于楷书，亦工行草。上述苏轼《黄州寒食诗》书卷后有黄庭坚亲书之跋语，亦一并传入日本。米芾字元章，号南宫，为人不拘礼法，当时号称米颠。他不仅能画，而且能书，书则效王献之而别树一帜。以上四家皆纵横挥洒，变化淋漓，与前代欧虞褚柳等，全异其趣。

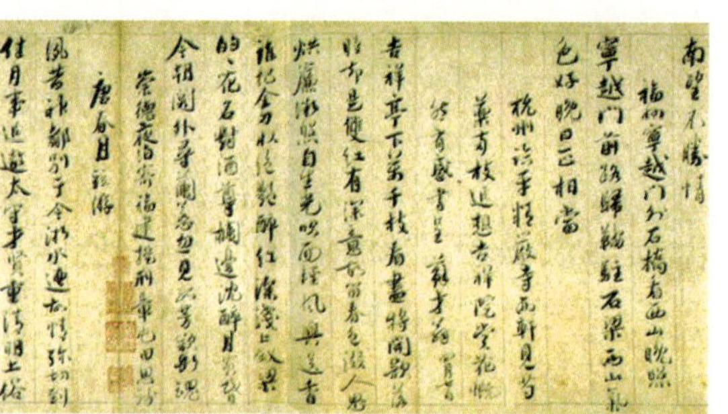

▲蔡襄·自书诗

雕塑艺术

▲位于山西省太原市西南的晋祠圣母殿宋塑侍女

两宋时期的雕塑艺术也有很高的成就。在泥塑方面，现存山西太原晋祠圣母殿的四十多尊塑像，是北宋塑像的代表作。环列圣母周围的侍女像，动作面貌各不相同，体态比例和个性表现都极尽细腻之能事。雕塑家把四十多尊侍女像的全付注意力都集中到圣母身上，使这些个体的形象有机地联缀成一个整体，的确是雕塑艺术的杰作。在砖雕方面，禹县白沙水库宋墓所发现的杂剧雕砖，不但是砖雕的珍品，而且提供了研究宋代杂剧的实物材料，解决了文献史料不能解决的问题。在石雕方面，现存河南巩县宋陵的石狮，大小姿势各不相同，栩栩如生。现存杭州灵隐寺的双石塔，每层都雕出斗拱、平座和出檐，也是宋代保留下来的石雕珍品。

宋朝史学的发展

宋代是中国古代史学发展的一个重要阶段。宋朝建立后，非常重视对于史书的编修，特别是当代史的编修。这主要表现在宋朝政府不仅设置专门史官负责编修史书，而且也不禁止私人修史。《四库全书》著录的史部书籍，宋代学者编撰的史书占其总数的四分之一，有史著保存至今的宋代史家有一百三十余人，史书门类齐全。史书编撰的体裁在传统基础上既有继承，又有创新。《资治通鉴》使编年体史书重新复兴，成为第一部编年体通史。《通志》是又一部纪传体通史巨著。袁枢和朱熹分别创立纪事本末体和纲目体，这两种史书体裁对后世产生了深远的影响。著名的地方志有《太平寰宇记》、范成大《吴郡志》、孟元老《东京梦华录》、周密《武林旧事》等。由于金石学和考古学快速兴起，也有一些相关史书诞生，如欧阳修的《集古录》、吴大临《考古图》、赵明诚《金石录》等。此外宋代编修了不少与史学相关的类书，如著名的“四大书”：《太平御览》、《册府元龟》、《文苑英华》、《太平广记》。

▶北宋·王诜·西园雅集图（描绘宋朝文人的宴游之乐）

官修当代史

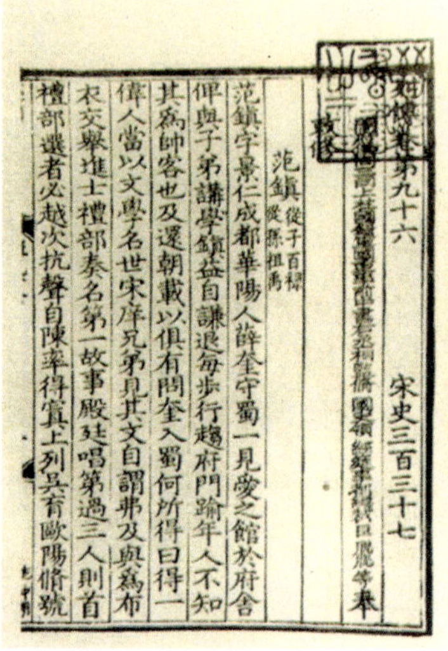

第九十六　宋史三百三十七

范鎮 從子百祿 從孫祖禹

范鎮字景仁成都華陽人薛奎守蜀一見愛之館於府舍俾與子弟講學鎮益自謙退每步行趨府門踰年人不知其為帥客也及還朝載以俱有問奎入蜀何所得曰得一偉人當以文學名世宋庠兄弟見其文自謂弗及與為布衣交舉進士禮部奏名第一故事殿廷唱第過三人則首禮部選者必越次抗聲自陳率得寘上列吳育歐陽脩號

▲《宋史》书影

宋代重视修撰本朝史，逐步建立起完善修史机构。修撰本朝史，北宋前期主要在崇文院，元丰官制改革以后主要在秘书省，官修的当代史有起居注、时政记、日历、会要、实录、国史等。宋代先修实录后修国史，共修国史七部，现行的元修《宋史》，就是在宋代《国史》的基础上稍加编次删补而成的。宋代国史久佚，只有很少数的传记、志序以及片段文字保存在类书及文集中。宋代官修当代史一般都只修到南宋宁宗朝，理宗朝的起居注、时政记、日历仍照常修撰，也注意修撰本朝会要，但由于度宗时元兵压境，危在旦夕，未能将理宗朝会要修撰成书，理宗实录亦仅有初稿本，理宗国史则未及修撰，度宗以后官修当代史濒于停顿状况。所以，元代修撰的《宋史》，详于北宋，略于南宋，理宗以后更是疏略，但仍为研究宋史的基本史书。

现行《二十四史》中，有三部为宋人所修，即新旧五代史和新唐书。北宋是直接继承五代而来，所以北宋王朝对修五代史非常重视。太祖开宝六年（973 年）下诏修梁、唐、晋、汉、周五代史，由宰相薛居正监修，第二年书成，凡一百五十卷，目录两卷。仁宗时，欧阳修因薛史“繁猥失实”，又以私人之力修《五代史记》七十四卷。修死后，熙宁五年（1072 年）八月，诏其家上之朝廷，逐渐流行。后人为区别薛欧二史，称薛史为《旧五代史》，欧史为《新五代史》。

私人修史

两宋史学家私人编写的本朝史书数量极繁，流传到今天的还有许多，重要者有四。一为南宋初年李焘用了将近四十年的精力编撰的《续资治通鉴长编》，专记北宋一代史实，是一部编年体的史书，是研究宋史的基本史书。其书今已残缺，现行《长编》系清代四库馆臣从《永乐大典》录出。二为南宋孝宗时王偁修撰的《东都事略》，共一百三十卷，是一部纪传体的断代史，专记北宋事迹，只有本纪、列传，没有志、表。三为南宋孝宗时徐梦莘修撰的《三朝北盟会

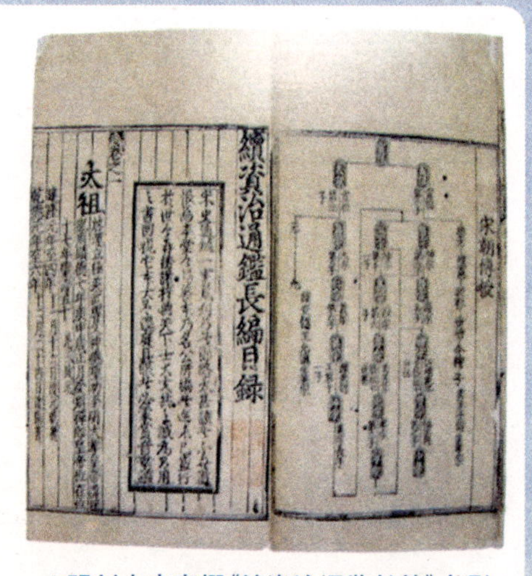

續資治通鑑長編目錄

太祖

▲明刻本李焘撰《续资治通鉴长篇》书影

编》，是专记徽宗、钦宗、高宗三朝与金和战关系的专著，全书共分三帙，二百五十卷。书中广泛收集当时官府和私人有关宋、金交涉与作战、议和的言论和记述，按照年、月、日顺序加以编次；而且照录原文，不加更改，使其“是非并见，同异互存”，因而是一部史料价值很高的书。四为南宋宁宗时期李心传修撰的《建炎以来系年要录》，共二百卷，专记高宗一朝三十六年的史实。此书为接续李焘的《长编》而作，保存了极丰富的史料。

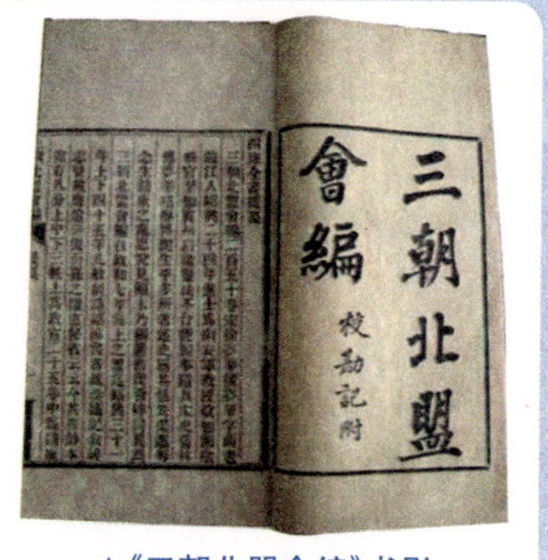

▲《三朝北盟会编》书影

公元 1084 年 《资治通鉴》成书

▲司马光像

司马光（公元 1019 ~ 1086 年），北宋大臣、史学家，字君实，陕州夏县（今属山西）人。宝元进士，仁宗末任天章阁待制兼侍讲、知谏院，他奉英宗诏令评论历代名臣事迹，遂编撰《通鉴》，以作为封建统治的借鉴。治平三年（公元 1066 年）四月，司马光编成编年史《通志》8 卷。治平四年（公元 1067 年）十月，司马光向神宗进读《通志》，深受赞赏，于是奉神宗之命设书局继续编撰，至神宗元丰七年（1084 年）完成，历时十九年。神宗以其“鉴于往事，有资于治道”，命名为《资治通鉴》。《资治通鉴》是我国历史上第一本编年体通史，记述了从周烈王二十三年（公元前 403 年）到五代后周显德六年（公元 959 年），共计一千三百六十二年的历史。全书共计二百九十四卷，另三十卷，《考异》三十卷。这部书选材广泛，除了有依据的正史外，还采用了野史杂书三百二十多种，而且对史料的取舍非常严格，力求真实。这部书所记述的内容也的确比较详实可信，历来为历史学家所推崇。而且《通鉴》记事简明扼要，文笔生动流畅，质朴精练，不仅可以作为史学著作阅读，有些篇章也可以作为文学作品来欣赏。

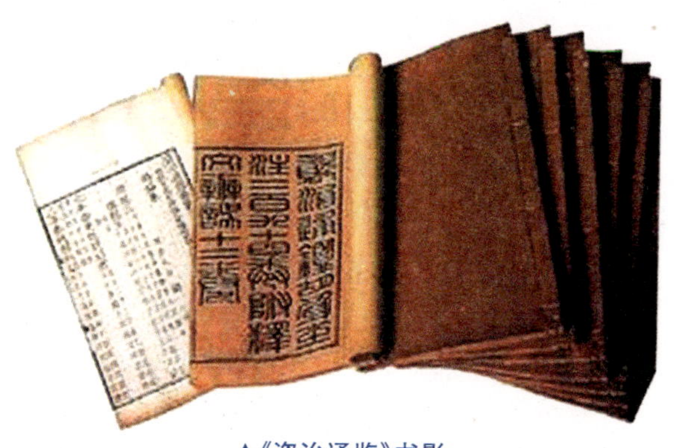
▲《资治通鉴》书影

郑樵著《通志》

▲郑樵雕像

《通志》是郑樵私人写成的巨著。郑樵字渔仲，他生当南北宋之交，正是宋、金矛盾激化的时候。他二十四岁时，金兵围汴京，北宋危急万分。他上书朝廷，要求为国效力，是一个坚决的主战派。但他的抗金主张不被重视，他只好隐居起来，与田夫野老往来，与野鹤野猿杂处。山居三十年，著书上千卷，《通志》是其中最主要的一部。这部书上起三皇，下迄隋末，共分本纪十八卷，传（包括载记和世家）一百二十六卷，谱四卷，略五十二卷，共计二百卷，是一部纪传体的通史。其中本纪、列传部分多抄袭前史旧文，其重要贡献则在专讲典章制度的二十略，而更为可贵的则是郑樵对“阴阳灾异”和“任情褒贬”的批判精神。他在《灾祥略》中，就只记载日食、月食、彗星、地震、淫雨、久旱等等实际情况，而无一语牵涉到人事吉凶。这是对董仲舒以来传统神学的深刻批判，而和欧阳修在《新唐书·五行志》里所表现的“只著灾异，不书事应”的精神，一脉相通。

地方史志

专记一州一县，甚至一镇的历史和风土人情的地方史志，在宋代，特别是在南宋，也大量出现。这是社会经济的发展和城市繁荣在史学中的反映。范成大编的《吴郡志》，周应合编的《景定建康志》，梁克家编的《三山志》，罗原编的《新安志》，施宿编的《嘉泰会稽志》等，都是地方志中的有名作品。乐史编的《太平寰宇记》，王存编的《元丰九域志》，王象之编的《舆地纪胜》则是总志全国州县地理的。地方史志内容丰富，举凡舆图、疆域、山川、名胜、建置、职官、赋税、物产、乡里、风俗、人物、方技、金石、艺文、灾异等，无不汇为一编，因而保存了大量的、多方面的材料，是研究宋史必不可缺的宝贵史料。

▲梁克家塑像

四大类书

▲中华书局出版的《文苑英华》

太宗、真宗时期，曾命朝臣编了四部大类书：《太平御览》、《太平广记》、《文苑英华》以及《册府元龟》。《太平广记》五百卷，太平兴国二年(977年)三月李昉等奉诏撰集，次年八月书成进表。收汉至宋初杂文、传记、小说等资料，引书四百七十种，分神仙、女仙、道术、方士等九十二类，类下又分纲目，多达一百五十余。所引书已散失大半，幸赖此书得存梗概。《太平御览》一千卷，太平兴国二年三月，与《广记》同时开始编撰，总其事者亦为李昉，太平兴国八年(983年)十二月编成。全书分五十五大类，取义于《易·系辞》"天地之数五十有五"，以示无所不包，各部之下又分细目，总计不下五千，引书1690种，十之七八今已失传。由于《太平御览》所据为宋代以前古本，故对现存先秦、汉、唐经史典籍，多能刊正其脱漏错讹。作为循部依类检索古代资料的宝库，该书有很高的史料价值。太平兴国七年(982年)《御览》即将完成，当年九月太宗又命李昉、宋白等编撰《文苑英华》，于雍熙三年(987年)十二月完成。这是一部文学总集，上起萧梁，与《昭明文选》相接，下迄五代，共收作家二千二百人，作品近二万篇，唐人作品占百分之九十，为研究我国文学史的重要参考资料。《册府元龟》一千卷，真宗景德二年(1005年)命王钦若、杨亿等编历代君臣事迹，自上古至五代分门编纂，共分三十一部，一千一百零四门，祥符六年(1013年)书成奏上。这部书概括全部十七史，其所引书皆为北宋以前古本，故可用以校史，亦可用以补史。

金石学的开创

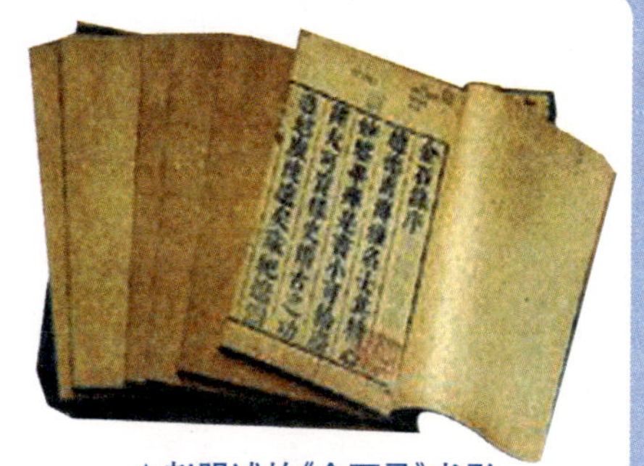
▲赵明诚的《金石录》书影

金石学是中国考古学的前身，也就是对古器物的研究。"金"就是铜的意思，就是上面有字的铜器；"石"多半指的是石刻，有文字的石刻。从西汉开始，已有人研究古代文字，考释古铜器，整理竹简，记述古迹。北宋统治者奖励经学，提倡恢复礼制，对古物的收集、整理和研究出现热潮；墨拓术及印刷术的发展，为金石文字流传提供了条件，金石学逐渐产生。宋仁宗时的刘敞，刻《先秦古器图碑》(已佚)，对研究金石有开创之功。吕大临撰《考古图》，在编古器物书的体例方面多有建树，该书是流传至今的最早的古器物图录。其后又有王黼的《宣和博古图》、薛尚功的《历代钟鼎彝器款式法帖》等铜器著录书，欧阳修的《集古录》、赵明诚的《金石录》、洪适的《隶释》等石刻著录书，金石研究已相当兴盛。

▲ 浙江绍兴沈园

宋朝的科学技术

宋朝时，四大发明的三项被发明或是开始得到广泛使用。其中，活字印刷术是宋代发明，雕版印刷术在宋代始大量应用；火药和火器在宋代开始大规模使用，使宋朝能抵抗外来者的侵略，直到13世纪后期被蒙古族忽必烈击败；指南针在宋代开始大量装备远洋船舶，使得宋朝的帆船舰队和商船队频繁远航至阿拉伯、东非、印度、东南亚和东亚的日本与朝鲜。传统数学在宋朝取得了很大成就与进步，贾宪、秦九韶和杨辉都是出众的数学家。宋朝的历法一共更改了十九次，是中国历史上历法改革非常频繁的时代。宋朝出现了世界上最早的一台天文钟，另外还有精确绘制并保存至今的石刻《天文图》、《地理图》与《坠理图》。宋朝政府对医药学非常重视，设有太医局与翰林医官院，官修医方有《太平圣惠方》等，官修本草有《开宝本草》等。中医的分科由唐朝的四科增加到九科，妇科与儿科在宋朝正式成形。针灸学、解剖学与法医学进步尤大，最著名的法医著作是宋慈所著的《洗冤集录》。宋朝最重要的科技著作是沈括所著的《梦溪笔谈》。共计达三十卷，六百零九条，全面总结当时宋朝的科技成就。在建筑学方面，李诫所著的《营造法式》是中国第一部建筑学专著，对后世中国建筑设计，影响深远。

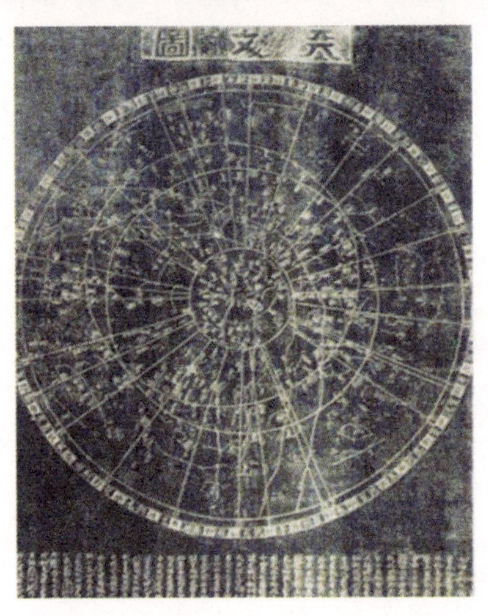
▲苏州石刻天文图是世界上现存最古老的根据实测绘制的全天石刻星图。它的观测年代在北宋元丰年间(1078~1085年)，刻制年代在南宋1247年。这份星图是由南宋的黄裳绘制的。

指南针的改进

战国时期，已发现磁石吸铁的现象，并用天然磁石制造“司南之勺”，“其柄指南”。此后，经过长时期的实践，发现人工磁化的方法，造成更高一级的磁性指向仪器。宋代科学家沈括首先记载了地磁偏角，说用天然磁石摩擦钢针，使之磁化成为磁针，可以指南，而常微偏东，并介绍了四种支挂磁针的方法：一是浮于水面，二是放在指甲上，三是放在碗沿上，四是线缕悬挂。宋军中配备指南鱼，是将薄铁叶剪成鱼形而磁化，用于阴天和黑夜判断行军方向。后来又发展成磁针和方位盘联成一体的罗经盘，即罗盘。曾三异在《因话录》中记载当时有“地螺”，“或有子午正针，或用子午、丙壬间缝针”。这种地罗还是一种水罗盘。当时，阴阳家用地罗看风水。在清丈田地和判决土地诉讼时，也使用地罗。水罗盘在南宋时已得到普遍使用。据《萍洲可谈》、《宣和奉使高丽图经》、《诸蕃志》和《梦粱录》记载，至晚在北宋后期，指南针已用于航海，南宋时使用“针盘”导航。这种针盘还使用“浮针”，这对于海上交通的发展，中外经济文化交流，起了极大作用。

◀南宋·持罗盘陶俑

火药与火器

火药是中国四大发明之一。它的起源与炼丹术有着密切的关系，是古代炼丹士在炼丹时无意中配制出来，是一种硫磺、硝酸钾、木炭的混合物。随着炼丹家们不断的改进，大约到晚唐时期(9 世纪末)，我国首创的黑色火药问世，并很快应用于军事。宋太祖开宝三年(970 年)，兵部令史冯继升等提出了制火箭法。1002 年，知宁化军刘永锡向朝廷献上创制的火炮。宋仁宗时编著的《武经总要》一书，综述了当时的火器有 10 多种，并详细记述了火药的成分。宋代军队在对金作战中，依仗火器的威力，占据了相当的优势，不仅能有效抵挡敌人骑兵队的冲击，而且常把敌兵击溃。火药的发展是火器制造技术不断提高的一个重要前提。我国发明的火药和火器不仅在中国古代战争中发挥了重要作用，而且先后传入西方，为世界兵器的发展做出了重大贡献。

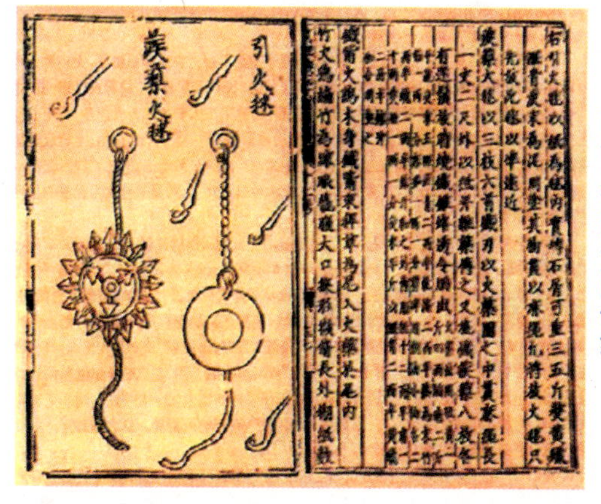

◀《武经总要》关于中国古代火药配方的记载

毕 昇

毕昇，北宋布衣，初为杭州书肆刻工，庆历年间发明活字印刷术，其法未及推行即卒，事迹仅见于沈括《梦溪笔谈》。其法在胶泥上刻字，一字一印，用火烧硬。另设一铁板，上敷一层掺和纸灰的松脂和蜡，然后在铁板上密排字印，以火熔铁板使药熔化，再以一平板压平字面，泥字即固着在铁板上，可以像雕版一样印刷。印刷完毕，溶化药物，拆下字印，按字韵编排，置于木格之内，以备再用。活字可以多次使用，比整版雕刻经济方便。这种印刷技术不仅促进了我国古代文化事业的繁荣，而且传入国外，为世界文化的发展做出了重大贡献。

◀毕昇像

天文学

宋代天文学的成就是多方面的，仁宗至和元年(1054 年)，有超新星爆发的第一次记载，其残骸形成了现在所见的蟹状星云，为现代天体物理学的研究提供了宝贵资料。北宋中期以后，曾进行过五次大规模的恒星位置的观测，黄裳根据观测的结果绘成星图，淳祐七年(1247 年)被刻于石上，称为“天文图”。这个天文图以北极为中心，共有星 1440 颗，现在仍完好的保存在苏州市博物馆里，是世界上现存最古的石刻天文图。宋代在天文学著作和天文仪器制造上的重要成就，是苏颂著作的《新仪象法要》，以及他同韩公廉组织指导下制成的“天文钟”(水运仪象台)。《新仪象法要》全书共分三卷：上卷是介绍浑仪设计的，中卷介绍浑象设计，下卷介绍水运仪象台的设计。这部书的编写具有较高的科学性，它代表了北宋时天文学上的新成就，反映了当时机械制造的水平。水运仪象台的创制汲取了劳动人民使用的水车、凸轮、杠杆等生产工具上的原理，使机轮运动保持恒速，与天体运动一致。因为它是用水冲激机轮来发动机器运转的，故名之为“水运仪象台”。天文台下层的齿轮转运的机械原理，可以说是欧洲中世纪天文钟的先驱，是世界上最早的一台天文钟。

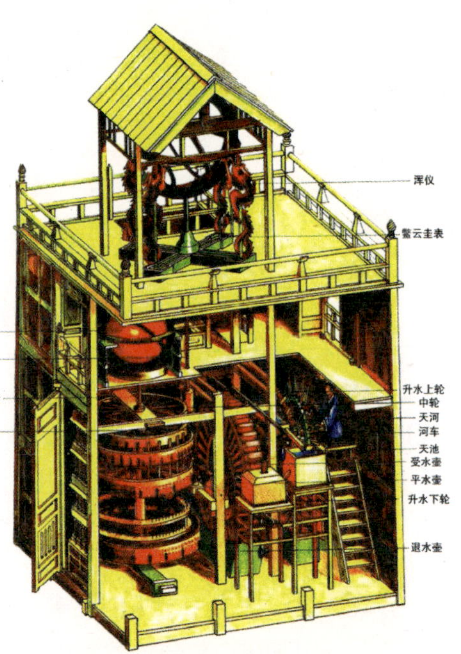

▲水运仪象台结构图

宋朝的历法

中国的传统历法是阴阳合历，在这样的历法制度中，节气和月份的关系是不固定的，而节气对人们的生产和生活活动有着很密切的关系，传统的农事活动更是一直按节气来安排的。为了使节气和月份之间建立起稳定的关系，沈括提出了变革历法的大胆建议，制订了一种称之为“十二气历”的崭新历法。十二气历是一种纯阳历制度。它以立春为孟春（正月）初一，惊蛰为仲春（二月）初一，余类推；大月 31 日，小月 30 日，一般大小月相间，一年最多有一次二个小月相连；在历书上加注朔望，以表示月亮的圆缺。这一历法简单而实用，在历法史上堪称是一个重大的革命性创新。沈括所设计的这个历法是比较科学的，它既符合天体运行的实际，也有利于农业活动的安排。但也正因为它是革命性的创新，否定了沿用已久的阴阳历传统，因此是难以实行的。对此，沈括很是明了，他在《补笔谈》卷二中说：“今此历论尤当取怪怒攻骂，然异时必有用予之说者”。英国直到二十世纪三十年代在统计农业气候的时候，才采用和十二气历原理一样的“萧伯纳农历”。

沈括和《梦溪笔谈》

沈括字存中，浙江钱塘（今杭州）人，是北宋时期著名的政治活动家和科学家。沈括曾任三司使，王安石变法时，积极推行新法。他还曾出使辽朝，根据沿途考查的情况，写成《熙宁使虏图钞》，供加强边防参考。元丰四年（1081 年）西夏入侵，沈括任鄜延路经略安抚使，亲自指挥部队作战，打败了西夏军队。王安石变法失败后，沈括闲居于润州梦溪园（今镇江市东郊），从事著述，完成了《梦溪笔谈》三十卷。《梦溪笔谈》的内容十分丰富，包括政治、经济、文化、科技等，其中以科学技术方面的内容为最多，书中汇录了当时天文、数学、地质、物理、制图、光学、工程等方面的发展水平。在著述中，沈括敢于冲破旧的传统观念，不迷信古人的现成结论，注重实地调查和科学实验，对问题精益求精，因此是一部具有很高学术价值的书，是中国科技史上的里程碑。

▲沈括像

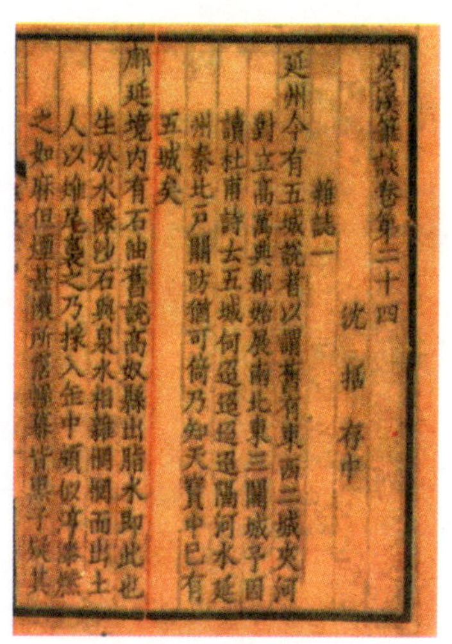

夢溪筆談卷第二十四　沈括存中

雜誌一

延州今有五城說者以謂舊有東西二城夾河對立高萬興郁始展南北東三關城予因讀杜甫詩云五城何迢迢迢遞隔河水延州秦北戶關防猶可倚乃知天寶中已有五城矣

鄜延境內有石油舊說高奴縣出脂水即此也生於水際沙石與泉水相雜惘惘而出土人以雉尾裛之乃採入缶中頗似淳漆燃之如麻但煙甚濃所霑幄幕皆黑予疑其

▲《梦溪笔谈》书影

数学

在珠算流传以前，以筹算为主要内容的中国古代数学,到两宋时又有了高度的发展。由于社会秩序的安定,农业和手工业的发达,刻板印刷事业的兴盛,北宋元丰七年(1084 年),刻印了汉唐以来的各种数学书籍，由封建国家颁行为数学教科书。南宋理宗绍定四年(1231 年),又重刻翻印。数学书籍的流传对数学的研究和发展起了推动作用,到南宋末年,遂使中国古代数学发展达到了一个高峰。北宋时的数学家有沈括、贾宪。贾宪的“增乘开方法”,要比意大利的鲁菲尼(1840 年)和英国的霍纳(1819 年)提出这种算法早八百年。南宋时数学家有秦九韶、杨辉和北方的李治。他们的著作反映了宋代数学的光辉成就,代表了当时数学发展的水平。

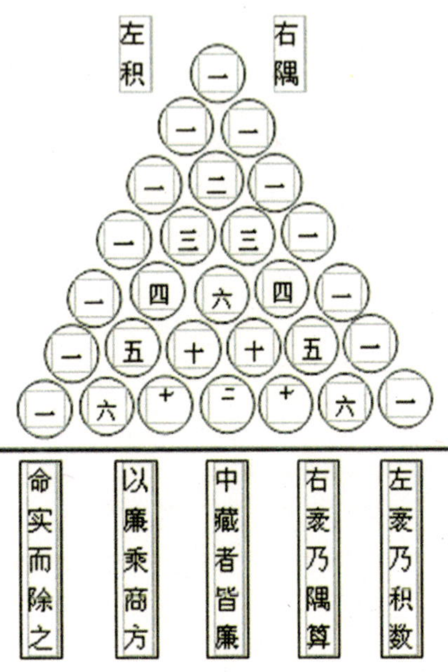

▲贾宪三角

秦九韶

秦九韶字道古,陕西人,少为县尉,淳祐四年以通直郎通判建康府,宝祐间为沿江制置司参议官,历知琼州、梅州,死在梅州任所。所著《数学九章》共分九类,每一类有九个题目:一曰大衍,以大衍求一术解题(即联立一次同余式解法);二曰天时,有关历法和雨雪量的推算;三曰田域,关于土地面积的计算;四曰测望,即勾股重差问题;五曰赋役,关于赋税征收的计算法;六曰钱谷,有关方田、均输,仓窖容积,粮食转运的计算;七曰营建,关于建筑施工的计算;八曰军旅,军营的布置和军需供应问题;九曰市易,关于交易和利息计算问题。每题答案之后,都有“术”说明解题的方法,有“草”说明演算的步骤,必要时用图示意。秦九韶《数学九章》中的大衍求一术和增乘开高次方的方法是中国古代数学发展史上两项重要成就。大衍求一术发展了整数论中一次同余式问题的解法;增乘开高次方使数字高次方程法形成较完整的体系,能够解四次方程到十次方程。

▲南宋大数学家秦九韶纪念馆中的秦九韶雕塑

针灸学

▲王惟一像

针灸学在唐代已发展成专科，在宋代又有突出的成就，出现了许多著名的针灸医生。王惟一的《铜人腧穴针灸图经》和针灸铜人模型的铸造，是针灸学上的一大创造。《铜人腧穴针灸图经》三卷，在宋仁宗天圣四年(1026 年)出版，对以前医书所载的针灸穴位，按身体部位分别整理，成书以后由北宋政府印行，作为针灸学的标准著作。第二年他又铸造针灸铜人模型两个，一个放在医官院，另一个放在相国寺，以便人们学习。这种铜人全像以精铜为之，腑脏无一不具，外表用金字书写穴名在孔穴旁边，凡背、面二器相合便浑然全身。外涂黄腊，中实以水，使医工以分寸按穴试验，针入而水出，若部位稍差，便不能针入了。针灸铜人模型的铸造对统一穴位促进针灸术的进步，起了很大的作用。

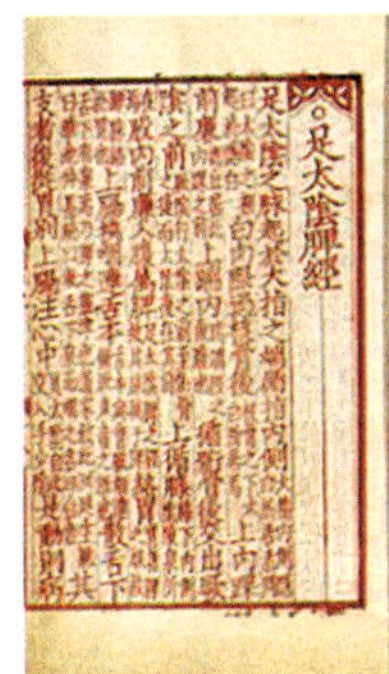

▲王惟一·《新刊补注铜人腧穴针灸图经》书影

医学分科更细

宋代医学发展的另一个重要特点是医学分科更加细密了。宋初仍照前代分为方脉科（内科）、针科、疡科(外科)，神宗时官办的太医局则有大方脉科、小方脉科、风科、眼科、产科、疮肿兼折疡科、口齿兼咽喉科、针灸科、金镞兼书禁科等，共九科。妇产科是从内科分离出来的一个专科，宋时发展很快，对妇女身体健康方面起了重要作用。妇科名医陈自明所著《妇人大全良方》二十四卷，是较完备的妇科医书。小儿科也是从内科分出来而发展为独立的一门医科。名医钱乙著有《小儿药证直诀》三卷，是宋代留传下来的小儿科名著。外科(古称疡科)是宋代三大科之一，主要著作有陈自明的《外科精要》及李迅的《集验背疽方》等。宋代的外科专家们，根据当时的医疗实践，主要内外兼治，即内里服药，外面敷药，这种方法的疗效是相当好的。

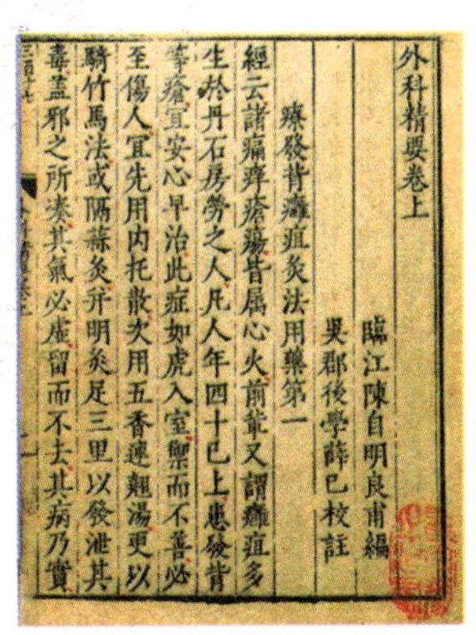

外科精要卷上
臨江陳自明良甫編
吳郡後學薛己校註
療發背癰疽灸法用藥第一
經云諸痛痒瘡瘍皆屬心火前輩又謂癰疽多
生於丹石房勞之人凡人年四十已上患發背
等瘡宜安心早治此症如虎入室縱而不善必
至傷人宜先用內托散次用五香連翹湯更以
騎竹馬法或隔蒜灸幷明灸足三里以發泄其
毒蓋邪之所湊其氣必虛留而不去其病乃實

▲陈自明的《外科精要》书影

▲李迅的《集验背疽方》书影

宋慈和《洗冤集录》

▶法医鼻祖——宋慈像

宋慈，字惠父，是我国古代杰出的法医学家，建阳（今属福建）人。早岁习儒，入仕后经历十余任地方官，多负刑狱之责，终于广东经略安抚使。一生经办案件数不胜数，逝世前两年（公元1247年）撰成并刊刻《洗冤集录》五卷，此书是其一生经验、思想的结晶，不仅是中国，也是世界第一部法医学专著。作者把当时居于世界领先地位的中医药学应用于刑狱检验，并对先秦以来历代官府刑狱检验的实际经验，进行全面总结，使之条理化、系统化、理论化。《洗冤集录》分为5卷，共53项。它包括了法医学的主要内容，如现场检查、尸体现象、尸体检查以及各种死伤的鉴别，同时涉及了广泛的生理、解剖、病因、病理、诊断、治疗、药物、内科、外科、妇科、儿科、骨伤和急救等方面的医学知识。《洗冤集录》是集宋慈以前外表尸体检验经验之大成的著作。作者在书中开篇即提出不能轻信口供，认为“告状切不可信，须是详细检验，务要从实”，对疑难案件尤“须是多方体访，务令参会归一，切不可凭一、二人口说，便以为信”。他还提出检验官必须亲临现场、尸格必须由检验官亲自填写的尸体检验原则。《洗冤集录》是中国古代一部比较系统地总结尸体检查经验的法医学名著，它自南宋以来，成为历代官府尸伤检验的蓝本，曾定为宋、元、明、清各代刑事检验的准则，在中国古代司法实践中起过重大作用。本书曾被译成多种外国文字，深受世界各国重视，在世界法医学史上占有十分重要的地位。

▲宋慈《洗冤集录》书影

生物学

随着宋代社会生产的发展，人们对古代《尔雅》一书产生了极大的兴趣。邢昺撰《尔雅疏》，神宗时，陆佃又撰成《埤雅》一书，对265种动植物（鱼、兽、鸟、虫、马、木、草等）作出了解释。南宋中期，罗愿的《尔雅翼》问世，

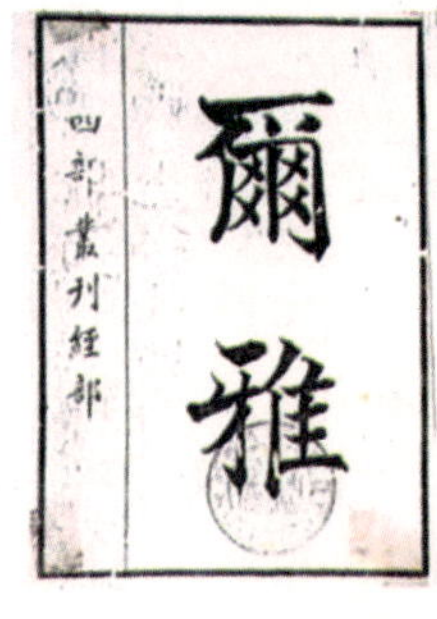

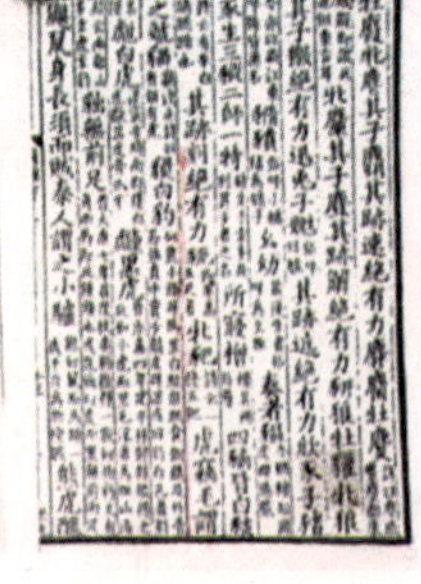
◀《尔雅》书影

对动植物的解释更为详细，品种增加到415种，其中植物180种，动物235种，分类也较前略为细致。罗愿的《尔雅翼》不仅在考核名物方面超过了陆佃，更重要的是他用宋代农作物中出现的新品种及新的发展，对前人解释作了补充并记载了生物界生存竞争现象。值得人们注意的，宋代的种花人不仅发现了植物的异变现象，还认识到了环境条件对改变生物异变的巨大影响，尤其可贵的是宋代通过大量的花草培植，知道了变异是形成新生物类型的事实。其他还有关于金鱼家化遗传的研究，如此等等，也反映了宋代生物学研究的水平。

◀罗愿的《尔雅翼》封面

东京开封的营造

北宋都城东京开封府，是在后梁、后晋、后汉和后周四代旧城的基础上，经过多次改造而逐步发展起来的。它有皇城、里城、外城三重城墙，它们的周长分别为9里、20里、48里。皇城是东京城的核心，供皇帝办公及与后妃居住，而中央朝署官衙则多分散在里城办公，杂处于居民和商业区之间。自皇城正南门宣德门起，向南经过里城正南门朱雀门，直到外城正南门南薰门的中心大道，宽约二百余步，称为“御街”，为全城的中轴线。东京有四条被称为“御路”的街道，它们既是皇帝出入所经之路，又是商业的集中处。其一就是前面提到的御街，以朱雀门内的州桥至朱雀门的这一段最为繁华，这里酒楼、饭店、香药铺、茶馆、商店林立，夜市尤其著名，称“州桥夜市”。其二是从宣德门外向东经土市子，到潘楼街折向北，经马行街到新封丘门止。这一路中的潘楼街是大商人云集的场所，珍珠、匹帛、香药等店铺，“屋宇雄壮，门面广阔，望之森严，每一交易，动即千万，骇人闻见”。马行街一带，经常是“车马阗拥，不可驻足”，这里的夜市又盛于州桥夜市。其三是从州桥向东，经相国寺前门，至新宋门止，有鱼市、肉市、金银漆器铺等。其中相国寺为最大的定期集市，每月举行5次万姓交易，各种货物“无所不有”。其四是从州桥向西，一直到新郑门，有珠玉铺、鲜果行等。

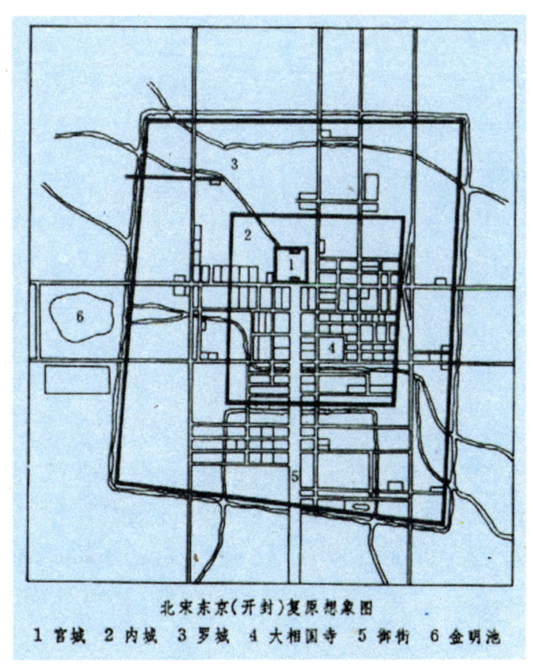

▲北宋东京开封复原想象图

园林建筑

▲杭州六和塔

园林建筑的造型到了宋代，几乎可以说达到了完美的程度，不仅有了理论与实践经验的总结，还有了专门造假山的“山匠”，为我国园林艺术的营造和发展，都做出了极为宝贵的贡献。这一时期园林艺术总的特点是，效法自然而又高于自然。寓情于景，情景交融，极富诗情画意，形成人们所说的写意山水园。宋朝极注意开发、利用原有的自然美景，逢石留景，见树当荫，依山就势，按坡筑庭等因地制宜地造园。南宋的都城临安，著名的园林多达百余座，皇帝的御花园和皇宫诸王的著名园林就达二十余座。“大内”后苑和太上皇居住地德寿宫后苑是当时规模最大、布局最精巧、建筑最华丽的两处“内御园”。据周密的《武林旧事》中说：“亭榭之盛，御舟之华，则非外间可拟。”皇宫之外，还有玉津、聚景、富景、五柳、屏山、真珠、集芳、延祥、玉壶、下竺、庆乐等十五个专供皇帝游赏的“外御园”。这些园林占地面积大，选景地点好，建筑华贵，布局得体，都是“俯瞰西湖，高挹两峰，亭馆台榭，藏歌贮舞”的好地方。

▲河北定县开元寺塔

建筑学

宋代的建筑技术十分高超，保存至今的一些宋代建筑，如开封祐国寺塔（俗称铁塔）、河北定县开元寺塔（又称“料敌塔”）、杭州六合塔、山西太原晋祠圣母殿等，都经历了近千年的风风雨雨，均显示出当时非凡的建筑水平。最能代表宋代建筑水平的是桥梁。福建泉州北的洛阳江入海口，风大浪急，交通不便。仁宗时，知泉州蔡襄募款在万安渡建万安桥（又称洛阳桥）。工匠们首创“筏形基础”技术，把巨石沿桥位纵轴线抛入江中，筑起一道长 500 米、宽 20 多米的石堤，然后再筑桥墩。这一技术在现代桥梁施工中仍普遍采用。在桥基与桥墩的联结上，发明了“种砺固基”法，即在联结处大量种殖牡蛎，利用牡蛎的石灰质贝壳附着在石块之间，使桥基、桥墩被牡蛎壳联结成一个牢固的整体。在铺设桥面板时，则又采用“浮运架梁”法，借助于潮汐将每块重达20~30吨的大条石架设于桥面，这也是今天架桥时采用的一项技术。另外，泉州安平石桥（又称五里桥），是保存至今的最长的梁式石桥；广东海阳的济川桥（后更名广济桥）是最早的开启式活动石桥；汴京的木拱虹桥为我国所独创。

喻浩与李诫

北宋初年，负责建筑的设计师喻浩是一位杰出的建筑家，宋太宗端拱年间在开宝寺建立的木塔（现在开封市铁塔的前身），塔身八角十一层，高三百六十尺，即喻浩亲自设计和负责建造的，历时八年造成。喻浩精通木结构的建筑技术，他总结了前人和自己多年实践的经验著有《木经》三卷，流行于当时，成为后世木工建造的准则。继喻浩之后的著名建筑师，有哲宗时的李诫。李诫字明仲，元祐七年（1092年）任将作主薄，以后升为将作监，他任职将作监的十三年中，在开封营建了不少规模巨大、制度华丽精巧的建筑工程，如朱雀门、景龙门、太庙、辟雍、尚书省等。李诫总给了前人的成果，集中了当时工匠的技巧，加上自己多年的实践经验，前后历时约三十年编著成有名的建筑工程典籍——《营造法式》一书。《营造法式》共三十四卷，第一、二卷是解释建筑学上通用的名词和营建中的人工、本料计算的；第三卷到十五卷是记载各种建筑方法的，特别对木结构的斗拱和梁架结构记载最详；第十六卷到二十八卷是按各种建筑物计定人工和各种材料的；第二十九卷到三十四卷是绘制建筑物的各种图样和装饰。《营造法式》一书，从制度、功限、投料到图样都是劳动人民在建筑工程方面长期实践的总结。李诫在编著当中，从各种营造的尺度数据中找出它们的相互比例关系，使这部书能够科学化和系统化，是我国古代建筑营造史上最详尽、最全面、最系统的建筑学手册，也是世界上最早最完备的建筑学著作。

▲李诫像

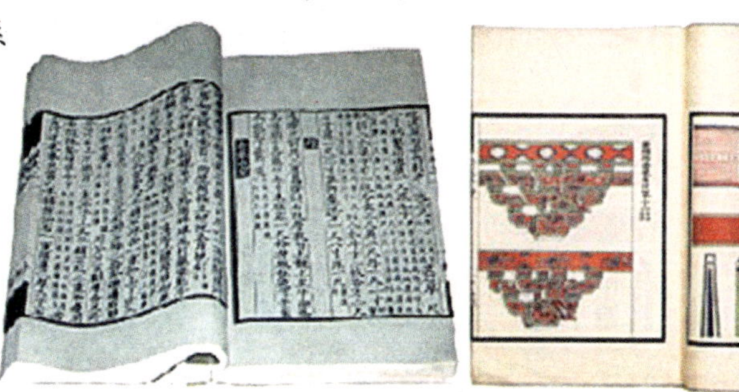

▲《营造法式》书影

辽朝

（公元916年~公元1125年）

辽与北宋对峙，是统治中国北部的一个王朝，1125年为金所灭。在太祖、太宗统治时期，阿保机创建奴隶制国家，确定皇权世袭，建立军队，制定法律，修建都城，制造文字。此后继续向外扩张，西打到甘州回鹘，东灭渤海国，南占燕云十六州。太宗死后，经过世宗、穆宗、景宗，一再发生争夺皇权战争。982年圣宗继位，实行一系列改革，多方面削弱奴隶制，确立封建制的统治。其间他带兵南侵，与宋订立澶渊之盟，两国各守旧界，此后不再有大的战事。圣宗在位半个世纪，是辽朝的全盛时期。到兴宗、道宗时期皇室内部政变频繁，各族人民反抗辽朝的起义连绵不断，辽王朝日见衰败。金政权建立后，接连打败辽王朝，很快取代了辽在东北的统治地位。1125年天祚帝逃往西夏途中，为金兵追获，辽亡。辽代社会经济的发展经过几个不同的阶段，前期由于国力主要用于向外扩张，采取奴隶制的掠夺式经济，使辽初经济发展较为缓慢。直到辽圣宗时期，辽朝的经济才有一个较大的发展，这无疑是封建化改革的结果。辽朝得燕云十六州后，对中原制度进一步吸收，汉制逐渐完备。辽国的医学成就也很显著，其针灸、切脉诊法、妇产医科、尸体防腐等技术都具有较高水平。

帝王世系表

太祖耶律阿保机(916～927)——太宗耶律德光(927～947)——世宗耶律阮(947～951)——穆宗耶律璟(951～969)——景宗耶律贤(969～982)——圣宗耶律隆绪(982～1031)——兴宗耶律宗真(1031～1055)——道宗耶律洪基(1055～1101)——天祚帝耶律延禧(1101～1125)

大事年表

916年 契丹首领耶律阿保机建立了奴隶制国家,自称皇帝,国号契丹,后改“大辽”,建元“神册”,建都临潢(今巴林左旗林东镇南)。

920年 辽太祖颁行契丹文字。

926年 阿保机死,次子德光即位,是为辽太宗。

936年 河东节度使石敬瑭上表,以幽蓟十六州为代价,换取契丹援助。九月,契丹军南下,大败后唐军。十一月,辽太宗册封石敬瑭为帝,国号晋,史称后晋。

938年 辽太宗诏以皇都为上京,升幽州为南京,南京为东京。

947年 辽太宗耶律德光入汴京,改国号辽,四月,辽太宗北返,至栾城卒。耶律阮即位镇阳,是为世宗。

959年 后周世宗趁辽内乱,亲征,取瀛、莫、易三州及瓦桥、益津、淤口三关。

979年 宋进军辽南京。辽军击败宋军于高梁河。

986年 宋军分路攻辽,于歧沟关等地大败。

994年 契丹定均税法。

995年 辽圣宗诏诸道民户应历以来胁从部曲者,仍籍州县。

1004年 辽大举攻宋,交战双方订立澶渊之盟。

1029年 东京舍利军详稳大延琳称帝叛辽,国号兴辽,年号天庆;次年败死。

1044年 辽兴宗亲率诸道兵攻西夏,败绩。

1063年 契丹皇太叔耶律重元叛乱,败死。

1072年 北宋著名文学家、史学家苏颂出使辽国。

1075年 北宋著名科学家、史学家、考据家沈括,以“回谢国信使”出使辽国。

1085年 权臣耶律乙辛与宰相张孝杰诬告懿德皇后与宫中乐人赵惟一私通,道宗恼羞成怒,赐皇后自缢,皇子被害,一批敢于直谏陈事的忠臣遭贬、流放。

1125年 金灭辽。

《卓歇图》局部，描绘契丹可汗行猎时稍作休息的情景

契丹兴起与辽的建立

契丹族起源于东胡语系的鲜卑族，南北朝以来即在潢河（今西拉木伦河）一带活动。自公元389年契丹始正式见于历史文献记载，此时契丹已发展成八个部落。到唐代，契丹进入大贺氏部落联盟阶段。唐贞观二年（628年）其首领摩会依附于唐。其后，一度曾依附于突厥。唐玄宗开元十八年（730年），契丹族遥辇氏联盟开始兴起，并最终替代了大贺氏联盟。唐天复元年（901年），痕德堇可汗任遥辇氏部落联盟长，任命耶律阿保机为迭剌部夷离堇，专职攻伐，大大扩大了契丹的势力。903年，阿保机即汗位，号天皇帝，继续攻伐契丹四周各部，并为建立奴隶制国家创立了条件。916年，耶律阿保机正式称帝，建立契丹国，建元神册。神册三年（918年），建皇都于波罗城（今内蒙古巴林左旗南）。辽太宗大同元年（947年），改称大辽，都上京（今内蒙古巴林左旗南）。辽太祖、太宗两朝30余年间，为契丹建国和奴隶制发展时期。这一时期内，基本上奠定了辽的疆域：南部囊括燕云十六州，东北占有渤海国旧地，直至黑龙江口，西北统辖蒙古高原各部，西至甘州（今甘肃张掖）。

▲契丹人的仿皮囊酒壶

▲辽·彩绘木雕契丹人物像

古八部联盟形成

▲契丹人生活图

契丹源出鲜卑，是鲜卑宇文部的一支。4世纪中叶，东部鲜卑宇文部为幕容部击败，遂分为库莫奚和契丹两部分。当时，契丹人已进入父系氏族阶段，并组合成若干部落。他们主要活动在潢水（今西拉木伦河）和土河（今老哈河）流域。初期部落各自分散，独立地进行渔猎和畜牧活动，互不统属。北魏时，契丹等八部为了抵御柔然、高丽、突厥的攻击，常常联合作战，于是结成松散的、以自卫为目的的军事联盟——古八部联盟。联盟存在约80年。在柔然、高丽、北齐的攻击下，诸部或往依高丽，或投附于突厥，或被北齐俘虏强制归附。6世纪中叶，联盟瓦解。隋朝时，各部又相继迁回故地。

公元628年　大贺氏联盟附唐

大业元年（605年），隋将韦云起曾发兵与突厥启民可汗合击契丹，契丹损失惨重，丧失了大批人口和牲畜。外部强敌对契丹的欺凌，促使契丹各部联合抗敌。唐朝初年，契丹八部开始组成新的部落联盟——大贺氏联盟。贞观二年（628年），联盟首领摩会率各部依附于唐朝。贞观三年（629年），唐太宗赐旗鼓给摩会，表示对其权力的认可。贞观二十二年（648年），唐在大贺氏联盟居地置松漠都督府，以联盟首领窟哥为都督，赐姓李，以各部首领为刺史，在八部居地置州。武周万岁通天元年（696年），由于唐朝的欺压，大贺氏联盟首领等起兵反唐，失败后投附突厥。开元初年，联盟首领李失活再度附唐，与唐和亲。开元十八年（730年），首领邵固为联盟军事长官可突于杀害，大贺氏联盟瓦解。

▶回猎图

公元730年 遥辇氏联盟

▲契丹人的发辫

大贺氏联盟瓦解后，契丹人又先后依附于突厥、回鹘。经过十几年的休养生息，到唐玄宗开元十八年(730年)，辽太祖耶律阿保机的始祖雅里收集契丹部众，重建部落联盟，首领从遥辇氏家族中世选产生，故称遥辇氏联盟。联盟仍由八部组成，首领称“可汗”。遥辇可汗即位时，举行焚柴告天的柴册礼，表明可汗的地位与权威。又设掌兵马大权的军事首长夷离堇。夷离堇也由“世选”产生。首任夷离堇为雅里。9世纪下半叶，遥辇氏联盟开始对外掠夺战争，先征服异种同类的奚，后北征于厥(乌古)、室韦，南下燕、蓟诸州。联盟首领利用权力，占有较多的畜牧狩猎产品、战利品和属民，财富急剧增加，实力迅速增强。耶律家族在联盟中的影响日益扩大，争夺领导权的斗争在部落贵族中愈演愈烈。唐咸通年间(860~874年)，遥辇氏联盟中出现了一个新职务——决狱官，这是联盟内部矛盾加剧后为镇压敌对势力而设置的。它的出现，使氏族部落组织遭到一定的破坏，同时也反映了契丹正在向阶级社会过渡。

公元916年 耶律阿保机建辽

◀辽太祖耶律阿保机雕像

耶律阿保机出生于契丹族遥辇氏部落联盟中之迭剌部。自其七世祖起均为迭剌部之夷离堇（即军事首领），掌军事大权。901年，阿保机被推为夷离堇，率兵攻伐室韦、于厥、奚、女真等族和唐之河东、蓟北等地。903年，以功升“于越”，总知军国事。907年，痕德堇可汗死，契丹贵族奉耶律阿保机为可汗，称天皇帝(太祖)。耶律阿保机通汉语，任用有才学的汉人为谋士，并置州县，立城郭，定赋税，模仿汉地的制度来管理在战争中俘掠的大量汉人。从此，契丹社会在奴隶制成分仍占重要比重的情况下，封建制成分得以迅速发展。他建立了一支精锐而忠诚的亲军“腹心部”，讨平黑车子室韦、奚等部，尽有其地，确立了森严的仪卫制度。916年，耶律阿保机大会群臣、属部，称大圣大明天皇帝，庙号辽太祖，建元神册。

公元925年 灭渤海国

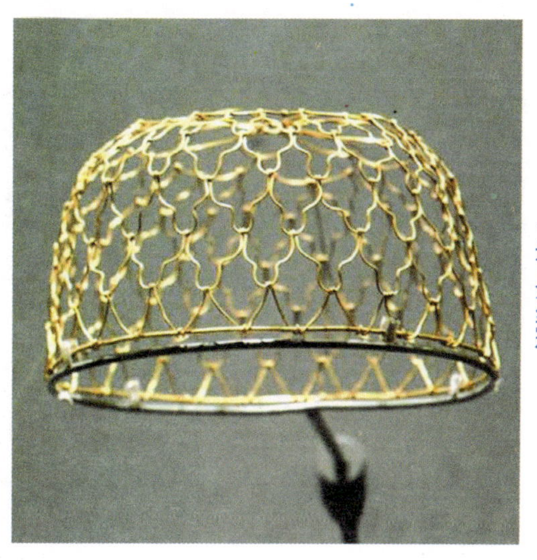

◀辽·金丝冠

渤海国是我国唐朝时期，北方古老的靺鞨族建立的地方民族政权，始建于武则天圣历元年（公元698年），七年后（公元705年）归附于唐王朝，十五年后（公元713年）被册封为“渤海国”。渤海国后期，契丹兴起，常有吞并渤海之志的契丹酋长耶律阿保机，在南面平定了东、西奚，北方控制了室韦等族和西征获得胜利后，为了消除其进军中原的后顾之忧，于辽天赞四年（公元925年）十二月下诏征渤海，随即亲率皇后、皇子、大元帅尧骨，举兵进攻渤海。他以迅雷不及掩耳之势，仅用了二三十天，就将历经229年、传世15王的渤海国灭亡了。

置东丹国

渤海灭亡后，阿保机改渤海为东丹国（即东契丹），忽汗城改为天福城，册皇太子耶律倍为东丹王，也称“人皇王”，主其国事。从此，渤海就成为契丹政权的“东土”。东丹国继续保留了渤海的政府体制和原有规模，并继续采用“汉法”进行统治。这次政权改组基本上保存了渤海原有的封建秩序，同时也对渤海统治者采取利用和监督的政策。至于对在战争中俘来的渤海人，使其与俘来的汉人杂居，也像对汉人那样，设置州县进行统治。天显元年（926年）七月，辽太祖耶律阿保机在征服渤海后的回军途中，死于扶余城。

▲耶律倍·骑射图

▲耶律倍·人骑图

公元 927 年　太宗之立

◀辽·小金盒

辽太祖耶律阿保机死后，述律皇太后当国，总摄军国大事。按照汉法，东丹王倍早已立为皇太子，理应继承皇位。但是，耶律德光在阿保机时期的对外战争中“所向皆有功”，天赞元年(922 年)被授为“天下兵马大元帅”，掌握了实际的军马大权，按照旧的传统习惯，也有选汗的资格。在皇位争夺问题上，由于封建经济成分在契丹社会中还很微弱，耶律倍在政治上又没有实力，尤其是更得不到述律太后的支持，这就决定了耶律倍在这次政治斗争中的失败。述律太后的本意是要立次子耶律德光，但她还要在形式上通过传统的选汗习惯，使之成为“众之所欲吾安敢违”的合法形式，使耶律德光继承皇位。在此情况下，东丹王倍由于旧习惯所迫，只好让位于其弟德光。天显二年(927 年)十一月，通过传统的柴册礼，耶律德光即皇帝位，是为辽太宗。耶律倍则被称为“让国皇帝”。

公元 930 年　东丹王投唐

太宗即位以后，太宗与东丹王相猜忌，斗争继续进行，首先是太宗对东丹王采取了一系列的防范活动。为了削弱东丹王的力量，天显三年(928 年)借东丹王留皇都之机，令耶律羽之迁东丹之民以实东平(今辽宁辽阳)，并升东平为南京，“徙倍居

▲耶律倍·出行图

之”。与此同时，太宗还多次“幸人皇王第”，实际上是一种监视活动。930 年 4 月，东丹王归上京，太宗名义上是“置人皇王仪卫”，实际是“置卫士阴伺动静”。在这种情况下，当年(930 年)11 月，东丹王被迫决定投奔中原的后唐。临行前他谓左右说：“我以天下让主上，今反见疑，不如适他国，以成吴太伯之名。”临行，他立木海上，刻了一首诗：“小山压大山，大山全无力。羞见故乡人，从此投外国。”表达了一个政治失败者的抑郁心情。于是东丹王同他的夫人和一些随从人员，载书浮海去唐。

公元 947 年　辽太宗入大梁

天显十一年(933 年)，太原军阀石敬瑭为后唐主所攻，遣使乞援于契丹，太宗乃亲率辽军长驱入援，败后唐兵，册石敬瑭为后晋皇帝。从此契丹的势力伸入华北平原。会同元年(938 年)，始改革官制，整订赋税。会同三年(940 年)，辽太宗把北部乌古地区肥美而近便的土地拨给南北院中的契丹贵族，令其前往耕种。会同五年(942 年)，石敬瑭死，子石重贵立，在给契丹的表文中称臣不称孙，两国关系恶化。944 年和 945 年，辽太宗两次兴师伐后晋，一再受挫，但他仍坚持南进。会同九年(946 年)，辽太宗倾师南征，后晋兵溃。会同十年(947 年)正月，辽太宗用中原皇帝的仪仗进入后晋都城大梁(开封)，在崇元殿他改穿汉族皇帝的服装接受百官的朝贺。同时宣布封后晋出帝石重贵为负义侯，派赵莹等押送石重贵及其家属北上囚禁。二月，辽太宗改国号为“大辽”，改年号曰“大同”。

▲辽·云鸟纹镜

▶辽·墓室壁画·草原生活图

▲辽塔

辽的中衰和改革

辽世宗、穆宗、景宗时期，共历35年。在此期间，辽朝由于奴隶制受到封建经济的不断冲击，处于中衰时期。统治集团围绕这一背景展开了夺权斗争：世宗夺位与述律太后和李胡的“横渡之约”、耶律察割政变、穆宗被弑，直到景宗即位，局势才渐趋稳定。圣宗近50年的统治，是辽朝封建制确立时期，也是辽朝鼎盛时期。在这一时期进行了一系列改革，如重用汉儒、整顿吏治、科举取士、改革刑法、“计亩出粟”和折粟纳税、改编部族等等，都收到了较好的效果。特别是澶渊之盟后，为辽宋双方创造了和平的环境。

▼辽·三彩摩羯壶

公元947年　世宗即位

辽朝自阿保机建国到太宗耶律德光在位，不断扩展疆域，并初创有辽一代政治、经济制度，辽朝实力大增，处在上升时期。大同元年(947年)，太宗病死栾城。在耶律德光死后，述律太后还想按照自己的意愿让三儿子李胡继位称帝，但李胡为人极为残忍，没有什么威望。以前述律太后因为偏袒耶律德光不让耶律倍继位，得罪了一大批人，而且也杀掉了很多大臣，到这时，被杀大臣的儿子们也已经成人，这些人联合起来，共同对述律太后发动攻击。他们在南院大王耶律吼和北院大王耶律洼以及直宿卫耶律安抟等人的率领下，拥立东丹王耶律倍的儿子耶律阮称帝，是为世宗。述律太后接到世宗继位的消息异常恼怒，与世宗发生冲突。双方陈兵横水两岸，形势十分危急，惕隐耶律屋质居中调停，说服了述律氏，避免了皇室内部的权力之争。

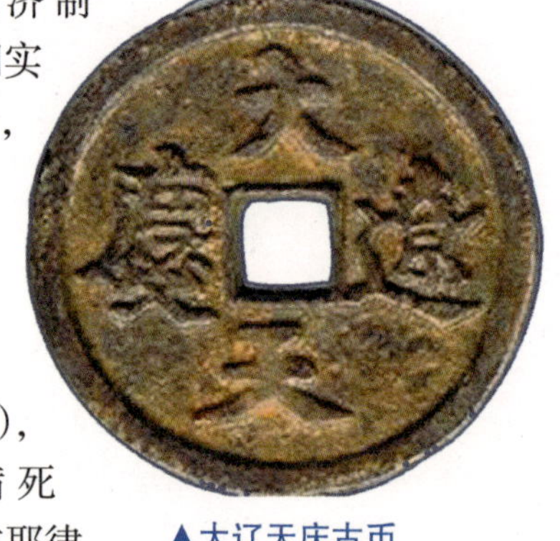

▲大辽天庆古币

公元 951 年 耶律屋质平叛

◀辽代服饰

耶律屋质，字敌辇，系出季父房，辽代政治家，学者。《辽史》称他“资简静，有器识，重然诺。遇事造次，处之从容，人莫能测。博学，知天文。”历事太宗、世宗、穆宗、景宗四朝，勇于任事，善于调停，对辽初政权的巩固、社会的稳定起了重要作用。天禄五年(951 年)七月，世宗与生母萧太后祭其父“让国皇帝”耶律倍于行宫，并与群臣饮宴皆大醉。耶律察割乘机伙同耶律盆都等人发动了政变。当天傍晚，察割和盆都率兵入宫帐，杀死世宗及太后，察割自称皇帝。政变发生时，屋质正统领着皇族的精锐军，是叛乱分子的主要阻力。当时耶律屋质身着紫服，察割为了捉拿屋质，下令“衣紫者不可失”。屋质改换紫服逃出，急忙派人召集诸王讨伐察割。这时，正赶上太宗长子寿安王耶律璟方回营帐，耶律屋质派其弟耶律冲迎之。屋质对寿安王说：“大王嗣圣子，贼若得之，必不容。群臣将谁事？社稷将谁赖？万一落贼手，悔将何及？”诸将听说屋质已出，都相继而至，率军包围了察割，平息了叛乱。

公元 951 年 穆宗继位

◀辽·白釉绿彩鸡冠壶

天禄五年(951 年)，世宗被宗室泰宁王耶律察割杀死，太宗子耶律璟即位，是为穆宗。穆宗终日沉湎宴饮游猎，时人称之为“睡王”。他为人残暴，常以小事肆意杀人，激起臣僚和奴隶的普遍不满。在位期间，恰值五代后周和北宋初年，周世宗北伐，收复后晋割让的瀛、莫二州和淤口、益津、瓦桥三关。北宋致力南征，辽国得以坐大。但辽国内阶级矛盾、民族矛盾和统治集团内部矛盾都很尖锐，贵族的反叛、境内民族的反抗斗争和奴隶起义不断发生。应历十四年(964 年)十二月，北境乌古、室韦相继叛乱。次年，辽以枢密使雅里为行军都统，合诸部兵平叛，反为室韦所败。继而又派秃里率轻骑进击，同时遣使招抚各部。乌古、室韦不受抚，屡败辽军。斗争持续两年多，震动了辽西部和北部边界，辽动员了诸部和群牧的兵力才镇压了这次反抗。

公元 969 年　穆宗被杀

▲辽·乳钉纹玻璃瓶

辽朝前期皇位的长子继承制没有真正确立，皇位继承受贵族势力的支配。穆宗统治的初年，皇族内的反叛活动不断发生。应历二年(952 年)，先有太尉忽古质谋逆被杀。继有东丹王次子耶律娄国与林牙敌猎等人谋杀穆宗事件，事败，娄因等被杀。应历三年(953 年)，李胡的儿子耶律宛等人再次谋叛，遭镇压。应历七年(957 年)，敌烈(穆宗弟)谋反，被捕入狱。应历十年(960)初，政事令耶律寿远、太保楚阿不等谋反，被杀。接着李胡与其子喜隐又反，李胡死于狱中。这是辽初皇族内部夺权斗争的继续。穆宗巩固皇位后，仍无图治之心，杀戮任情。应历十九年(969 年)，近侍小哥、盥人花哥、庖人辛古等杀穆宗于行宫。

公元 969 年　汉官势力的增长

◀辽·白瓷罗汉像

969 年，穆宗死，世宗子耶律贤即位，是为景宗。景宗即位后的次月，回到上京，任命拥立他的肖思温为北枢密院使兼北府宰相，进而封肖思温为魏王。辽景宗在所组成的统治集团中，还重用了汉族官员。从这时起，汉族官员开始在辽朝的统治机构中占有重要地位。先是，景宗把拥立他的汉人高勋任为南枢密院使，封为秦王。之后，肖思温被杀事件牵连到高勋，又任汉人郭袭为南枢密院使，后又加政事令。汉人韩知古之子韩匡嗣，早在穆宗时期就和景宗结纳，这时被任为上京留守，后改为南京留守，封为燕王，并以留守摄枢密使。辽制，南京留守一般以宗室亲王授之，韩匡嗣被任为南京留守，可见韩氏家族的势力已不寻常了。另外，汉人室昉在景宗即位之初，为政事舍人，后迁工部尚书，又任枢密使兼北府宰相，并加同政事门下平章事。辽景宗时，“任人不疑”，重用汉官，这是辽朝统治政策上的重大变化，这个变化是辽代“中兴”的转机。

公元 982 年　萧绰摄政

◀萧绰萧太后像

景宗患风疾，多不视朝，政事多由皇后萧绰与诸臣集议后裁决。萧绰是中国辽朝女军事统帅、政治家，是辽大臣北府宰相萧思温的第三女。乾亨四年(982 年)，辽景宗崩，辽圣宗继位，尊萧绰为皇太后，摄政。时萧绰 30 岁，圣宗 12 岁，父萧思温于保宁二年(970 年)被害，无嗣，使得萧绰无外戚可以依靠。而诸王宗室二百余人拥兵自重，控制朝廷，对萧绰及圣宗构成了莫大的威胁。萧绰以她卓超的政治才能，主要是在用人上作了新的调整；一方面提拔“有经国之才”的耶律斜轸为北院枢密使“参决大政”，又任于越耶律休哥为南京留守，总管南面军事，以加强边防；另一方面则大力重用汉官，企图通过汉官使契丹进一步封建化，并依靠汉族地主势力加强统治。在汉族官僚中，韩德让是最为突出的代表。这样，圣宗和萧绰的地位才稳定下来。统和元年(983 年)，圣宗率群臣给萧绰上尊号承天皇太后。

韩德让

韩德让是中国辽代圣宗时大臣，后赐名德昌，又赐姓耶律，名隆运。辽景宗耶律贤时，累迁权知南京留守事。乾亨元年(979 年)，因守南京幽都府(今北京)，击宋军有功，授辽兴军节度使。不久，入朝为南院枢密使。乾亨四年(982 年)，景宗死，辽圣宗嗣位，萧太后萧绰摄政，韩德让极受宠。统和三年(985 年)，与耶律休哥、耶律斜轸、室昉等重臣同心辅政，对稳定圣宗初年的政局起了重要作用。据历史记载，萧绰幼时曾许配给韩德让，未婚，就被景宗选为妃子。景宗死后，萧绰认为韩德让极有政治才能，决定改嫁韩德让，而当时契丹的风俗也允许如此。她私下对韩德让说：“我曾许配给你，愿谐旧好。而当国的幼主，也就是你的儿子了。”后萧绰派人秘密毒杀韩德让的妻子。韩德让则无所顾忌的出入宫闱，出猎听政，两人都在一张桌子上吃饭，并排而坐，晚上则睡在一个帐篷里。圣宗也把韩德让视作自己的父亲来侍奉他。

◀辽代上京遗址

公元 983 年 ~ 公元 1019 年　侵略高丽

高丽王建统一了朝鲜半岛以后，势力较强。辽大祖、太宗时期，辽与高丽曾有聘使往来。但自天显九年(934 年)，渤海世子大光显投附高丽后，辽与高丽绝交互视仇敌。圣宗即位之初，为了解除对宋战争的后顾之忧，从统和元年(983 年)十月起，辽朝便开始了东侵高丽的活动。统和二十八年(公元 1010 年)，贵族康兆谋杀高丽穆宗后，即仕为显宗。辽圣宗亲率 40 万大军讨伐高丽，高丽康兆率兵 30 万狙击。辽兵连续攻陷郭州、肃州，直抵高丽都城开京。高丽显宗南逃。辽圣宗进入开京，大肆抢掠，去时，还放了一把火，将开京焚毁。辽开泰二年(公元 1013 年)，辽圣宗派遣耶律资忠出使高丽，强行索要高丽的兴化、通州等 6 城，高丽拒绝，将耶律资忠扣压于高丽。辽开泰八年(公元 1019 年)，辽朝征集大兵，准备再次攻打高丽，高丽知道自己打不过辽，于是高丽显宗急忙派遣使臣议和。高丽仍然依照成宗时的制度，继续向辽缴纳贡品。

▲辽·墓壁画·仁女出游图

公元 1029 年　大延琳反辽

926 年，辽太祖灭渤海后，将渤海的势家大族和王室迁往内地，加以控制。建东丹国，任皇子耶律倍为东丹王，统治渤海旧地。太宗时，将渤海人大批迁往辽阳。圣宗太平年间，户部使韩绍勋在东京推行南京汉地的赋役制度，加重了渤海人民的负担。太平九年(1029 年)，南京发生饥荒，户部副使王宗派人从海路运东京粮至南京。海路艰险，船只多覆没，官府不加体恤，反而严刑催逼，人心怨恨。东京舍利军详隐渤海人大延琳利用人民不满情绪，杀韩绍勋、王嘉，囚禁东京留守萧孝先，起兵反辽，自称皇帝，国号兴辽，年号天庆。并派人四处联络，其势大振。南、北女真纷起响应，高丽也停止向辽纳贡。辽廷闻讯，派耶律蒲古统军阻攻，大延琳遂西取沈州(今辽宁沈阳)。沈州节度使张杰诈称愿降，以待援军。圣宗以南京留守、燕王萧孝穆为都统、国舅详稳萧匹敌为副都统、奚六部大王萧蒲奴为都监，率诸道兵征讨，大延琳退守东京。太平十年(1030 年)八月，辽军破城，擒大延琳。起义历时一年，震动辽东。反辽斗争虽被镇压，辽政权也受到沉重的打击。

▲辽·陈及之·便桥会盟图

辽的政治经济制度

辽太宗时期，统治地区分为西部、东部以及南部三个不同的区域。在这三个区域内居住着不同的民族，实行不同的制度，统一于辽朝的统治之下，因而其统治制度具有许多特点。辽朝制度在太祖、太宗和世宗时逐步建立，辽圣宗时各项制度也有所改革，重要的有以下几项：斡鲁朵宫帐制、头下州县制、北南面官制、四时捺钵制。另外，辽圣宗时始置科举取士，只限汉人文士考试，契丹人不得应试；辽太祖建国后，即诏定法律，辽兴宗在重熙五年（1036 年）正式颁布《重熙条制》，辽道宗咸雍六年（1070 年）改定为《咸雍条制》。社会经济方面，辽的经济赋税制度每多用汉人协助制订，如辽太祖时用汉人韩延徽为谋士，订立了包括赋税在内的多种政治、经济制度。辽太宗时，赋税制度大体完备，一些必需品如盐、酒等，或由国家专卖，或课以重税。

科举制

阿保机曾接触中原文化，有借助儒家思想巩固统治的政治倾向。皇子耶律倍更热衷汉文化，尊崇孔子。太宗取燕云十六州后，急欲得汉人治理汉地，曾开科取士。圣宗时，科举已成为选拔汉官的重要途径之一，大抵每年进行一次，兴宗重熙（1032~1055 年）以后，基本上是三年一次。取士由一人至几十人，甚至上百人不等。考试科目有词赋、法律、经义，程序有乡、府、省三级，兴宗后增加殿试。科举确立后，汉人以科举入仕者渐增。但对契丹人参加科举考试严加限制，直至辽末，才有少数契丹人应举。

◀辽·鎏金银壶

军制

契丹和其他游牧部族一样，兵民相兼。民年15隶兵籍，平时游牧射猎，战时则应调从征。每征军1人，附打草谷、守营盘家丁1名，马匹、甲胄、武器、粮草等皆自备。调发军马有金鱼符，传令有银牌。辽国军队有宫卫骑军、部族军、五京乡丁和属国军。宫卫骑军又称斡鲁朵军、宫分军，是皇帝及皇室成员掌握的武装力量。部族军指辽各部族的本部军队。二者是辽的主要武装力量，征伐、镇守的任务基本上由他们承担。五京乡丁是州县所属丁壮。属国军是辽各属国的军队。遇有征伐，可遣使向各属国属部征兵。

◀山西应县辽代木塔模型

刑法

汉人、渤海人主要依据唐律，治以汉法。契丹法即治契丹及诸夷之法，始于建国后。辽太宗时耶律突吕不曾撰决狱法，是当时断案治罪的条例。圣宗时，修订法律十数项，主要是主人不得擅杀奴隶，奴隶犯罪需送官府判刑，契丹人与汉人相殴致死，同等治罪。兴宗时，于重熙五年(1036年)正式颁布《重熙条例》，共547条。道宗时重加改定，增补为789条，于咸雍六年(1070年)颁布《咸雍条例》，意在统一法律。后因“条约既繁，典者不能遍习”，仍用旧法《重熙条例》。契丹法有籍没、投崖、枭首、腰斩、射鬼箭(乱箭射死)、沙袋(拷打)、木剑、木棒、铁骨朵、杖、鞭、烙等刑。圣宗以后，采用汉人刑名，有死、流、杖、徒四等，死刑有绞、斩、凌迟。刑法中加入了汉法中的“十恶八议”内容。

▲辽·炽盛光九曜图

南北面官制

◀辽·墓室壁画·乐舞

辽代为了有效地控制各族人民，采用“以国制治契丹，以汉制治汉人”的原则，设置了两套统治机构。统治契丹族的称北面官，统治汉族的称南面官。北面官由契丹贵族担任，南面官仿唐制设三省、六部，杂用汉人和契丹贵族为官。北面官制保留着契丹部落制的若干痕迹，职名多源于突厥、回纥。“大于越”位百官之上，无职掌，相当于汉制“三公”，惯例非有殊勋者不得授。世宗后，北枢密院为最高军政权力机构，也称契丹枢密院，长官为北院枢密使。又设南北二宰相府，分统契丹各部军政事务。南府宰相多由皇族担任，北府宰相由后族担任。北府皇族所在的迭剌部，分设五院、六院，首领分别称北院大王、南院大王。南面官制所设官署是管理汉人事务的机构。有南枢密院，也称汉人枢密院，掌汉人、渤海人的军政事务，长官有南院枢密使、同知南院枢密使事等。下辖吏、户、兵、刑、厅等房，分管各部事务，兼有唐代尚书省的部分职能。南面官、北面官并行，反映了辽国内部封建制和奴隶制并存的情形。随着契丹社会的发展和汉文化影响的加深，契丹逐渐向封建制过渡。

地方官制

辽建国后，至兴宗时形成五京：上京设临潢府，东京设辽阳府(今辽宁辽阳)，中京大定府(今内蒙古宁城)，南京设析津府(今北京)，西京设大同府(今山西大同)。五京是各地区的统治中心，各领有军州府县，故又称五京道，但道不设官署。五京长官称留守，由皇族、后族或契丹、汉、渤海大臣担任。上京、中京道多契丹、奚等部族居住，其统治体制主要为部族制，属北面官系统；东京、南京、西京道多为汉人、渤海人，统治体制为州县制，属南面官系统。各大部族设王府，以大王为长官。一般部族设节度使司，长官为节度使。属国、属部也分别设大王府和节度使司，大王和节度使以契丹贵族和各部酋长充任。

▲辽代，契丹和汉人官吏，或平民百姓，大多数信奉佛教。河北宣化辽张世卿墓壁画中有一幅备经图，经书及有关物品是家中常备物品。

四时捺钵制

所谓四时捺钵制度，就是辽朝皇帝按春、夏、秋、冬四季带领大批军队、臣僚出巡各地，加强对地方控制的一种制度。“捺钵”汉译为“行营”或“行在”。辽帝的四时捺钵与游牧、渔猎等生产活动密切相关，也受政治形势的影响与制约。圣宗以后，社会渐趋稳定，制度日益健全，四时捺钵皆有定址。跟随皇帝至四时捺钵的是一个庞大的行宫集团，包括遥辇时期九任联盟长的家族（遥辇九帐），皇帝的族人（四帐皇族）和与皇室通婚的两个萧氏家族（国舅帐和国舅别部），合称辽内四部族；与皇帝关系最密切的诸斡鲁朵、中央的北面官和部分南面官。春捺钵主要活动是钓鱼和捕鹅。这一期间，捺钵周围千里之内的属国、属部首领要到捺钵朝见辽帝，以示臣服。春捺钵无疑包括了安抚、控制东北方各属国、属部的政治内容。四月中旬，离开春捺钵进山避暑、赏花，与北南面臣僚共议国事，闲暇时游猎。七月中旬，入山射虎、鹿，转入秋捺钵。天冷后到冬捺钵避寒，与北南面臣僚议国政，同时接见宋及诸国使臣，闲暇时校猎、讲武。此制后为金、元所沿袭。

四时捺钵	主要地点	时间	活动内容
春捺钵	长春州（今吉林省前郭尔罗斯塔虎城）的鱼儿泺（今洮儿河下游之月亮泡）、混同江（指今松花与嫩江合流后的松花江）	正月上旬至四月中旬“春尽”。	捕鹅、钓鱼、召见女真首领
夏捺钵	永安山（今内蒙古巴林右旗西北）凉径和炭山（今河北省独石口西北）的凉殿	四月中旬至七月中上旬	避暑、议政
秋捺钵	庆州（今内蒙古林县）伏虎林	七月中上旬至十月	射鹿、召见各部落首领
冬捺钵	永州广平淀（位于西拉木伦河与老哈河合流之处的平原）	十月至正月上旬	避寒、议政

斡鲁朵

斡鲁朵，汉译为“宫卫”，由皇帝巡行时居住的毡帐、办事的衙署和负责保卫皇帝安全、承应皇帝日常役使的宫分人组成。他们“入则居守，出则扈从”，“有调发，则丁壮从戎事，老弱居守”。辽国共建12宫1府。斡鲁朵所属的人户称宫户、宫分人。早期的宫分人来源于契丹、汉、渤海等族奴隶、自愿投充者和战俘；后期常由部族或州县拨充，多从事畜牧、狩猎、农耕和手工业等生产活动，有的也充任禁卫。他们有一定的私有财产，须纳贡赋和服力役；有很强的人身隶属关系，主人可以将他们赏赐或转让给别人。宫分人有功者可以做官，有大功劳者可以出宫籍，表明取得了自由民的身分。如圣宗朝韩德让曾是宫分人，统和二十二年（1004年）才出宫籍，赐国姓，建文忠王府，成为斡鲁朵主人。

头下州军制

◀辽·铜辟邪

头下州军制是辽的地方统治制度。在辽朝，地方上除设立州、县以外，还有皇帝、诸王、外戚、大臣、诸部酋长建立的一些头下州、军、城等，建立者称“头下主”，州、军、城内被统治的民户称为“头下户”。“头下户”一般为战俘或虏掠来的汉人及契丹部落中的下等牧人。在头下州、军、城内，头下主任命官员进行管理，头下人口或种植五谷，或放牧游猎。头下州的税收归头下主，只有酒税象征性的属于皇帝。头下主对头下户的统治十分残酷，可以随意征税、摊派徭役或服兵役，头下户的人身极不自由，他们实际上是头下主的私属，这种关系，反映了契丹社会开始由奴隶制向封建制过渡。

赋税制度

▲辽·壁画·契丹烹饪图

契丹初起时赋税未有定制，后随着大批汉人徒居关外，辽政府统以州县，使他们纺织耕种，于是赋税制度逐步拟订并施行。太祖时，命韩延徽“始制国用”，至圣宗时“定均税法”，兴宗时“通括户口”，“普遂均平”，进行了若干调整和变动。总的原则也是按不同的地区实行不同的税法。南京、西京、东京三道州县民户的税法，大体上仿效五代和北宋，即实行两税法。但辽两税法与唐两税法差异甚大，与宋略同。辽两税法的税额依据田产多少和门第、官品高下而定，地位越高，赋税越少。辽制规定：皇庄对朝廷止进鞍马，头下军州只上缴田租的一部分和酒税。总原则是“计亩出粟以赋公上”，同时，“分士庶之族，赋役皆有等差”。辽制还规定，贵族占有的部曲输租半给官、半给主，其他地主占有的部曲只向庄主交租。辽在两税法外，还有名目繁多的杂税，如地钱、户丁税、仓税、匹帛钱、农器钱、盐铁钱、曲钱、鞋钱等。

▲辽刻妙法莲华经

辽的灭亡

自兴宗以后，辽迅速走向衰亡，内乱频仍，吏治日益败坏，赋税加重，阶级矛盾日益激化，人民起义不断。至天祚帝继位，辽已处在风雨飘摇之中。辽朝贵族荒淫无耻、奢华无度，除对部民加紧剥削、残酷压迫外，特别是对女真人勒索不已。女真人在完颜阿骨打领导下掀起了大规模的反辽斗争，直至灭亡辽朝。

◀辽·鎏金铜佛

▲辽·鎏金银冠

公元 1034 年　钦哀之变

太平十一年(1031 年)，圣宗死，长子耶律宗真即位，是为兴宗。圣宗仁德皇后萧菩萨哥，不育，养宗真如己子。圣宗遗命立宗真为帝，萧菩萨哥为皇太后。宗真生母、圣宗元妃萧耨斤却自立为皇太后，史称钦哀皇后。萧耨斤素与萧菩萨哥不睦，既为太后，把持朝政，便着手陷害后者，诬指圣宗皇后萧菩萨哥谋反，迫令自尽。兴宗于心不忍，皇太后不满，谋废兴宗。重熙三年(1034 年)，皇太后萧耨斤与弟、北院枢密使萧孝先谋废兴宗，立少子耶律重元为帝。重元将阴谋报告了兴宗。兴宗又与耶律喜孙定谋，废除太后，幽禁于庆州，使守圣宗陵寝，兴宗始亲政。史称“钦哀之变”。

辽朝由盛转衰

▲辽·花瓣式银碗、银质壶

辽兴宗统治时期，在统治政策上基本上是沿袭了圣宗以来的轨道，除了在边疆实行屯田和在科举取士上始行御试进士之外，其他并没有新的建树，只是守成而已。兴宗亲政之初，虽然曾有过“求治”的表示，但都没有认真执行，只不过是为了暂时地缓和一下阶级矛盾，其目的在于维持现状，稳定其统治罢了。事实上兴宗所进行的废后一举，并不是出于对当时腐败政治的不满，而是为了向后族争夺权益。所以等到皇族与后族的斗争过去之后，兴宗一味坐享圣宗时期盛世之余果，满足于“升平天子”的生活，政治上愈趋保守。这时，辽朝之所以还能维持所谓盛世的局面，是因为当时的社会经济还处在表面繁荣阶段，辽朝的国力还比较充沛。但从兴宗时起，辽朝政治就江河而下，不断走向衰落。

▶辽·金银塔

公元 1063 年　重元之乱

在“钦哀之变”中，重元以揭露萧耨斤有功，被封为皇太弟，掌北枢密院，赐金券。重熙二十四年(1055 年)，兴宗死，子耶律洪基即位，是为道宗。尊重元为皇太叔、天下兵马大元帅，仍赐金券。重元权势日重，尊宠无比，于清宁九年(1063 年)与其子涅鲁古犯滦河行宫，谋杀道宗，夺取皇位，史称“重元之乱”。仓促中，南院宣徽使耶律仁先环车为营，率领官属、近侍三十余骑迎战。涅鲁古被杀，重元负伤，余众逃散。同党耶律撒剌竹劫奚族猎夫赴援，与重元兵合，黎明再战。南京统军使、北院宣徽使萧韩家奴劝谕猎夫投戈勿战，奚族猎夫奔溃，撒剌竹战死。重元见大势已去，北走大漠，穷蹙自杀。滦河之变消除了 30 年来对皇位的威胁，重元叛党多被治罪。

耶律乙辛专权

◀辽·墓壁画·童嬉图

重元之乱平定后，耶律仁先和耶律乙辛共知北院枢密事，权势都很大。清宁末年，耶律乙辛“窃权用事，阴怀逆谋”。咸雍元年(1065年)，由于耶律乙辛“恃宠不法，仁先抑之，由是见忌”。仁先遭耶律乙辛排挤，出为南京留守，后又改西南路招讨使。耶律乙辛独揽了北枢密院事。咸雍五年(1069年)，耶律乙辛被加守大师，并诏以“四方有军旅，许以便宜从事”，掌握了军政大权。这时，耶律乙辛在朝专权，“势震中外，门下馈赂不绝。凡阿顺者蒙荐擢，忠直者被斥窜”。平定重元之乱的有功契丹贵族，先后都被耶律乙辛排挤出朝，于是他便和汉人官僚张孝杰勾结起来，结成了以张孝杰、耶律燕哥、肖十三为心腹的奸党。以耶律乙辛为首的这个腐朽集团形成以后，为了巩固和扩大他们的权位，故“肆恶而无忌惮，始诬皇后，又杀太子及其妃”，制造了一系列诬案，“其祸之酷，良可悲哉”。

▲萧观音像

公元1077年　陷害太子

大康元年(1075年)，皇太子耶律浚奉诏总领朝政，整饬法令制度，处事公正，乙辛的权势受到了威胁和限制。他指使皇后萧观音的奴婢和伶人诬陷皇后与伶人赵惟一私通，道宗使乙辛及其同党北府宰相张孝杰共同审理，遂以所诬为实，陷皇后于死地。皇后既死，太子浚忧形于色，乙辛深感不安，又将打击陷害的矛头指向了太子。大康三年(1077年)五月，乙辛指使同党诬告南院大王耶律撒剌、知北院枢密使事萧速撒等人谋立皇太子。道宗又使乙辛、孝杰等审理。于是囚皇太子，杀速撒、撒剌等数十人。不久，又废皇太子为庶人。十一月，乙辛同党杀皇太子于囚所，以病死上奏。道宗召太子妻，乙辛党又杀之灭口。

公元 1125 年　辽朝灭亡

▲辽·鎏金凤冠

辽朝末年，天祚帝统治时，政治昏暗，酷好畋猎。宰臣争权夺利，是非不分，斗争激烈，矛盾激化，境内各族人民纷纷起义，统治实力大为削弱。徽宗政和六年（公元 1116 年）正月，渤海人高永昌据辽东京辽阳府自立，辽宰相张王林征集了 2 万余饥民讨伐。高永昌向金求援，阿骨打乘机派兵攻打辽东，占领东京。之后陆续攻下上京、中京、西京、南京，天祚帝一直逃到天德军（今内蒙古自治区乌梁海以北）与阴山之间。金攻占辽五京的同时，北宋王黼、童贯按照与金联合攻辽的协定，大举攻辽，但宋军被辽萧干击败。已处危急存亡的天祚帝这时依然采取孤行寡断的政策，辽国多次分裂。正值危急之时，恰遇耶律大石率兵来归，又得阴山室韦的兵马，天祚帝自以为得“天助”，不自量力，谋划出兵收复燕、云。大石劝阻，天祚帝一意孤行。保大四年（公元 1124 年）七月，耶律大石与天祚帝分裂，自立为王。次年二月，天祚帝在应州（今山西应县）新城东 60 里，被金兵所俘，辽朝灭亡。

▶辽·透雕仙鹤纹玉件

▶辽·素三彩乐人立俑

▲契丹金版画

社会经济与文化科技

契丹族建立的辽朝，在存在的210年中，其经济文化发展成就是中华民族灿烂文明史的重要组成部分。辽朝国内各民族从事不同的生产职业，契丹人、奚人、汉人、渤海人等各族在此期间交流了生产经验，在一些部门取得了成就。其中，辽朝的手工业受中原影响，发展较快，集中表现在冶炼、纺织、制瓷等几个方面。辽虽为北方外族，然其经济、文化仍有可观之处。契丹人自建国后，并未排斥汉人的文化、制度，反而重用汉人，对汉文化加以提倡。契丹大、小文字的创造与使用，诗歌、音韵学等文学创造，宗教建筑、音乐、舞蹈、医药、绘画等均有突出成就。契丹在建国前只有对自然界的原始崇拜和原始文化。辽朝建立后，佛教逐渐在契丹贵族中传播。

▲辽·罗汉塑像

▼辽·三彩凤

畜牧业

契丹诸部以游牧经济为主，兼营渔猎。“其富以马，其强以兵。纵马于野，驰兵于民”、“马逐水草，人仰驼酪，挽强射生，以给日用”。畜牧业是辽国的经济命脉，牲畜品种以羊、马为多，牛、驼次之。

◀辽塔遗址

国家公有的牧场和畜群，由群牧管理，牧马多至百万，主要供军需。各部有自己的游牧地，牧民以部为单位从事游牧，春夏秋冬，随时迁徙。以皇帝为首的统治阶级，包括国家各级官僚、各部首领，有自己的畜群和牧奴，有的还拥有私人草场。部民也拥有数量不等的牲口，在部族公布的牧场上放牧。每年农历四至八月，牧马于野，随逐水草；八月以后收回饲养。

农 业

早在建国前，契丹社会就有少量农业。阿保机祖父“喜稼穑，善畜牧，相地利以教民耕”，伯父释鲁“饬国人树桑麻，习组织”。这是契丹社会早期的农业经济。阿保机也十分重视发展农业生产，把在燕云战争中俘虏的大批汉人安置在滦河上游新建的汉城中。汉人将农业生产工具和技术带进草原，使契丹社会经济中农业成分逐渐增加。辽统治区内的室韦人和奚人中也有少量农业。辽灭以农立国的渤海后，加大了农业比重。辽太宗时得燕云十六州，又增加了一大片农业区。辽统治者多次下诏募民垦荒，开辟农田，使燕云地区成为辽的农业基地，大大加强了经济实力。圣宗朝连续14年获得丰收，积粟数十万斛，既解决了屯戍军队的粮食供应，又开发了辽的西北边疆。南京道和东京道辽阳府附近地区是辽的主要农业区之一，从事农业的主要是汉人和渤海人，在辽政府重农政策的鼓励下，农业生产在原有的基础上继续发展，“编户数十万，耕垦千余里”。

▲辽代壁画《点茶图》，反映当时煮茶的情景。

手工业

契丹人的手工业由来已久。早期的手工业制品以车马具、弓箭、渔具、制革为主，制造的马鞍十分精美，号称“天下第一”。随着渤海人、汉人的大量迁入，手工业也从牧业中分离出来，形成独立的部门，纺织、制盐、矿冶、制瓷、印刷等都取得了突出的成就。辽

▲辽·金面具

上京、祖州(今内蒙古巴林左旗西南)有官营手工业作坊绫锦院,为皇室提供丝织品。中京道的宜州(今辽宁义县)、锦州(今属辽宁)、霸州(今辽宁朝阳)和东京道的显州(今辽宁北镇),产桑麻,除向绫锦院提供纺织原料外,也以纺织为副业,生产大量精美的丝织器,甚至专以丝织品纳贡赋,常被作为赠品馈送外国使臣。丝织品种类齐全,绫、罗、锦、绣、纱、缎等应有尽有。辽国盐产丰富,价格低廉。契丹人取盐为枕,细碎者食用。及灭渤海、得燕云又增加了海盐,并扩大了盐的销售量,甚至私贩至宋境。北盐南贩大大增加了辽的财政收入。矿冶业也很繁荣,采矿、冶炼业的发展,为铸造业提供了原料。考古发掘中发现了大量的铁制工具和农具,辽代墓葬中出土的金银器反映了辽国铸造业的发展水平。金银器制造精美,具有唐代的工艺风格和契丹民族的造型特征。

▲辽·金花银靴

辽代的陶瓷

辽代的陶瓷在我国陶瓷史上占有重要地位,主要表现在造型方面具有浓厚的游牧生活特点。鸡冠壶、长颈瓶、凤首瓶、牛腿坛是辽瓷的典型器物。鸡冠壶造型仿照牧民盛油、乳等用的皮囊,早期器腹较大,造型浑厚;中期渐趋扁平,口高体小;晚期器体细高,多为捏把。辽三彩和仿定白瓷工艺则传自汉地。辽三彩继承唐三彩风格,色彩为黄、绿、白,器物有长瓶、长盘、方碟、圆碟等。仿定白瓷多为碗、碟、盘,几与定窑产品一般无二。

◀辽·三彩鱼形壶

▲辽·三彩印花海棠式盘

◀辽·赤峰窑白釉黑花罐

渔猎业

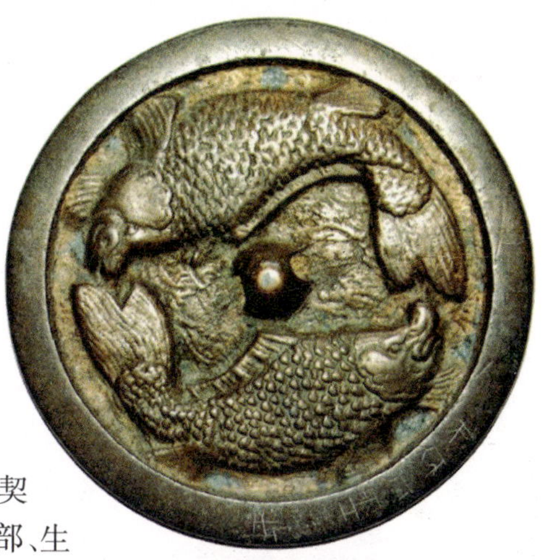
▲辽·摩羯鱼纹铜镜

10世纪时，契丹人已从渔猎经济进入畜牧经济时期，但仍兼营渔猎，并作为习武和娱乐的内容。天赞三年(924年)，阿保机征阻卜、回鹘时，曾猎于寓乐山，“获野兽数千，以充军食”，回军时，“六百余里且行且猎，日有鲜食，军士皆给”。在四时捺钵活动中，捕鱼和狩猎也是重要内容。契丹人围猎，除用弓箭射猎外，还利用训练有素的猎豹。除契丹人外，在北方山林沿江地区各部族，如五国部、生女真、阻卜等，渔猎业仍占重要地位。辽国秋捺钵的“唤鹿人”多来自女真，完颜阿骨打的兄弟子侄也曾为辽帝刺虎搏熊。

商业

▲反映辽繁荣商业的群塑

辽国是一个多种经济成分共存的国家，农牧、手工业的发展也促进了商业的繁荣。辽的五京都是重要的商业城市。上京有南北二城，南城为汉城，有街市、作坊和民居，有居住法国使臣和商人的同文驿、临潢驿和回鹘营。中京大定府位于南北交通要冲，城围30里，街道两旁有居民交易，在辽宋经济文化交流中占有重要地位。东京外城为汉城，分南北市，晨集南市，夕集北市。南京市在城北，陆海百货聚于其中。各州县、捺钵也都有商业活动，小民为市者甚至以车随从皇帝交易于四时捺钵地。辽对外的商业活动也很繁荣。初期与五代的梁、唐、晋和十国的吴越、南唐有贸易往来，后期与宋、西夏、高丽、回鹘、女真等来往频繁。交易多以朝贡、回谢、庆贺礼品等方式进行，同时也有榷场交易。交易最初以羊、牛、布、银计值，后逐渐使用铜钱，多用宋代所铸钱币，也自铸铜钱。据从考古发掘和保存下来的辽钱考察，至迟在阿保机时，辽国已经有自铸的金属货币。辽实行年号钱，辽代9帝共有22个年号，多数年号钱已被发现。

文字的创制

契丹族在建立王朝后，为了适应政治、经济和文化等方面的需要，曾参照汉字先后创造了两种契丹文字。契丹大字是神册五年(920 年)由耶律鲁不古、耶律突吕不所创制，共约 3000 余字，是一种形体近似汉字的方块字。契丹小字是太祖弟耶律迭剌创制的，这种文字趋于拼音，每个字由 1 至 7 个原字组成。这两种契丹文字在辽代与汉字并行。金灭辽后，曾沿用一段时间，直到明昌二年(1191 年)才明令废除，但在西辽仍继续使用。由于辽代书禁和战乱等原因，契丹文字的书籍基本上没有流传下来，现在传世的契丹字资料都是出土和发现的碑刻、铜镜、印章、货币和墨书题字等。辽朝对外正式公文、诏令、奏议、国书、文牒以及佛经翻译、解释、著作等，多用汉文，文学作品也多用汉文写成。

▲契丹文字金牌

▲契丹文字

▶契丹文字『天朝万顺』钱币

文学

辽代的文学艺术受中原影响很深，辽朝皇室、贵族多习汉文，有的文学素养甚高。宋代民间开版印行的书籍广泛流入辽境，如《史记》、《汉书》一类，被大量翻刻。辽初，东丹王耶律倍就具有很高的汉文化素养，善诗画，曾作《乐田园诗》、《海上诗》等。因弟耶律德光立为帝(太宗)，遂出奔后唐，“载书数千卷自随”，可见其对汉文化的重视。圣宗隆绪 10 岁能诗，一生作诗 500 余首。道宗洪基也爱吟诗作赋，编有《清宁集》，作品清新雅丽，意境深远，有《题李俨黄菊赋》云：“昨日得卿黄菊赋，碎剪金英续作句。至今襟袖有余香，冷落秋风吹不去。”其他贵族中亦有诗人，如平王耶律隆先有诗集《阆苑集》，萧柳有《岁寒集》，耶律良有《庆会集》等。辽境内的汉人中，也涌现出了许多文学家、诗人，有的作品和文集流传于宋境，如杨佶的《登瀛集》、李瀚的《丁年集》等。

▲辽宁省医巫闾山的风井，耶律倍和寺庙僧人共同的饮水用井。

绘画

契丹画家具有自己的民族风格。耶律倍善画本国人物，尤擅长于鞍马，北宋时宫廷收藏其作品 15 幅，现存《射骑图》、《射鹿图》两幅。胡瓌、胡虔父子也是契丹族画家。胡瓌的画主题多为契丹游牧生活，“能曲尽塞外不毛之景趣”，画面铺叙巧密，用笔清劲，形容备尽。北宋宫廷内收藏他的画有 65 幅，传世有《卓歇图》等。子胡虔的画风酷似乃父，北宋收藏其画 44 幅，传世有《汲水蕃骑图》等。辽代流行壁画，庆陵东室保存有 4 幅辽人四季游猎生活的壁画。1972 年在吉林库伦旗辽墓中，发现巨幅彩色壁画一组，画面中有契丹贵族、汉族官员，契丹、汉族奴婢，有出水花鸟及车马、日常用具，画技高超。雕刻作品比较普遍，多见于石窟；浮雕多见于砖塔、石碑。

▼辽·胡瓌·《卓歇图》(局部)

史学

辽朝继承中原王朝传统，设史官负责编修《实录》、《日历》和《起居注》等。早在太祖时即设国史院，令耶律鲁不古监修国史。景宗时，室昉监修国史，于统和九年（991 年）与邢抱朴合撰《统和实录》20 卷。兴宗时，萧韩家奴、耶律庶成、耶律谷欲等纂修自遥辇可汗至兴宗重熙间史事 20 卷，称《辽国上世事迹及诸帝实录》。道宗大安元年（1085 年），成《七帝实录》，始太祖至兴宗。天祚帝时，命耶律俨修《皇朝实录》70 卷，为金、元修纂《辽史》所本。辽代私家史学著述传世极少。道宗时王鼎撰《焚椒录》一书，记述宣懿皇后被诬案始末，是仅存的一部私人著述。

▲《辽史》书影

焚椒錄
大遼觀書殿學士臣王鼎謹述
懿德皇后蕭氏爲北面官南院樞密使惠之少女
母耶律氏夢月墜懷已復東升光輝照爛不可仰
覩漸升中天忽爲天狗所食驚寤而后生時重熙
九年五月已未也母以語惠惠曰此女必大貴而
不得令終且五日生女古人所忌命已定矣將復
柰何后幼能誦詩旁及經子及長姿容端麗爲蕭
氏稱首皆以觀音目之因小字觀音二十二年令

▲《焚椒录》书影

西夏

（公元1038年~公元1227年）

西夏（1038~1227 年），亦称白上国，为党项拓跋贵族建立的封建割据政权。党项族原居住于今青海、四川交界处，唐开元年间内迁。唐末，因助唐进剿黄巢起义有功，拓跋首领思恭被擢升为夏州节度使，爵夏国公，并赐李姓。宋初，宋太宗欲收缴拓跋节度之权，令拓跋族人悉入汴京（今河南开封），其首领继迁叛逃，遂与辽结盟，共抗北宋。经德明至元昊时，党项势力渐强，夏天授礼法延祚元年（1038 年），元昊称帝，建大夏国（宋人称之为西夏），定都兴庆府（1205 年更名中兴府，今宁夏银川）。辖区内除河套等农业区外，其余多为牧区，故畜牧业为西夏主要经济部门。其官制多仿唐、宋，中央亦设中书、尚书、枢密、三司、御史台等，官职多令蕃、汉人充任，然另有党项官职。其军制分夏境为左、右两厢，置 12 监军司，分而戍之。地方建制亦为州、县，初设 22 州，后增至 32 州。西夏立国凡 190 年，传位 10 帝。西夏前期与北宋、辽并立，而以“联辽抗宋”为国策，同北宋时战时和。在与内地的交往中，亦促进了国内政治、经济的发展，国势渐强。及 1115 年，辽亡，其后宋室南渡，西夏又与金、南宋并存，复结好于金。自是，少征战，国内较安定。夏仁宗在位时，又行汉化改革，西夏政治、经济、文化于此间发展至顶峰。而后，西夏统治者日渐腐败，权力之争不断，社会矛盾加剧，国势衰败。1227 年，终被蒙古所灭。

帝王世系表

景宗李元昊（1038~1048）——毅宗李谅祚（1048~1067）——惠宗李秉常（1067~1086）——崇宗李乾顺（1086~1139）——仁宗李仁孝（1139~1193）——桓宗李纯祐（1193~1206）——襄宗李安全（1206~1211）——神宗李遵顼（1211~1223）——献宗李德旺（1223~1226）——夏末帝李睍（1226~1227）

大事年表

1038 年　元昊称帝建国，改元。

1039 年　定朝仪，建蕃学，置尚书令，设十六司。

1041 年　夏、宋战于好水川。

1044 年　宋册封元昊为夏国主，元昊更名曩霄。辽征夏。

1048 年　元昊被子宁令哥所弑，谅祚立。

1055 年　宋仁宗赐夏大藏经，特建承天寺。

1061 年　谅祚亲执国政，开始用汉礼。

1067 年　谅祚死，子秉常立。

1068 年　秉常年幼，母梁氏摄政，其弟乙埋为国相。

1069 年　宋册封秉常为夏国主。梁氏罢汉礼，复蕃仪。

1076 年　秉常亲主国政。

1081 年　梁氏幽禁秉常，夏国内乱。

1085 年　梁乙埋死，子乞逋自为国相，独秉国政。

1087 年　宋册封乾顺为夏国主。乾顺年幼，梁太后专权。

1098 年　梁太后亲领四十万兵攻宋平夏城，溃还。

1099 年　辽遣使至夏，鸩杀梁太后，乾顺亲执国政。

1123 年　辽册封乾顺为夏国皇帝。

1143 年　党项族人民大起义。

1146 年　尊孔子为文宣帝，令州郡皆立庙祭祀。

1170 年　任得敬胁迫仁孝分国，被仁孝诛。

1206 年　王李安全废纯祐自立。纯祐卒。

1211 年　齐王遵顼废安全自立，安全卒。

1226 年　蒙人兵破黑水城、瓜州、沙州、肃州、甘州和西凉府。

1227 年　蒙古取积石州。末主睍出降，被杀。夏亡。

▲李德明倚宋联辽雕塑

党项族的崛起与西夏建国

党项族，原居住在今四川、西藏、青海等省区的交界地区。唐朝初年，逐渐向甘肃东部、陕西北部一带迁徙。唐朝末年，定居在夏州（今陕西横山县西）一带的党项族平夏部，参加了唐朝对黄巢农民起义军的镇压，其酋长拓跋思恭被封为定难军节度使，爵号夏国公，首领赐李姓。从此以后，逐渐形成为一支强大的地方割据势力。至宋朝初年，李继迁借助辽的

▼西夏·红陶迦陵频伽

◀李元昊雕像

势力和宋抗衡，于宋真宗咸平五年（1002年）攻占灵州（今宁夏灵武县西南），改设西平府，为西夏建国奠定了初步基础。在汉族封建文化的强烈影响下，党项族的政治、经济发生了深刻的变化。经过李德明一代的继续发展，到李元昊时，党项贵族已基本完成了由氏族酋长向封建地主的转变，迫切要求在政治、经济、文化上的统一，建立自己的政权，以保障他们的利益。宋仁宗宝元元年（1038年），元昊正式称帝，国号大夏，定都兴庆府（今宁夏银川市），史称“西夏”。

▲西夏·黑釉玩具马

公元 634 年 拓跋氏获赐李姓

党项族是我国古代北方少数民族之一，属西羌族的一支，故有“党项羌”称谓。据载，羌族发源于“赐支”，即今青海省东南部黄河一带。汉代时，羌族大量内迁至河陇及关中一带。此时的党项族过着不知稼穑、草木记岁的原始游牧部落生活。他们以部落为划分单位，以姓氏作为部落名称，逐渐形成了著名的党项八部，其中以拓跋氏最为强盛。此外还有黑党项、雪山党项等部落。隋朝以后，党项人开始密切与内地的联系。开皇四年(584 年)，有千余家党项人内附，次年，拓跋首领宁丛领部众归顺。唐贞观三年(629 年)，细封首领步赖举部附唐，太宗给予优厚礼遇，在其居地置轨州(今四川松藩西)，以步赖为刺史。贞观八年(634 年)，拓跋赤辞助吐谷浑抗唐，兵败后请降，唐于其地设 32 个羁縻州，以归降的各部落首领分任刺史，授赤辞西戎州都督，赐李姓。

公元 874 年　拓跋思恭立藩镇

7 世纪中叶，党项人不断受到吐蕃北上扩张的威胁，请求内迁，唐政府便将陇西党项移置庆州(今甘肃庆阳)。安史之乱后，更多的党项部落迁徙到银州（今陕西榆林东南)以北、夏州(今陕西靖边北)以东，以及绥州(今陕西绥德)、延州(今陕西延安)等地区。此后，居住在庆州一带的党项人称作东山部，夏州一带的党项则称平夏部，拓跋部属平夏部中的大族。党项内迁以后，仍保留着氏族制的旧俗，内部部落林立，崇尚武力，流行收继婚制。同时，在内地经济、文化的影响下，也发生一系列变化，生产有所发展，贫富分化，贵族权力不断加强，强族不断欺凌乃至兼并弱小部落，逐步出现统一的趋势。拓跋部内附后，一面向唐朝入贡，求得支持；一面借助唐的势力，号令诸

▲西夏·茶叶末釉小口双耳玄纹瓶

部。咸通末年(874年),平夏部酋长拓跋思恭乘中原藩镇割据之机,占据宥州(今陕西靖边东),自称刺史。从此拓跋氏占有夏、银、绥、宥四州之地,握有兵权,成为名副其实的藩镇之一。

公元960年 彝殷附宋

唐灭亡后,西北的拓跋割据势力与后梁、后唐、后晋、后汉、后周五代政权及北汉政权保持着名义上的"臣属"关系。内地诸政权因纷争无暇西顾,相继对拓跋氏采取"羁縻"政策,定难军节度使之职因此在拓跋氏内部传袭下来。由于夏州一带相对安定,拓跋氏势力进一步发展,"拓地数千里,传世十余年"。960年,赵匡胤建立北宋,时定难军节度使彝殷即遣使奉表入贺,并避太祖父名讳,改名彝兴,以示归附。宋初,拓跋氏与宋王朝保持着十分密切的关系,多次派兵助宋进攻北汉。拓跋氏的藩镇地位不仅得以保留,而且还保持相对的独立。北宋继续册封拓跋氏为定难军节度使,更提高了拓跋部在党项族中的声望,巩固了它的统治地位。

公元986年 李继迁联辽抗宋

李继迁是西夏王朝的奠基者,鲜卑族后代,银州(今陕西榆林南)人。先祖本姓拓跋氏,唐贞观初归唐,赐姓李。宋开宝七年(974年),出任定难军管内都知蕃落使。太平兴国七年(982年),族兄定难军留后李继捧献地朝宋。他与亲信出奔地斤泽(今内蒙古伊金霍洛旗西南),联结党项豪族,抗宋自立。后其势渐盛,不断攻掠宋边地。在同北宋的多次交战中,继迁深感势单力薄,无力抗衡,决定利用宋、辽间的矛盾,联辽抗宋;986年,继迁向契丹称臣请婚。契丹授其定难军节度使,以宗室女义成公主嫁之。党项、契丹的联合,构成了对北宋的犄角之势,对抗宋十分有利。针对党项与契丹的联合,北宋不得不在镇压的同时又笼络、招抚,但未能遏制继迁"克复旧业"的雄心。此后,继迁于1002年攻陷北宋西北重镇灵州(今宁夏灵武)。继迁占据灵州后,改称西平府。随后领兵西进,攻占吐蕃族聚居的西凉府(今甘肃武威),将统治区域扩大到河西走廊。1004年,继迁遭吐蕃大首领潘罗支袭击,身中流矢,伤重而亡,子德明嗣位。

▲西夏·黑釉剔刻花瓷扁壶

公元 1004 年　李德明嗣位

李德明是西夏王国的奠基者，李继迁之子，小字阿移。1004 年，李继迁死，李德明嗣位，年二十四。德明在位的 20 多年间，既维持对辽的臣属关系，又利用宋、辽关系的缓和与宋求和，以攫取更多的经济利益，实力增长很快。他在党项社会内部进行了一些整顿，逐步建立起必要的统治制度；还注意发展生产，一度出现了“有耕无战，禾黍如云”的景象。此后，他又向西扩张，先后攻占回鹘占据下的甘州、凉州，并开始了称帝建国的准备。又以怀远镇（今宁夏银川）地形便利，在此筑城，营造门阙、宫殿、宗庙、官署等建筑，并改称兴州，拟定都于此。

▲西夏王陵石刻雕像

公元 1033 年　元昊定政制

早在宋仁宗明道二年（1033 年）时，虽然西夏王朝尚未正式建国，但元昊已着手摹仿宋朝建立了一整套官制。中书、枢密、三司是分掌全国政、军、财三大部门的最高主管机关；御史公掌监察弹劾。开封府本是宋朝都城的地方政府，夏沿用此名作夏都兴庆府的衙门名称；官计司掌官吏人事调补；受纳司掌仓储保管及其收支；官田司掌农田水利及粮食事务；群牧司掌马匹饲养、繁殖、训练、交换等事务；磨勘司掌官吏考铨升降；文思院掌供御仪物服饰制作；蕃学掌培养蕃、汉官僚子弟学习党项文字、文化，量授官职；汉学则以培养掌握汉文化的官僚为主。这些官署的长官，从中书令、宰相、枢密使、御史大夫、侍中、太尉以下，均由蕃、汉人担任。此外，元昊还置专由蕃

▲西夏·榆林窟第 3 窟普贤变

人充任的封受蕃职，以保证党项贵族在政府中掌有主动地位。大庆三年(1038 年)，元昊正式建立大夏政权。次年，元昊再度改革官制，仿宋制增设总理庶务的尚书令，又设十六司，分理六曹。地方行政编制分为州县两级，边防要地及民族杂居地则置郡、府。

公元 1038 年　西夏建国

1031 年，德明死，子元昊嗣位。元昊“性雄毅，多大略”，“晓浮图学，通蕃汉文字”。他反对德明臣事宋朝，认为“衣皮毛，事畜牧，蕃性所便，英雄之生，当王霸耳，何锦绮为？”他倚仗辽的援助，再次与宋公开对抗，最终完成了称帝建国的大业。1038 年，元昊正式称帝，是为夏景宗，国号大夏，改元天授礼法延祚，定都兴庆府，史称西夏。

▲李元昊在兴庆府称帝塑像

公元 1048 年　元昊身亡

元昊称帝后，立子宁明为皇太子。但因宁明的政治主张不符合元昊称霸的野心，引起了元昊的反感，于是下令不许他入见。公元 1042 年十二月，宁明因悲忧恐惧而死。元昊遂立宁令哥为太子。公元 1047 年三月，元昊任没藏讹庞为国相。没藏讹庞为国相后，没藏氏与其密谋，废太子宁令哥，另立谅祚为皇太子。五月，元昊为宁令哥娶妻，因见她长得貌美，便自纳为新皇后。从此以后，元昊终日在贺兰山离宫游宴作乐，将国事全部委托给没藏讹庞。没藏讹庞知道宁令哥对元昊不满，便挑唆他作乱。公元 1048 年正月十五日，宁令哥乘元昊酒醉，入宫行刺，被卫兵发觉，宁令哥一刀削掉元昊的鼻子，仓忙逃出，躲藏在没藏讹庞的住处。没藏讹庞挑唆宁令哥作乱，是想要元昊父子两败俱伤。没藏讹庞的目的达到后，便以弑君之罪派人执杀宁令哥。翌日，元昊因流血过多而死，时年四十六岁。

▼西夏·褐釉瓷骆驼

▼西夏王陵三号陵

西夏政权的巩固

元昊死后，谅祚立，年仅1周岁，朝政大权被母族没藏氏控制。毅宗谅祚亲自执政后，对西夏的政治、军事进行了一些重要的改革，不仅巩固了西夏的封建政权，而且对以后各朝也产生了深远的影响。谅祚死后，子秉常立，皇权又一度落入母党梁氏的手中。梁氏幽禁惠宗秉常，并不断穷兵黩武，进犯北宋边境，引起北宋的征伐，造成国内经济困乏，人民不满，皇族与母党间的矛盾日益激化。梁氏只得让秉常复位，国内矛盾得以缓和。惠宗秉常卒后，子乾顺嗣位，年仅三岁，国政大权又落入秉常妻、乾顺母梁氏和梁乞通手中。母党专权的局面，又维持了十多年。在这期间，梁乞通依仗梁氏“一门二后”的威势，继续穷兵黩武，使西夏的发展蒙受了严重损失。乾顺执掌政权后进行了一些改革，抵御了宋朝的侵扰和金朝的掳掠，进一步巩固了西夏的政权。

▲西夏·鎏金铜牛

▼西夏博物馆外景

公元 1050 年　夏、辽讲和

公元 1049 年七月，辽兴宗乘元昊刚死，下诏亲征，率兵渡过黄河，先破夏唐隆镇（今陕西冲木县北）。九月，萧惠率兵循黄河南北被夏兵击败。十月，辽兴宗遣耶律敌鲁古率军由北路趋凉州，挥兵东进贺兰山，俘获元昊妻和夏臣家属数十人。没藏讹庞率三千骑兵出战，遭到辽军的痛击。公元 1050 年二月，没藏讹庞派大将率兵围辽金角城，又被辽将率兵击败。三月，没藏氏派大将督兵屯河南三角川（今内蒙古达拉特旗商），再次被辽军的轻骑击溃，失辎重兵器无数。夏兵屡次失败，辽军攻势更猛。五月，辽兴宗命乘胜进攻西夏兴庆府。辽兵把兴庆府四面包围起来，纵兵烧杀掳掠。没藏氏不敢出战，令诸将闭城坚守。六月，辽军攻破贺兰山西北的摊粮城（今内蒙古巴音浩特北），将西夏储积的粮食全部运发而还。十月，没藏氏在辽国接连不断的打击下，派人赴辽，请依旧例称藩。夏、辽重新讲和，西夏仍然向辽称臣纳贡。

公元 1061 年　没藏氏伏诛

夏天授礼法延祚十一年（公元 1048 年）正月，元昊死后群臣商议按照元昊遗嘱，立其从弟委哥宁令。没藏讹庞早就预谋篡权，坚决反对。在没藏讹庞的独专之下，遂立谅祚为帝，尊没藏氏为皇太后。谅祚刚满周岁，朝政大权实际上完全被没藏氏兄妹掌握。在皇太后的支持下，没藏讹庞自任国相，总揽军政大权。夏福圣承道四年（公元 1056 年）十月，没藏氏淫逸无度，被宠臣李守贵杀死。没藏讹庞于是又将其女儿嫁给谅祚为后。从此没藏讹庞的权力更大。西夏满朝文武大臣对没藏讹庞的专权虽感不满，但是却不敢言。䄻都五年（公元 1061 年）四月，谅祚与没藏讹庞儿媳梁氏私通，被没藏讹庞儿子发觉，父子二人密谋杀谅祚。梁氏得知后，立即密告谅祚。于是，谅祚召没藏讹庞于密室，将其执杀。接着又令人率领亲兵，杀没藏讹庞儿子及其家族，随后又杀没藏氏，另立梁氏为后，结束了没藏氏专权的局面。

▶西夏·铜制腰令牌

◀西夏·兽面瓦当

公元 1063 年　夏毅宗汉化

夏奲都五年（1061 年），夏毅宗谅祚杀国相，诛灭其族，结束外戚专权后，亲理朝政。夏毅宗喜汉礼及汉人衣冠，常妆纳汉人，与之同起居。先是立汉人梁氏为后，并命其弟为家相（总管皇帝私人事务），后又以叛宋附夏的汉族士人景询为枢密使。其后又革除党项旧制，主要措施有：令国人废蕃礼，改从汉仪；致书宋仁宗，请于翌年以汉礼仪迎宋使；上表宋廷求宋太宗御制诗章、草隶书石本、《九经》、《唐史》、《册府元龟》及《大藏经》等书，以及宋廷朝贺礼仪之制；请准购汉族衣物；变更元昊所定官制，仿宋制设各部尚书、侍郎、南北宣徽使及中书学士等官职，令汉人分任之。夏拱化元年（1063 年）七月，谅祚复姓李氏。自此，西夏政权始以汉化为国策。

◀西夏·木俑

公元 1066 年　吐蕃归附

▲吐蕃武士像

夏拱化元年（公元 1063 年）二月，宋河州刺史王韶攻熙河，降服了吐蕃各部落。只有西使城（今甘肃定西县西南）首领禹藏花麻不愿降宋，但又无力抵抗，于是以西使城和兰州（今甘肃皋兰县）一带降附西夏。谅祚对禹藏花麻的归附十分高兴，立即派兵前往支援，并将宗室女嫁给他，封其为驸马，进一步笼络吐蕃贵族。禹藏花麻归附西夏以后，谅祚自认为力量又有了增强，便于拱化二年（公元 1064 年）七月，借口宋朝官吏有意侮辱夏国使节攻宋。乘宋朝不备之机，以十万兵分别进攻秦、凤、泾、原等州，掠夺数万人畜而还。拱化四年（公元 1066 年）二月，谅祚升西使城为保泰军，以驸马禹藏花麻为都统军领兵驻守。九月，又率兵数万入庆州，攻大顺城（今甘肃庆阳县北）。夏兵困城三天，攻不能破。于是，谅祚亲临督战，被乱箭射伤，西夏部众纷纷败逃。十二月，河州吐蕃族首领木征在谅祚的招诱下，与青唐吐蕃部落一起投附西夏。

公元 1067 年　梁太后擅政

梁氏原为夏景宗元昊时国相没藏讹庞之儿媳，后与夏毅宗谅祚私通，曾告发没藏氏谋反。没藏氏被诛后，谅祚立她为后。夏拱化五年（1067 年）十二月，谅祚卒，长子秉常继立，是为夏惠宗，时年仅 7 岁，其母梁氏为皇太后。因国主年幼，梁太后摄政，招其弟梁乙埋为国相，总揽国政。乙埋又擢升其子弟、亲信委以显官重任，梁氏母党因此控制西夏军国大事。梁太后本为汉人，恐于党项皇族中不孚众望，遂下令废汉仪，重行蕃礼。又铲除异己，排斥旧臣。自是，梁氏权势益盛。梁氏更加穷兵黩武，连年兴师侵攻宋边，劫掠边民。宋廷复禁边境市易，断夏财用。梁太后以此为由，派兵攻宋秦州（治今甘肃天水），杀宋将并士卒数千人，与宋构怨益甚。而国人疲于征战，怨声四起。

▲西夏·黑釉剔刻鹿衔枝纹双系扁壶

公元 1099 年　崇宗亲政

夏永安元年（1099 年）二月，夏崇宗乾顺母梁太后上表于辽，怨辽不发兵助夏攻宋，且言辞不逊。辽道宗遣使至夏国，赐酒毒死梁太后，乾顺得以亲政。亲政后，乾顺即从道宗之请，出兵助辽平息内部起义。乾顺既结好于辽，又与北宋和解，自是夏国少征战，国内较安定。永安三年（1101 年）八月，乾顺从御史中丞薛元礼之议，于蕃学之外特设国学（即汉学），置教授，选皇亲贵族子弟 300 人入学，官府供给衣食。夏贞观元年（1102 年）八月，又仿效宋朝，于夏国东北沿边营建堡垒，以防御代替攻战。为抑制外戚专权，自夏贞观二年（1103 年）九月始行分封，封皇族宗室诸子弟有功者为王。夏贞观三年（1104 年）九月，夏右厢卓罗监军司统军仁多保忠欲叛夏降辽，事泄，乾顺诱其至京城兴庆府（今宁夏银川），罢免其职。自此，夏国皇权日益加强。

▲西夏·立角弯眉兽面纹瓦当

公元 1101 年　兴汉学

西夏统治者对汉文化的兴趣愈发浓厚，突出表现在汉学的兴盛。西夏初期，为培养党项贵族所需人才，曾兴办蕃学。随着西夏社会的发展，特别是汉文化影响的扩大，统治者转而重视汉学。夏崇宗在位时，御史中丞薛元礼于永安三年(1101 年)上疏指出："今承平日久，而士不兴行，良由文教不明，汉学不重，则民乐贪顽之习，士无砥砺之心。"崇宗采纳了他的建议，于蕃学外特建汉学，并奉为"国学"，选皇亲贵族子弟 300 人入学，由官府提供膳食，置教授传习汉儒之学。汉学的建立标志着西夏社会开始向"崇文"风尚转化，促进了汉化进程。

▲乾顺兴儒群塑

公元 1121 年　援辽抗金

完颜阿骨打建立金国后，即南侵辽国。北宋亦派遣使者赴金，订立"海上之盟"，约金攻辽，以复燕云十六州故地。夏元德二年(1121 年)，夏崇宗乾顺闻辽受宋、金夹击，派遣使者约辽先举兵攻打宋，辽天祚帝不许。元德三年(1122 年)三月，金朝破辽中京(今内蒙古宁城西)，天祚帝逃至辽西京(今山西大同)。四月，金兵再攻取辽西京，乾顺立即发兵赴援。出夏境方闻西京已破，遂回师。五月，乾顺知天祚帝逃奔阴山，派大将李良辅统兵 3 万援救。行军途中金朝将领率 200 骑拦截夏军，均被良辅歼灭。良辅料金兵大队

◀西夏·敦煌 97 窟壁画童子飞天

将至，先设伏以待，又歼灭了数百骑。后来，金兵分作两部，轮番攻击夏军，良辅大败，撤军退夏，援辽未果。七月，乾顺派人入阴山问候天祚帝起居，馈送给养。五年正月，乾顺再发兵救辽，又受金军所阻，不得进。五月，天祚帝西逃辽云内州（今内蒙古土默待左旗），乾顺欲使他入夏境，适逢金亦遣使入夏，以割让辽地诱乾顺叛辽附金。乾顺慑于金国威势，不敢救辽。

公元1127年　夏、金定疆界

西夏臣附金朝未得实质性好处，又与金交涉。金朝也担心西夏因此而侵扰边界，遂于夏正德元年（1127年）同意议定两国疆界，以东起黄河西岸，南至米脂（今属陕西）、萧关、会州（今甘肃靖元）一线为界，以西划归西夏。夏、金划定疆界后，两国间各守疆域，极少征战，基本维持着和好的关系。夏、金间的和好，还有经济上的原因。西夏不与南宋为邻，经济上完全依赖金，这又使西夏受制于金。两国并不牢固的关系，随着蒙古势力的南下而破裂。

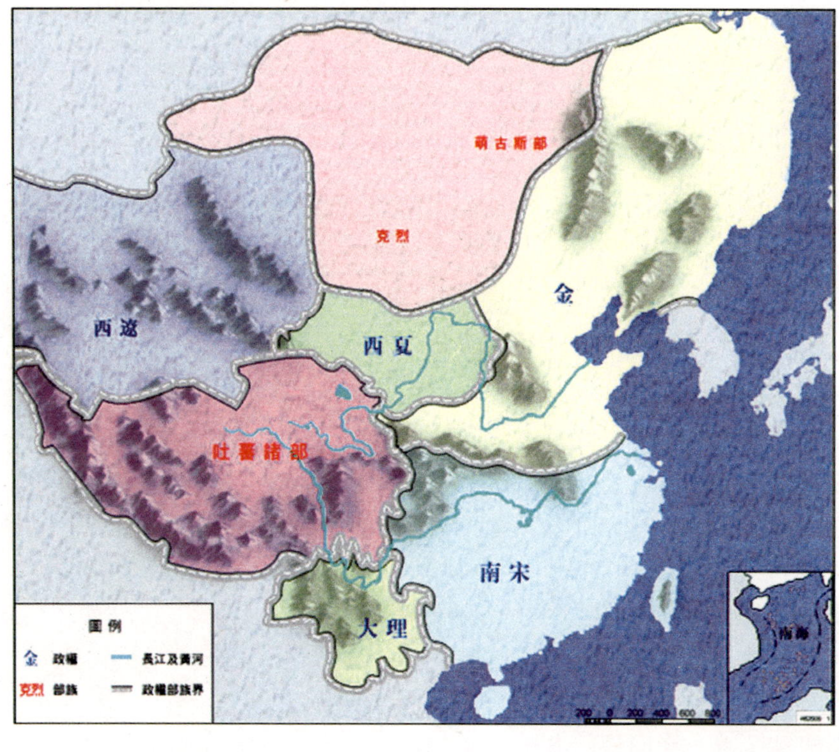

◀西夏、金疆界示意图

▼西夏·飞天壁画

▼西夏·砂岩圆雕石狗

西夏后期的政治

夏大德五年（公元1139年）六月，乾顺卒，子仁孝立，时年十六。西夏历史进入后期。仁宗即位初，境内发生严重的饥荒和地震灾害，粮价暴涨，民不聊生，各地相继爆发起义。为了缓和社会矛盾，巩固封建统治，他实行了一系列的改革，使西夏政治、经济、文化于此间发展至顶峰。而后，西夏统治者日渐腐败，权力之争不断，社会矛盾加剧，国势衰败。1227年，终被蒙古所灭。

◀西夏·琉璃鸱吻

▲西夏·琉璃海狮

公元1139年　仁宗改革

夏大德五年(1139年)六月，夏崇宗乾顺卒，子仁孝即位，是为夏仁宗。仁宗即位初，境内发生严重的饥荒和地震灾害，粮价暴涨，民不聊生，各地相继爆发起义。为了缓和社会矛盾，巩固封建统治，他实行了一系列的改革。经济方面，规定荒地许开垦者永远占有，允许土地自由买卖。在赋税征收标准上，特别制定了赈济法，依据受灾程度酌情减免租税。政治方面，对地方行政机构进行调整和充实，规定州、县以及官署衙司的品级，官吏的设置和定员。编纂成《天盛年改旧定新律令》，全书20卷，内容基本仿照唐、宋法典，对十恶、八议、贼盗、贿赂、赌博等罪行规定了具体的处罚办法，同时对军队、衙署、官吏等职责、着装从法律上作了明确规定。文化教育方面，大庆元年(1143 年)，令各州、县建立学校。于宫廷设置皇家小学，凡 7 岁至 15 岁的宗室子弟必须入学，仁宗时常亲自训导。他还追尊孔子为文宣皇帝，令国内广建孔庙。并在京城设立大学，以科举制选拔官吏。任用精通汉儒之学的知识分子为官，提倡汉族文化。

▲西夏·铜官印

公元 1143 年　灾民起义

仁宗仁孝即位不久，西夏境内发生严重饥荒，米价暴涨。夏大庆四年(公元 1143 年)三、四月间，兴州和夏州一带连续发生强烈地震，房舍倒塌，人畜死亡数以万计。由于饥荒和地震造成了极大的灾难，夏国的各族人民痛苦地挣扎在死亡线上。西夏的统治阶级虽然也采取了一些诸如暂时减免租税的措施，但严重的灾荒和剥削仍不断威胁着夏国人民的生存。七月，韦州的大斌、静州的埋庆、定州的篪浪、富儿诸部落人民纷纷起义。规模大的达万众人，小的也有五、六千人。他们杀富济贫，攻打州城，郡、县连连告急，朝廷的多数大臣主张镇压，惟有枢密承旨苏执礼主张招安。仁孝依据群臣的建议一方面下令各州按灾荒轻重，赈济灾民；一方面派任得敬领兵镇压，起义部队逐渐瓦解。但篪浪、富儿两部人民在哆讹的领导下，仍坚持斗争。他们依险据守，英勇顽强地抵抗官军两个多月，最后在任得敬的疯狂屠杀下而失败。

◀西夏·榆林窟第 3 窟普贤赴会壁画

公元 1170 年　平任得敬之乱

任得敬原是北宋西安州通判，投降西夏后，将女儿进献给夏崇宗而升为防御使、都统军。仁宗即位，受封为西平公。后又用金银珠宝贿赂察哥，升任尚书令、中书令，再晋升为国相。他大肆培植党羽，控制朝政，竟要与仁宗分国自立。乾祐元年(1170 年)，仁宗被迫同意将西南路和灵州等地划归他管辖。任得敬为此奏报金世宗，以求得到承认。夏仁宗在金朝的支持下，捕杀任得敬及其党羽，旋即任命著名儒学家斡道冲为国相，从而结束了分裂的危机。

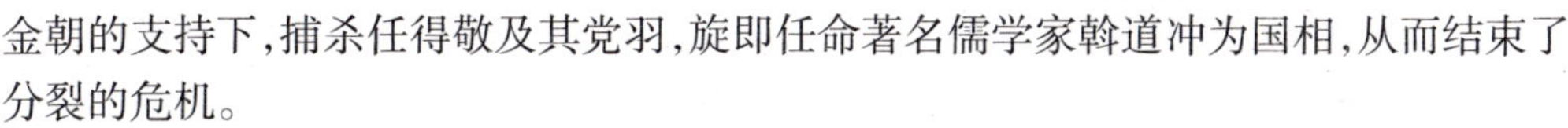

◀西夏·兽面纹琉璃瓦当

公元 1211 年　废黜安全

乾祐二十四年(1193 年)九月，夏仁宗仁孝卒，子纯祐即位，是为夏桓宗。夏天庆三年(1196 年)，仁孝弟、越王仁友卒，其子安全以先世功绩，请求袭越王爵。纯祐不许，降封安全为镇夷郡王。安全由是生怨，预谋篡权。十三年正月，安全与纯祐母罗氏合谋发动宫廷政变，废纯祐，自立为帝，即夏襄宗，改元应天。三月，夏桓宗纯祐暴卒。安全即帝位，罗氏代为表请金国赐封。金遣使访问罗氏废立之故，不予安全赐封。经罗氏再三请求，直至七月，金国才封安全为夏国王。然安全一改与金和好之策，转而依附于蒙古，与金交战十余年，致使夏国日渐衰落，社会矛盾尖锐。皇建二年(1211 年)，齐王遵顼发动宫廷政变，废黜安全，夺取帝位，是为神宗。八月，安全卒。

◀西夏党项族人形象

公元 1223 年　神宗退位

夏神宗即位后，连年兴师攻金，国库空虚，生民涂炭，夏国统治日益腐败。夏光定十三年(1223 年)四月，神宗令皇太子德任领兵再侵金国。德任以为金国势尚强，请罢征战，与金议和，却遭神宗所讥。德任劝谏不成，知夏亡国已定，于是请求让出太子位，出家为俗。神宗大恼，囚德任于灵州（今宁夏灵武西南），另立次子德旺为皇太子。是年，兴州（今宁夏银川）、灵州等地大旱，饥民相食。神宗仍调集十二监军司之兵，欲取金巩州（今甘肃陇西）。御史中丞梁德懿上疏切谏，痛陈时弊，乞请神宗罢兵，与金议和，共抗蒙古。神宗恶其所进谏，当面质问他。梁德懿遂辞官去职，忧愤而去。十二月，蒙古数遣使责问夏国凤翔失约缘由。神宗恐蒙古以此发难，被迫让位于太子德旺，自号上皇。德旺即位，是为夏献宗。闻成吉思汗率军西征未归，即派遣使者结好漠北诸部，以图共御蒙古。并遣使者入金，请和修好，夏、金复结为兄弟之邦。

◀西夏石刻

公元 1227 年　西夏灭亡

夏国的统治由盛而衰的年代，正是蒙古在漠北兴起的年代。西夏政权仁宗（仁孝）后期，外戚任得敬分裂西夏，后依靠金朝而得以平定，但此后统治集团腐朽没落，内乱不断，日渐衰亡。成吉思汗统一漠北诸部后，把进行掠夺战争的目标对准了金与西夏。西夏在金之西、蒙古之南，成吉思汗欲先攻金，但恐金与西夏联合，于是先攻西夏，解除侧面威胁，采取扫除外围的战略。从宋宁宗开禧元年（1205 年）至宋理宗宝庆二年（1227 年）的 23 年中，成吉思汗对西夏发动了六次大规模的进攻。夏献宗李德旺打算趁成吉思汗西征之际抗击蒙古，不料机密泄露。1224 年蒙古攻克银州，李德旺向蒙古投降，送人质，才得免灭国。1225 年成吉思汗西征得胜后又开始对西夏的进攻。1226 年李德旺病死，他的侄子李晛被推为皇帝。宋理宗宝庆二年（1227 年）初，成吉思汗仅留一部分兵力攻西夏，自率大军南下攻金。六月，中兴府被围已半年，西夏末帝李晛力屈投降，末帝举族入蒙古军中，旋即被杀，西夏亡。

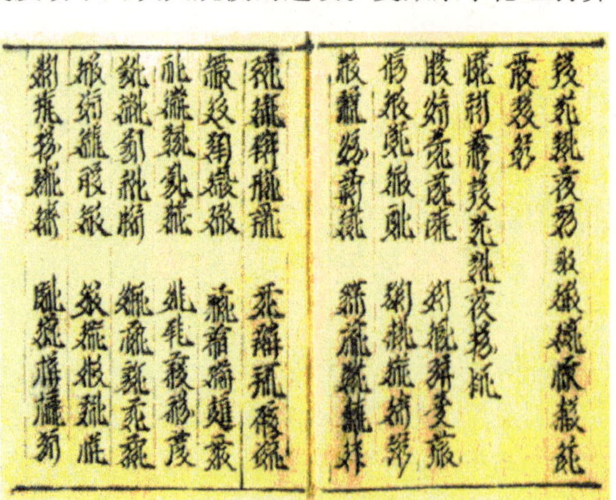

▲西夏文佛经

▼位于宁夏省银川市为纪念西夏国建都而定名的“西夏公园”

西夏的经济和文化

党项族原来主要从事畜牧业和狩猎，通过学习汉族先进的农业生产技术，农业经济得到迅速的发展。在发展农业的同时，西夏统治者也较重视畜牧业生产，国家专门设立群牧司负责畜牧业的管理。由于农、牧业的发展，社会生产力的迅速提高，西夏的手工业生产和商业贸易也随之迅速发展起来。西夏的冶炼、采盐制盐、砖瓦、陶瓷、纺织、造纸、印刷、酿造、金银木器制作等手工业生产也都具有一定的规模和水平。

▲西夏·花形金盏托

◀西夏·白釉黑花猴鹿纹瓶

西夏的统治民族党项族本是游牧民族，佛教东传甘肃以后，西夏内部开始创造独有的佛教艺术文化。今内蒙古自治区鄂托克旗的百眼窑石窟寺，是西夏佛教壁画艺术的宝库。在额济纳旗黑城、绿城子中发现的西夏文佛经、释迦佛塔、彩塑观音像等，是荒漠的重大发现。此外，表现西夏文化的还有西夏文，又称蕃书。西夏设立蕃字院和汉字院，使西夏民族意识增强，百姓“通蕃汉字”，文化也增加了许多。

畜牧业

党项人素以畜牧为业，在长期的劳动中积累了丰富的生产经验，境内广阔的牧场也为畜牧业的发展提供了有利的条件。主要牧养的羊、马、骆驼、牛等牲畜，不仅是党项等游牧民族的衣食之源，也是对外交换的大宗商品。“西夏所居氐羌旧壤，所产者不过羊、马、毡毯，其国中用之不尽，其势必推其余与它国贸易”。由于畜牧业在西夏经济中占有重要地位，夏王朝专设群牧司管理畜牧生产，所产良马经常作为贡品赠予他国。

农业

西夏农业也十分重要。境内沿黄河等流域分布着一些农业区，如甘、凉等州，尤其是兴庆、西平二府所在的河套地区，历代已开凿许多渠道，灌溉便利。景宗又在黄河峡口（今宁夏青铜峡南）修建一条沿贺兰山麓的水渠，后人称为“昊王渠”，从而扩大了垦殖和浇灌面积，使这一地区成为著名的粮食产地。农作物有麦、青稞、稻和豆类等。牛耕比较普遍，现存的安西榆林窟西夏壁画中有一幅《农耕图》，即描绘了牛耕的情景。不过，农业受地理环境的限制，无法满足需要，因而经常侵耕北宋边境。西夏在其境内建有许多“御仓”，积储粮食，也反映了农业生产的发展。

▲西夏·农耕图

手工业

西夏手工业多控制在官府，朝廷设有文思院、金工司及绢织院、木工院、砖瓦院、铁工院、造纸院、出车院等专门机构，负责管理各类手工业生产，产品多为统治阶级享用。毛纺织业是传统手工业，主要产品有毡、毯等产品，不仅为党项人提供衣着和居所（毡帐）材料，更用于与他国的交易。金属制造业很发达，有冶铁务负责管理铁的开采和冶炼，其锻造、制作技术十分精良。除生产锹、斧等工具外，兵器制作尤为重要。采用冷锻工艺制成的铠甲，坚滑晶莹，非劲弩无法射穿。所铸造的剑，被宋人称为“夏人剑”，有

“天下第一”的美誉。甘肃武威曾出土一尊西夏铜炮，长 1 米，重 108.5 公斤，炮内还遗存 100 克火药和一枚铁弹丸，这是迄今为止世界上发现的最古老的铜炮，它不仅将金属管形火器的历史提前了一个多世纪，更显示了西夏高超的金属铸造技术。西夏王陵中出土的鎏金铜牛，重 188 公斤，造型逼真精美。其他手工业如制瓷、雕版印刷等，也有很大发展，生产出一批流传至今的精美产品。

▲西夏·铜炮

建筑业

建筑业发展很快，德明时就曾役使数万民夫，“大起宫室于坳子山”，连绵 20 余里，颇为壮观。元昊以后，营建的殿宇、楼阁、台榭更是金碧辉煌，气势宏伟。现存的夏天祐垂圣元年（1050 年）建造的承天寺塔，高 64.5 米，11 层的楼阁式砖塔经历了 900 余年的历史，依然屹立在宁夏银川市。位于银川市西郊的西夏王陵更是规模庞大，方圆 40 平方公里，分布着 9 座帝陵和 100 余座陪葬墓。每一座帝陵均占地 10 万平方米以上，由角楼、门阙、碑亭、月城、内城、献殿、灵台、神墙等组成。如今王陵虽是残垣断壁，但地面的痕迹仍显示出当年的宏伟景象。陵区散落着许多砖、瓦、滴水等建筑材料，相当一部分是绿色或红色的琉璃制品，表面饰有花纹、图案。陵区出土的绿色琉璃鸱吻，由兽头和上翘的鱼尾合成，高达 1.52 米。用于装饰殿宇正脊两端的鸱吻如此之大，足见建筑物的规模。

▲承天寺塔

▲银川市西郊的西夏王陵

商业贸易

▲西夏·文福圣宝

▲西夏·元德通宝

▲西夏·文大安宝钱

西夏的国内商业由于受经济发展水平的限制，规模有限。建国后，陆续铸造钱币，并于天盛十年(1158年)设置通济监，掌管铸币之事。西夏铸币分西夏文币与汉文币两类，汉文币种类居多，以铜钱为主，也有少量铁钱、银币。但国内少铜，铸币原料多由内地输入，给西夏钱币的铸造与流通造成很大的困难，因而宋、金货币也常用于西夏国内。钱币的流通，客观地反映了商业的发展。国内的商业活动主要是布帛、粮食等生活资料的交易。西夏的商业活动主要是与他国的贸易，特别是与宋、金的贸易。西夏输出的商品除牲畜及毛织品外，还有靛青、白盐和甘草、柴胡、红花、大黄等药材，以及玉石等，用以换取内地的粮食、丝织品、瓷漆器、茶以及香料等物。由于交易的频繁，夏宋边境曾一度出现"略无猜情，门市不讥，商贩如织"的景象。

语言与文字

西夏的语言即党项羌语，属汉藏语系中的藏缅语族，有独特的语法结构，句子成分的排列顺序为主语、宾语、谓语。据有关专家考证，西夏语中没有鼻韵尾，读音也有平、上、去、入四声，这是受中原汉语影响的结果。西夏文字大约创制于西夏建国前后，它仿照汉字，"字形体方整，类八分，而画颇重复"。据统计，夏字约有6000余个，多为会意字，字形结构由偏旁和部首组成，字体有楷、隶、篆、草等，基本笔划有点、横、竖、撇、捺、勾等，书写时一般比较平直。西夏文字作为官方文字在国内广为使用，一批供学习西夏语言、文字的著作也因此问世，如现存的《文海》、《音同》、《番汉合时掌中珠》、《杂字》、《五音切韵》等书。其中以《音同》、《番汉合时掌中珠》最为重要。此外，大量的汉文书籍如儒家经典、医书、史籍、佛经等也被译成西夏文，雕印出版，从而推动西夏社会的文明发展。

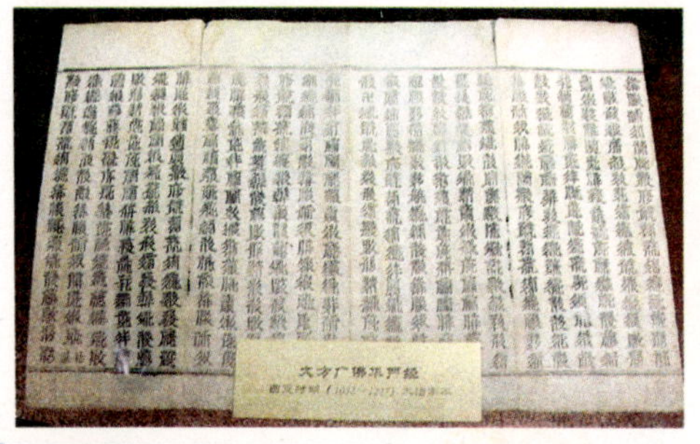
◄西夏木活字刻本《大方广佛华严经》

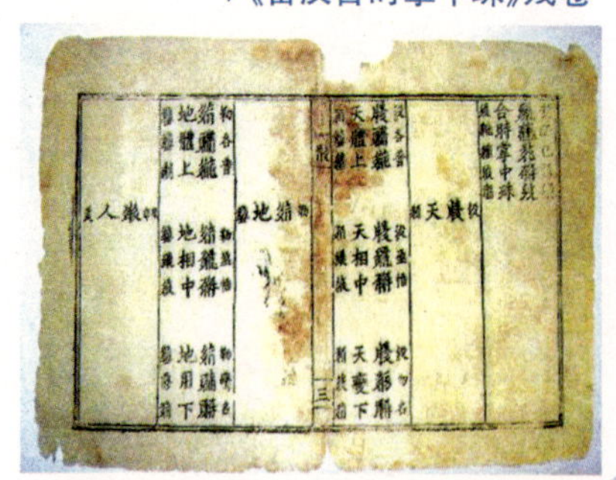
▼《番汉合时掌中珠》残卷

▲敦煌东千佛洞中的《唐僧取经图》

绘画

西夏社会的发展，促进了绘画艺术的繁荣。在甘肃敦煌莫高窟和安西榆林窟中保存有为数不少的西夏壁画，内容虽多与佛教有关，但也不乏现实的生活气息。壁画人物面容丰满，身材魁梧，充分显示了党项人剽悍尚武、粗犷豪爽的民族气质。即便是佛或菩萨，也描绘得庄重大方，慈祥洒脱，将人性附着于神性。有些壁画情景交融，以山水、祥云衬托人物，虚实疏密，错落有序，体现了佛门缥缈幽深的意境。特别是一幅《唐僧取经图》，将民间传说作为绘画的题材，第一次塑造了猴面人身、布衣麻鞋的孙行者形象。这一艺术形象运用了现实主义与浪漫主义相结合的创作方法，增强了作品的感染力。还有一些反映生产的画面，如《牛耕图》、《锻铁图》、《酿酒图》等，真实地再现了劳动情景。近年来，在西夏的墓葬中还出土了彩绘木板画，人物比例得当，形态各异，栩栩如生。

雕塑

西夏雕塑作品也不乏精美之作，技艺手法上既承袭了唐宋风格，又融入了民族气息。人物塑像比例匀称，造型逼真，神态或端庄秀丽，或庄重严肃，或怒目狰狞，形象地刻划了人物的身份。有一尊儿童塑像，宽额圆脸，拍手嬉戏，给人以天真烂漫、活泼可爱之感。西夏王陵出土的石雕作品，刀法娴熟，手法夸张，其中一件雕龙栏杆，使用凸雕的技法，刻划出两条龙于云雾中翻腾戏珠的形象。竹雕艺术更为精美，在一片只有3毫米厚的竹片上雕有人物、花树、庭院、假山，细微传神，给人安逸恬静之感。

▶西夏陶瓷雕塑，形象生动、逼真，展现了西夏窑场的雕塑技艺水平。

金朝

（公元1115年～公元1234年）

女真勃兴于今黑龙江、松花江流域及长白山地区。1115年1月28日，女真领袖完颜阿骨打称帝建国，国号大金。金朝建国后，展开以辽五京为战略目标的灭辽之战。五京一下，辽朝随即灭亡。金灭辽后，与北宋遂成敌国。金太宗完颜晟即位后，挟灭辽之威，很快席卷而南，于天会五年（公元1127年）灭亡北宋。女真在消灭辽朝和北宋后，统一了包括黄河流域在内的广大北方地区，并与南宋长期对峙。金朝在实行猛安谋克等独特制度的同时，也采纳了内地的很多政治制度。完颜亮在位期间，对南宋发动大规模战争，但以失败告终。金在与南宋、西夏并立期间，迫使西夏臣附、南宋屈辱求和，始终维持其霸主地位。金朝后期，统治集团极其腐朽，各民族起义风起云涌，同时又受到蒙古帝国军队的不断打击，终于亡国。金朝时期，随着封建化的深入，社会经济获得一定的发展。除了畜牧业的优势外，其农业、手工业以及商业也有所进步。金朝文化深受汉族影响，取得了相应的成就，其中戏剧较为突出，并产生了元好问等著名文学家。

帝王世系表

金太祖完颜阿骨打（1115~1122）——金太宗完颜晟（1123~1135）——金熙宗完颜亶（1135~1149）——海陵王完颜亮 （1149~1161）——金世宗完颜雍(1161~1189)——金章宗完颜璟(1190~1208)——金卫绍王完颜永济（1209~1213）——金宣宗完颜珣（1213~1223）——金哀宗完颜守绪（1224~1233）——金末帝完颜承麟(1234)

大事年表

1115 年　女真族完颜阿骨打称帝，建立金朝。
1119 年　金颁行完颜希尹所制女真文字。
1120 年　金太祖取辽上京，辽天祚帝逃至西京。
1123 年　金太祖病死，吴乞买即位，是为金太宗完颜晟。
1125 年　金灭辽。金完颜宗翰、完颜宗望两路攻宋。
1134 年　金改定政治制度。
1135 年　金太宗死。完颜亶即位，是为金熙宗。
1149 年　金海陵王完颜亮刺杀金熙宗，即帝位。
1152 年　海陵王迁都燕京。
1161 年　海陵王攻宋，采石之战金军渡江失败，海陵王被部将所杀。
1164 年　隆兴和议，宋金重订和约。
1189 年　金世宗死，皇太孙即位，是为金章宗完颜璟。
1196 年　金兵分两路北攻鞑靼。
1211 年　红袄军首领杨安儿复起义于山东。
1212 年　金北边千户契丹人耶律留哥叛金，攻隆安、韩州，耶律留哥自立为辽王。
1213 年　金将纥石烈执中政变，杀卫绍王。九月，金宣宗完颜珣即位。蒙古分三路攻金。
1214 年　金宣宗献子女、金帛，向蒙古求和，迁都汴京，史称“宣宗南迁”。
1215 年　金宣抚使蒲鲜万奴据辽东称天王，国号大真。
1225 年　金、西夏议和成，西夏以兄事金。
1230 年　窝阔台、拖雷统兵征金。
1232 年　钧州三峰山之战，蒙古拖雷军歼金军，进围汴京。金哀宗逃离汴京。
1233 年　金哀宗至归德，金京城西面元帅崔立政变，以汴京降蒙古。
1234 年　宋蒙联合攻金，蔡州城破，末帝承麟被杀，金亡。

▲金太祖陵

女真的兴起和金朝的建立

女真族起源于靺鞨，靺鞨本号勿吉。女真族自古以来在黑龙江松花江一带活动。元魏时，勿吉有七部，隋时联合，七部并同。唐初，有黑水靺鞨、粟末靺鞨，粟末靺鞨始附于高丽，后为渤海，称王传世。五代时，辽灭渤海，此后役属于辽统治。此时，靺鞨改称女真。由于辽对女真实行迁徙分化政策，造成女真部落分散落后局面，先后出现熟女真、生女真等不同名称部落。辽末，由于在女真地区设榷场，每年女真向辽进贡马匹、

◀女真少女塑像

◀金·铜熨斗

北珠、貂皮、人参、俊鹰（海东青）等贵重物品，因此引起女真强烈不满。11世纪初，生女真完颜部在始祖函普领导下强大起来，辽天庆三年（1113年），完颜阿骨打率兵举义旗进行反辽斗争，连败辽兵于宁江州（今吉林扶余县东南）、出河店（今黑龙江肇源）。辽天庆五年（1115年）元旦，阿骨打在居住地按出虎水（今黑龙江哈尔滨南阿什河）地区建立国家，国号金，年号收国，是为金太祖。金太祖死后，弟吴乞买继位，是为太宗。金太祖、太宗时期共历20年，是金朝建国和奴隶制确立、发展时期。在此期间，连年用兵，南下灭辽侵宋。天会三年（1125年）灭辽，俘辽天祚帝。天会五年（1127年）灭北宋，俘宋徽宗、钦宗二帝。金遂成为雄踞北方的强大政权。

生、熟女真

▼女真族服饰

女真族出自黑水靺鞨，女真各部发展水平不尽相同。居于南部者发展水平略高，与辽国联系较密切，称熟女真。熟女真首领接受辽册封的官号和颁发的官印，故又称系辽女真或系籍女真，户口入辽籍，其丁要承担辽的赋役和兵役。居住在松花江流域及其以北的女真人，尚处于原始氏族部落时期，各部有首领，彼此不相统属，分别与辽建立了隶属和朝贡关系，户口不入辽籍，称生女真。辽在咸州（今辽宁开原）和东京（今辽宁辽阳）置详稳司，分别控制生、熟女真和处理各部军政事务。

完颜部的强大

▲春水大典再现女真渔猎生活

辽时，生女真已有了原始农业，并逐步走向定居。同时，采集和渔猎仍占重要地位，种植粟、豆、麻等作物，猎取獐、鹿、貂鼠等野兽和捕捞鱼虾。特产名马、生金、北珠、人参、松实、蜜腊、白附子，并有名鹰海东青。名马、貂皮、海东青、北珠是给辽统治者的主要贡品。辽中期以后，生女真完颜部势力发展较快。完颜部始祖函普原居高丽，兄弟三人。兄阿古乃留居原籍，函普与弟保活里西迁。保活里居耶懒（今俄罗斯塔乌黑河流域），其后人属熟女真曷苏馆部。函普迁入女真完颜部，他调解了该部同邻族的纠纷，被接纳为完颜部人。至曾孙绥可时，定居于按出虎水（今阿什河）侧。绥可之子石鲁，辽任他为惕隐，治理本部。11世纪中叶，石鲁之子乌古乃为完颜部首领，他与白山、耶悔、统门、耶懒、土骨论及五国等部落联合，初步组成了以完颜部为核心的生女真部落联盟，被辽任命为生女真部族节度使。辽人称节度使为“太师”，从乌古乃始，完颜部首领作为部落联盟的领导者有了“都太师”的称号，辽帝赐官印给他。此后，兵力渐强，归附者不断增加。

公元1112年 阿骨打抗辽

▲阿骨打罢舞头鱼宴浮雕

阿骨打在继承联盟长前，就曾入辽朝贡，对辽国臣僚的腐朽与跋扈十分不满。辽天庆二年（1112年），天祚帝春捺钵活动期间，阿骨打代表生女真各部朝见辽帝。在举行头鱼宴时，天祚帝命各酋长次第歌舞助兴，阿骨打推辞不从，天祚帝大怒，命枢密使萧奉先假借边事杀之。萧奉先以为粗人不识礼仪，恐杀后失去人心，才得以放归。此后，阿骨打对辽朝的虚实更加清楚。于是用宗翰（粘罕）、希尹（悟室）为谋主，参与议论，以银术可、移烈、娄室等为将帅，兴师反辽。

公元1113年 阿骨打袭位

▲金·相扑砖雕

辽咸雍八年（1072年），乌古乃死，次子劾里钵袭封生女真部族节度使。他不断发展和加强完颜家族势力，扩大和巩固生女真部落联盟。大安八年（1092年），劾里钵死，弟颇刺淑继位。颇刺淑在劾里钵时任国相，独当一面，常被委任处理联盟与辽国间的事务。十年，颇刺淑死，幼弟盈哥继位。他加强了对部落联盟的控制，并开始与辽国抗衡，甲兵发展至千余人。辽乾统三年（1103年），盈哥死，劾里钵长子乌雅束袭位。天庆三年（1113年），乌雅束死，弟阿骨打袭位。这时辽国国势日衰，政治腐败，边备松弛，女真部落联盟与辽国的矛盾日益尖锐，阿骨打终于发起反辽战争。

辽对女真的压迫

生女真部作为辽的属国，担负着沉重的负担。无穷的索取和凌辱，使女真人怒不可遏。辽对女真的索取，除马匹等外，以海东青和北珠（即东珠）为多。海东青产自五国部，女真需出兵夺取方可得，辽帝游畋无度，需求日增；北珠宋人甚喜，辽从女真处索取后转而从对宋贸易中换取财富，之后辽统治者需求也日益增加。“大辽盛时，银牌天使至女真，必欲求荐枕者。其国旧轮中下户作止宿处，以未出适女侍之。后求海东青使者络绎，恃大国使，惟择美好妇人，不问其有夫及阀阅高者。女真寝仇，遂叛。”

▶女真人很喜欢海东青，这是人性化的『海东青妈妈』

公元 1114 年　宁江州之役

开始的时候，辽每年遣使勒索女真特产如北珠、人参、生金、名马、貂皮、松实、白附子等，特别是名鹰“海东青”，使者贪纵，征索无度，百姓深受其害。阿骨打任节度使后，派人探察辽情，了解天祚帝骄纵废弛，荒淫无度，于是下定决心灭辽。阿骨打召集百官修城堡、造器械，作伐辽准备。辽得知此事，命人镇守宁江州（今吉林扶余东）。天庆四年（1114年）九月，阿骨打亲率军进攻宁江州，与诸路军 2500 人大会于涞流河，誓师起兵反辽。当时，辽天祚帝正在庆州（今辽宁巴林右旗西北）秋山猎鹿，闻女真起兵，并不在意。当女真兵进入辽界时，辽军不战而溃。十月，攻克宁江州。阿骨打在军事进攻的同时，招降契丹、渤海人，并暗中派人招纳辽人，女真力量大增。攻破宁江州是女真反辽斗争取得的第一次胜利，所以金世宗时曾在宁江州立“大金得胜陀颂碑”以兹纪念。

▲大金得胜陀颂碑

公元 1115 年　金朝的建立

▲金太祖完颜阿骨打雕像

宁江州之战后，辽开始加强东北边防，征发契丹、奚、禁兵、土豪和诸路武勇 7000 人屯驻出河店（今黑龙江肇源）。十一月，阿骨打抢渡鸭子河（今松花江），与辽军激战于出河店，辽东北路都统萧嗣先兵溃逃奔，阿骨打获车马甲兵珍玩不可胜计。接着又连下数城，占领辽东北重镇宾州（今吉林扶余西）、咸州（今辽宁开原）等地。辽天庆五年（1115 年）正月初一，阿骨打即帝位，国号大金，建元收国，以上京会宁府为都，是为金太祖。阿骨打即位后的第五天，亲率大军伐辽。是年九月，攻陷黄龙府（今吉林农安）。十一月，辽天祚帝亲统大军征金，企图一举翦除女真之患。不料辽将耶律章奴率部返回上京，谋立皇叔耶律淳，天祚帝急率兵折回。金军乘机轻骑追袭两天，大败辽军，获辎重兵器无数。

阿骨打建制

▲金·凤鸟纹玉饰件

阿骨打称帝后，扩充和整顿了军队，推行了猛安谋克制度。猛安谋克原是女真人在氏族社会末期的部落组织，阿骨打对此加以发展。对归附部族的首领，一律给以猛安或谋克的称号，对其部众则和女真本部族战士一样进行军事编制，规定以三百户为一谋克，十谋克为一猛安。由于实行了兵民合一的制度，猛安谋克既是军事组织，又是地方行政组织。在其管辖之下的各户壮丁，平时从事生产，战时应征出战。这种兵农合一的制度，对金的经济发展和军事胜利起了重要作用。金还确立了“刑、赎并行”的简单法制，创制了女真文字。

公元 1122 年　攻克辽南京

▲金·磁州窑白地黑花梅瓶

收国二年(1116 年)，辽东京渤海人高永昌杀留守萧保先自立为帝。阿骨打遣将攻占东京，擒高永昌。天辅元年(1117 年)，金军相继攻占泰(今黑龙江泰来县塔子城)、显(今辽宁北镇)等州。天辅四年(1120 年)五月，攻占辽上京临潢府，天祚帝逃奔西京。天辅五年(1121 年)，辽宗室耶律余睹降金，天祚帝逃至南京。天辅六年(1122 年)正月，金忽鲁勃极烈、内外诸军都统军完颜杲(斜也)，以耶律余睹为向导，攻克辽中京(今内蒙古赤峰宁城县大明城)。南京震动，天祚帝逃往鸳鸯泊(今河北张北安固里淖)，金兵追击。四月，金军占领西京。六月，阿骨打亲率大军追击辽天祚帝至大鱼烁，并连下数州。十二月，金军进逼南京。按宋金协议，双方夹击南京，但宋久攻不下，及金兵来围，辽知枢密院左企弓、虞仲文等开启城门降金。金军掳人口、财富而去。

公元 1125 年　太宗灭辽

▲金灭辽、北宋示意图

天辅七年(1123 年)八月，金太祖完颜阿骨打去世。九月，其弟完颜晟即位，是为太宗。太宗继承太祖灭辽方针，继续发兵征辽。太宗采取联夏擒天祚帝方针，命宗望经略西夏，对夏主晓以利害。天会二年(1124 年)正月，夏国奉表称藩，金以下寨以北、阴山以南、乙室耶剌部吐禄以西之地归夏，夏主从之。七月，天祚帝以耶律大石被释归，又得阴山室韦谟葛失兵，自谓得天助，再谋出兵，复取燕、云。大石力劝，不听，遂自立为王西去。天祚帝率诸军出夹山，下渔图岭，取天德军(今内蒙古呼和浩特东)、东胜(今内蒙古托克托)、宁边(今内蒙古清水河西南)、云内(今内蒙古土默特左旗东南)等州，南下武州(今山西神池)，在奄遏下水被金军击败，远奔河阴(今山西山阴东南)。是时，辽将纷纷降金，天祚帝四面楚歌，朔州(今山西朔县)尚有兵两万，被金将娄室所破。天会三年(1125 年)正月，天祚帝奔天德军，过沙漠，被金兵追及，再奔西夏。二月，行至应州(今山西应县)新城东 60 里之伊都谷，被娄室俘获。金太宗降封为海滨王，一年后病死。辽亡。

公元 1125 年　太宗伐宋

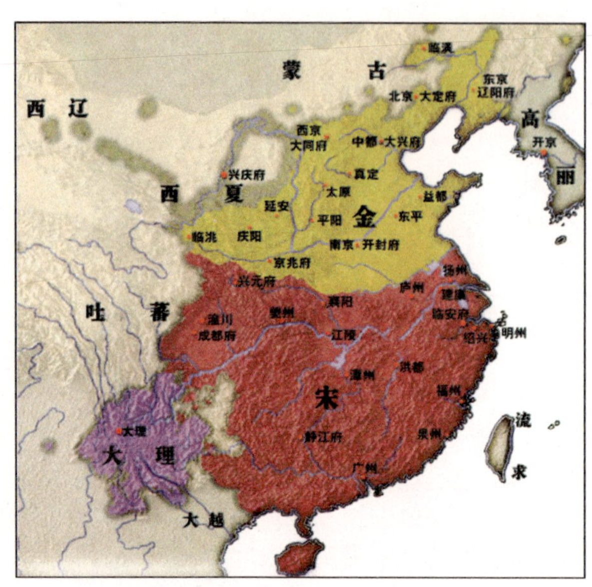

▲1142 年的金朝、西夏和南宋疆域

天会三年(1125 年)十月,太宗完颜晟下诏伐宋。军分东西两路:西路由左副元帅(官职名)完颜宗翰率领,从西京(今山西省大同市)攻打太原;东路由南京路都统完颜宗望率领,从南京(今河北省卢龙)攻打燕山府(今北京)。战争开始,金国西路军轻松夺取朔(今山西省朔县)、武(今山西神池)、代(今山西代县)等州,然后围攻太原,遭到宋军的顽强抗击,就改为长期围困。金东路军到达燕山府,宋国守将郭药师投降。宋徽宗赵佶见形势危急,就命令各路军支援,同时派遣使者向金求和,之后的第二个月他就把皇位传给太子赵桓(即钦宗)。金军用小船渡河,攻破浚州后。宋徽宗知道了就向南逃跑。宋钦宗也想弃城西逃,经过兵部侍郎李纲极力劝说,才决定留在东京。李纲率军民日夜坚守,重创金军。不久,宋军 20 多万来支援。宋军偷袭金军大营失利,金乘机逼迫宋钦宗接受屈辱的和议条件后撤军。后来金军再次大举南下,攻打宋国,而且接连得胜。宋钦宗惊恐万状,急忙答应与金划黄河为界的议和条件。金国不理会,继续进攻,终于攻破东京。钦宗投降,金军携宋徽、钦两个皇帝向北撤军,北宋宣告灭亡。

▲金·武元直·赤壁夜游图

▲金代浮塑的13尊伎乐之二

金朝中期的统治

金熙宗、海陵王时期共历26年，是金朝改革、发展的时期，也是奴隶制向封建制转化的重要时期。熙宗时，对政治、经济方面都进行了改革。由于改革引起新旧势力纷争，朝内互相倾轧，导致太宗子孙之戮。海陵即位后，废除行台尚书省，贞元元年（1153年）迁都燕京（今北京），定五京制，颁“正隆官制”，大量印钞铸钱等。国势尚未安定，正隆五年（1161年）海陵王大征诸道兵马，次年进攻南宋，民不堪命，颇受征伐之苦。海陵王最后遭致自身毁灭。金世宗、章宗时期共历47年，是金朝统一的封建制完成、发展时期。世宗时，为缓和矛盾，吸取海陵王教训，在用人上采用兼容并包政策，迁都中部，修订官制和礼仪制；经济上，重农桑之利，放免二税户与奴婢，规定商税法，铸铜钱，取消诸杂税等；与南宋议和，以求南北和好，与民休息；对西夏、高丽允许边界设榷场，和平相处，以保边界。所以，世宗时社会出现繁荣景象，世宗一世也号称“小尧舜”。章宗时，为金朝鼎盛时期，政治、经济制度都更加完备，封建制度进一步发展。

◀金·将军牌

▲金·钧窑天青单把洗

▲金·豆形枕

公元 1135 年　熙宗即位

女真初无长子继承制。太祖立，以弟吴乞买（晟）为谙班勃极烈，继承帝位。太宗以弟杲为谙班勃极烈，作储君。杲先死，在宗翰（撒改子）、宗幹（太祖长子）、希尹支持下，立太祖嫡长孙亶为谙班勃极烈。天会十三年（1135 年）太宗死，亶立，是为熙宗。熙宗以汉人韩昉和宋儒生为师，学习汉文化，也学习封建礼仪、制度和契丹、汉人的治国经验。即位后，在宗翰、宗幹、希尹等支持下，渐改女真旧俗。

▲金·砖雕文官像

公元 1137 年　宗磐兴大狱

宗翰、宗幹、希尹等既有建国定策之功，又有灭辽、灭北宋的征战之劳，同时是熙宗改革的主要推动者和支持者，因而成了金统治集团中的实权派人物。太宗长子宗磐因未能继立而心怀不满，改革又削弱了贵族的权限，更使他耿耿于怀。宗磐利用职权，伺机打击宗翰等，培植自己的势力。天会十五年（1137 年），宗翰亲信、尚书左丞、辽国降官渤海人高庆裔被告贪赃下狱处死。宗磐等乘机兴起大狱，宗翰愤愤而死。宗磐又与东京留守、太祖子宗隽和左副元帅、太祖从弟挞懒（盈哥子）结成联盟。他们提议废刘豫，把河南地归还南宋。宗幹、希尹反对，双方争执激烈。熙宗采纳了宗磐等的意见，废刘豫为蜀王，置行台尚书省于汴。次年，希尹罢左丞相，在宗磐、挞懒主持下，将河南地归宋，迁行台于燕。宗隽任左丞相兼侍中，不久又为太保领三省事。宗磐一派暂居上风。

◀金·吹排箫乐人砖俑

公元 1138 年　天眷新制

天眷元年（1138 年），制定新官制及换官格。这种官制改革，史称“天眷新制”。换

▲金天眷通宝

官，即将原来女真和辽、宋旧制官职依照新定官制统一换授。此规定除拜内外官员，始按功勋等第授予不同封爵、勋级、食邑，又正式制定封国制度。同时增设平章政事和参知政事两官职，地位分别在左右丞相和左右丞之下，实是丞相和副丞相助手。另外，在中央设立监察机构——御史台。实际上，把辽时台院、殿院、察院合属御史台，基本承唐、宋之制。熙宗设御史台是为弹劾违法官僚，掌握纠察朝仪，加强统治。为严肃君臣之别，在礼仪方面也作了重要改革，始设仪卫将军，始禁亲王以下佩刀入宫。为加强京城制度，规定以京师为京，府为会宁府，并仿宋汴京改建会宁府。此外，建敷德殿为朝殿，建明德宫、明德殿，供太后居住及安放太宗遗像。改乾元殿为皇极殿，后又修建凉殿、太庙、社稷。又仿宋制详定百官仪制，百官参朝初用朝服。

公元 1141 年　宗弼掌权

▲金代皇城第四殿址

天眷二年(1139 年)一月，希尹复官，与宗幹和汉人韩昉等争取熙宗，向宗磐势力反击。七月，宗磐、宗隽以谋反罪被杀。挞懒出为燕京行台左丞相，颇有怨言，九月谋逃往南宋、蒙古，为宗弼(兀术)追回，杀死。宗弼以诛挞懒有功，由都元帅为太保，领行台尚书省，总揽汉地军旅、钱谷等事。天眷三年(1140 年)九月，他利用熙宗对希尹的不满，以“燕居而窃议”、“心在无君”的罪名，杀希尹和尚书左丞萧庆，进位尚书左丞相，兼侍中、太保、都元帅、领行台如故。天眷四年(1141 年)领兵南下攻宋，与南宋划淮为界。又进位太傅，入为宰相，出领行台，成为最有实权的人物。宗弼身边形成了以蔡松年、许霖、曹望之为首的汉官集团，竭力排挤非亲信的汉官。先后杀宇文虚中、高士谈等多人，受牵连免官和禁锢者 30 余家，以至朝堂为之一空。此后，朝中只有宗弼一派和以蔡松年为首的汉官集团，金统治集团的实力被大大削弱了。

▲金·黄釉注酒器“扁提”

公元 1149 年　海陵王即位

熙宗时期，新旧势力的矛盾冲突，与女真贵族、汉官间的争权斗争交织在一起，熙宗动摇于两大集团之间，无所适从。皇统八年(1148 年)，宗弼死，契丹人萧仲恭与宗室完颜亮、宗贤、宗敏等先后为相，总军国事，仍不能彻底摆脱派系斗争的困扰，政局不稳。加之熙宗皇后裴满氏干政，对熙宗多有牵制。熙宗内心不平，以致嗜酒多疑，淫刑肆虐，常以疑似滥杀，群臣皆不自安。平章政事完颜亮利用群臣的恐惧和不满情绪，与驸马唐括辩等密谋，于皇统九年(1149 年)十二月杀熙宗于寝殿。亮自立为帝，史称海陵王、海陵庶人。海陵王执政 12 年，采取了一些推进女真社会发展和金政权封建化的措施。

公元 1153 年　金迁都燕京

▲金中都太液池遗址

金天德元年（1149 年），完颜亮杀金熙宗即皇帝位，史称其为“海陵王”。为巩固金对华北中原地区的统治，也为了打击宗室中对他弑君篡位产生的不满，天德三年(1151 年)，海陵王颁发《议迁都燕京诏》，开始在辽南京城的基础上改建都城，工程分为扩建城池及兴建宫殿两大部分，宫阙制度完全模仿宋汴京。天德五年(1153 年)宫城竣工，海陵王正式下令迁都。改南京为中都；改析津府为大兴府；尽毁上京宫殿、宅第，将所有宗室迁至中都。完颜亮迁都中都后，恢复了殿试，“惟以词赋、法律取士；去酷刑、订车盖式样”等制度。还把中原和华北的军事、行政和财赋等大权收归自己掌握。这次迁都标志着金朝完成了它走向中央集权的进程。海陵王迁都中都和他在政治、经济方面一系列措施的完成，说明金朝在熙宗进行全面改革之后，已取得了决定性的胜利，为此后金朝历史的发展奠定了坚实的基础。

公元 1156 年　正隆官制

▲金正隆元宝

海陵王粗通经史，渐受中原封建文化濡染。即位后，以“励官守、务农时、慎刑罚、扬侧陋、恤穷民、节财用、审才实七事诏中外”，下诏求直言，鼓励官民上庶上书言事。同时着手改革官制，以加强皇权。天德二年(1150 年)，罢行台尚书省，使政令归于朝廷；改都元帅府为枢密院，受尚书省节制。正隆元年(1156 年)，官制改革全面完成，正式颁布，称“正隆官制”：废除中书、门下二省，以尚书省为最高政务机关，尚书令为最高行政长官，直接听命于皇帝；以左、右丞相为辅佐，废除平章政事职务，三师、三公也不再直接参与政务。海陵王残酷打击异己势力，任用契丹、渤海、奚、汉官和支持他政变的女真官僚，重新组成一个由他直接控制的上层统治集团。同时进一步整顿科举，选官制度归于统一。

公元 1160 年　农牧民起义

海陵王不惜民力，挑起战端，使天下骚扰，民不聊生，各族人民的反抗斗争不断发生。坚持时间最长、对金朝威胁最大的是耶律撒八和移剌窝斡领导的契丹农牧民起义。正隆五年(1160 年)，海陵王遣使西北，征发契丹丁壮南征。西北路招讨司译史耶律撒八率众起义，女真千户十哥、咸平府谋克括里等也起兵响应。海陵王派枢密使仆散忽士、西京留守萧怀忠统兵镇压，撒八谋奔西辽，起义军六院节度使移剌窝斡杀撒八，坚持抗金。世宗即位后，派移剌扎八等招领，扎八见起义军兵强势盛，也参加了起义。他们转战临潢、泰州、济州(今吉林农安)、朗州(今辽宁阜新)、川州(今辽宁北票)，屡败官军。大定二年(1162 年)窝斡被俘，括里、扎八南走入宋，起义被镇压。这是金朝统治时期规模最大的农牧民的反抗斗争。

▲金上京会宁府遗址俗称白城，是女真族建立的金帝国的早期都城，历经金太祖、太宗、熙宗、海陵王四代皇帝，作为金王朝的政治、军事、经济、文化中心达 38 年之久。因其又是金上京路和会宁府的治所，故称金上京会宁府。

公元 1161 年
海陵攻宋

▲金·紫地金锦襴绵袍

海陵王加强中央集权统治后，开始策划南下灭宋，统一全国。正隆四年（1159年），营建汴京宫室，制军器于中都，造战船于通州，遣使分往诸路征兵、括马。由于督催苛急，四方骚动。臣僚及太后徒单氏谏止伐宋，海陵王却一意孤行，严厉打击谏止修汴京和征宋的臣僚，杀害了太后，激起举国上下的不满。正隆六年（1161 年）九月，他亲率大军分路南下，大举征宋，并攻下淮南，直抵长江。但后方极不稳固，山东、河北和上京地区相继爆发了人民的反抗斗争，随军士卒均无斗志。十月，南征万户完颜福寿领兵 2 万自山东趋东京，与留守司军队共立东京留守完颜雍为帝，是为世宗。十一月，南征军受阻于长江，进退维谷。海陵王欲渡江与宋议和后回军，督责更急，为将士所杀。

公元 1161 年　世宗即位

◀金世宗完颜雍彩塑

世宗即完颜雍，金太祖孙，宗辅子，初封葛王，兵部尚书、海陵王时，两任东京留守。当时，世宗舅兴中少尹李石以病免职回辽阳，至东京主事务。正隆六年（1161 年）九月，世宗至东京，防御契丹来攻，李石留东京巡察城中。海陵对世宗经常有所警备，派高存福为东京副留守以伺察世宗动静。平定知军李蒲速越告诉世宗注意提防，李石为此也劝世宗早除高存福，然后举事。于是在李石策划下，以议备贼事为由，召官员到清安寺会议，存福累召之方到，当即被擒。十月，南征万户完颜福寿、高忠建、卢万家奴等从山东率所领兵 2 万，完颜谋衍从常安县率兵5000 来归世宗。诸军入城，杀高存福，世宗在诸军劝进拥戴下即帝位，改元大定。

世宗治世

世宗即位后，迁都中都，为改变国势不安定局面，采取一系列措施。政治方面，以海陵为鉴，以治世为本，虚心纳谏，任人唯贤。改变过去重用燕人、敌视宋人、排斥政敌的做法，采取兼容并包政策，广揽各族人才。经济方面，为发展生产、解放生产力采取一些有力措施。如，放免二税户和奴婢，解散河北、山东、陕西等被征侵宋兵，放还归乡；派人安抚山东等百姓归业生产，诏谕起义农民或躲避徭役者及时农种，不问罪轻重，皆放免回家。另外，因战争中错把良民当起义被虏者加以厘正，招集流民复业，减轻赋税和徭役，规定商税法、取消诸杂税等等。外交方面，主张对南宋议和，南北通好，与民休息；对西夏、高丽，允许边界地设榷场，和平相处，以保边界，免生事端。世宗治世政策的实行起到了良好的效果，在位近 30 年间，促进了金朝的封建化进程，社会上出现了繁荣发展的局面，世宗也被誉为“小尧舜”。

公元 1189 年　章宗即位

大定二十九年（1189 年），世宗卒，孙完颜璟即位，是为章宗。章宗在金朝皇帝中文化修养最高。他自幼学习儒家经典，通晓女真文和汉文。即位之初，就命学士院进呈汉、唐便民事和当今急务；重开登闻鼓院，以达冤情；解放奴婢；为侍直人员置教授，传授文化；置提刑司，分按诸路，考察州县官；劝课农桑，减免赋役，以促进生产发展。章宗重视考核官吏，选有才干官吏为诸州刺史；命五品官上任后即推荐任满后的接任者，然后命提刑司采访考察；要求五品以上官每年荐举一名清廉干练官，不拘资历，以备任用。为了安定社会秩序，缓和民族矛盾，他令女真屯田户与汉人互通婚姻，使之和睦相处，从而促进了女真、汉人间的交往和民族融合。章宗注意发展生产，减轻人民负担，曾先后减地税和牛头税；多次戒谕有司，罢不急之役；驰行宫、围场地禁，令民耕捕樵采；定屯田户自种及租佃法；又重申旧制，猛安谋克户田 40 亩应种桑 1 亩，毁树木和出卖土地要受惩罚。

▲金泰和重宝

▲金代章宗皇帝完颜璟曾在此筑台垂钓

章宗的文治

章宗在用人行政方面一仍世宗之旧，而留心经史、发展文化方面又超过了世宗。他正礼乐，修刑法，定官制，使典章文物日臻完备而成有金一代治规。他重视史事的搜集整理和史书的修撰。此前，熙宗朝曾编纂先朝实录、祖宗实录和太祖实录，世宗朝又编纂了太宗、熙宗实录等。章宗继续命人寻访耆老，收集太祖、太宗、熙宗、世宗四朝皇帝的言论，分类编集“圣训”，续修世宗、显宗实录，又令完颜纲、乔宇、宋元吉等分类编集诸臣陈言文字20卷。同时健全编写起居注、日历的制度，以备编修国史，还组织人力修撰《辽史》。章宗继续提倡儒家思想，尊孔读经。他说：“律科举人止知读律，不知教化之原，必使通治《论语》、《孟子》，涵养器度”，要求亲军35岁以下者学习《孝经》、《论语》。明昌五年（1194年），下诏搜求《崇文总目》中所阙书籍，以高价向民间购买。如藏书家不愿出卖，则以书价之半租借，组织人力抄写后，再将原书归还。可见其对古籍的重视。章宗在位20年间，逐渐完善了典章制度。明昌元年（1190年），置详定所，审定律、令，编定《泰和律义》30卷、《新定敕条》3卷、《律令》20卷、《六部格式》30卷。改变了自正隆、大定以来，条理与制书并用、时有抵牾的情况。使律、令、格式得以完善统一，为金朝一代成规定法。明昌六年（1195年），又命编撰《大金仪礼》，统一和完善了金朝礼制。

公元1192年～公元1198年
北伐蒙古

金灭辽后，鞑靼诸部与金长期保持臣属关系，至明昌六年（1195年）叛金，经常侵扰金朝北部。章宗为防御诸部侵扰，于明昌三年（1192年）四月召百官议北边筑界壕事。以后，决定自西南、西北路，沿临潢达泰州开筑界壕堑。直至明昌末年，金仍在修北边壕堑，立堡塞，但不能阻止鞑靼诸部南侵。对鞑靼诸部的南犯，章宗一方面筑界壕以防备，另一方面派大将领兵北伐。从明昌三年（1192年）到承安三年（1198年），先后发动了夹谷清臣北伐、完颜襄北伐和完颜宗浩北伐。金朝的三次北伐有力地打击了东蒙古草原上强悍部落，使北方得到暂时的安宁。但是同时却替正在兴起的成吉思汗削弱了他东邻的劲敌，为其统一蒙古诸部减少了不少阻力。

▲金·白釉剔花筒式罐

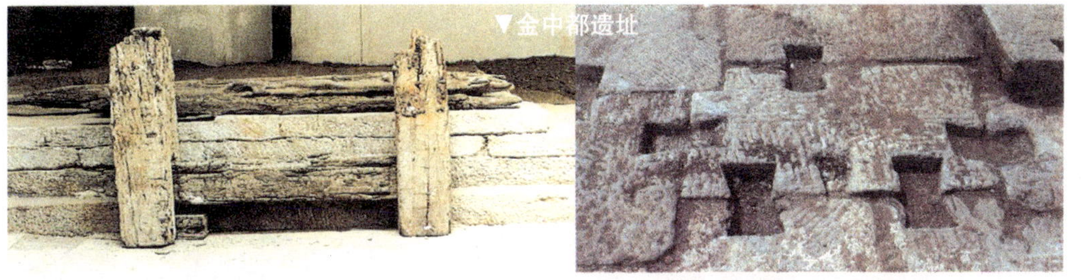
▼金中都遗址

金朝的衰亡

卫绍王、宣宗、哀宗时期共历25年，是金朝由盛而衰的时期。在此期间，朝廷乱臣擅权，内外交困。内有红袄军起义，外值蒙古军南下，金军一再败北。贞祐二年(1214年)宣宗南迁于汴(今河南开封)，极大地动摇了民心，国势日衰。到哀宗时，已是区区生聚，图存于亡。虽哀宗积极图强，但终不能扭转丧乱中经济、政治的最终崩溃。天兴二年(1233年)初，蒙古军陷汴京，金哀宗迁往蔡州(今河南汝南)。天兴三年(1234年)正月，蒙古军攻蔡州，哀宗自杀，末帝承麟被害，金亡。

◀金阜昌重宝

▲金·磁州窑系白釉三龙首足炉

公元1211年　红袄军起义

章宗末年，金朝的社会矛盾进一步激化。“时岁饥，耕猎皆废，河北、河南、山东之民，贫悴饥瘦，无力以耕，寇盗蜂起”。大安三年(1211年)，山东地区终于爆发了红袄军起义。最初，起义队伍相当分散，有益都杨安儿、泰安刘二祖和霍仪、潍州(今山东潍坊)李全、密州方郭三、真定(今河北正定)周元儿、胶西李旺、兖州郝定等。这些起义军身穿红袄，故名红袄军。贞祐二年(1214年)后，以刘二祖与郝定、杨安儿、李全三支势力最大，其中郝定曾建立齐政权，年号顺天；杨安儿占领莱阳、莱州(今山东掖县)、登州(今山东蓬莱)等地，于莱州建立政权，年号天顺。但不久杨安儿被金人收买的船夫杀害，刘二祖稍后也牺牲，郝定被俘杀。杨安儿牺牲后，余部由其妹杨妙真率领，据莒州磨旗山，不久与李全结合，刘二祖、郝定余部在彭义斌率领下也归李全指挥。兴定二年(1218 年)，李全降宋，驻军楚州，官至节度使，并不断扩充势力，兼并其他红袄军。彭义斌等返回山东，继续反金斗争。兴定四年(1120 年)，彭义斌进军河朔，他“既破东平，随据大名，声势甚张，南(指金)、北(指蒙古)军待为劲敌，无敢试之者”。后来彭义斌与蒙古军激战于河北赞皇的五马山，兵败被俘，不屈而死。李全则于正大三年(1226 年)在青州降蒙古。正大七年(1230 年)，李全发兵攻南宋扬州，被宋军乱枪刺死。子李璮袭父职，此后，“专制山东省三十余年”。

▲马鬐山红袄军起义旧址

章宗时的危机

◀金·白地黑剔花矮梅瓶

章宗承安年间，承平、繁荣的假象掩盖下的深刻社会矛盾开始表面化，金朝统治走向了衰亡。章宗以世宗嫡孙继承皇位，深恐诸叔有轻慢之心，宗室间渐生嫌忌。明昌三年(1192 年)，置王傅和王府尉官，以牵制诸王，引起诸王不满。明昌四年(1193 年)，皇叔郑王永蹈谋废章宗自立，事发赐死，株连甚众。此后，对诸王防范更严。镐王永中为章宗伯父，备受限制，常郁郁不乐，其子曾口出怨言。于是章宗遣官按问，杀其二子，赐永中死，禁锢其全家，使男女不得婚嫁者几 40 年。章宗晚年，娱情声色，官僚、将领、猛安、谋克更加腐化。官吏驰慢，迁延苟简，循私卖法成风，吏治大坏。军队缺乏训练，军纪败坏，将领怯懦，战斗力削弱。与蒙古各部的战争日益频繁，劳师费饷。为应付统治集团穷奢极侈和军队粮饷的需要，又加紧了对人民的搜刮，进一步激化了阶级矛盾和民族矛盾。章宗死后，政治、经济、军事危机全面爆发。

公元 1213 年　卫绍王遇害

▲金·黑地白剔花枕

泰和八年(1208 年)十一月,章宗死,在元妃李氏等主持下,卫绍王永济即位。这时蒙古草原各部已实现统一,成吉思汗建立了大蒙古国。大安三年(1211 年),蒙古军南下,野狐岭、浍河堡一役金军大败,精锐损失殆尽。蒙古军自居庸关直逼京师,攻陷了东至平、滦,南至清、沧,西南至忻、代的许多州县,西京留守纥石烈执中弃城走中都。崇庆元年(1212 年),蒙古军攻陷东京。永济任命西京败将纥石烈执中为右副元帅,驻守中都城北。至宁元年(1213 年),纥石烈执中因只务驰猎,不理军务受责,遂以兵入宫,杀永济,立世宗孙、章宗庶兄完颜珣为帝,是为宣宗。

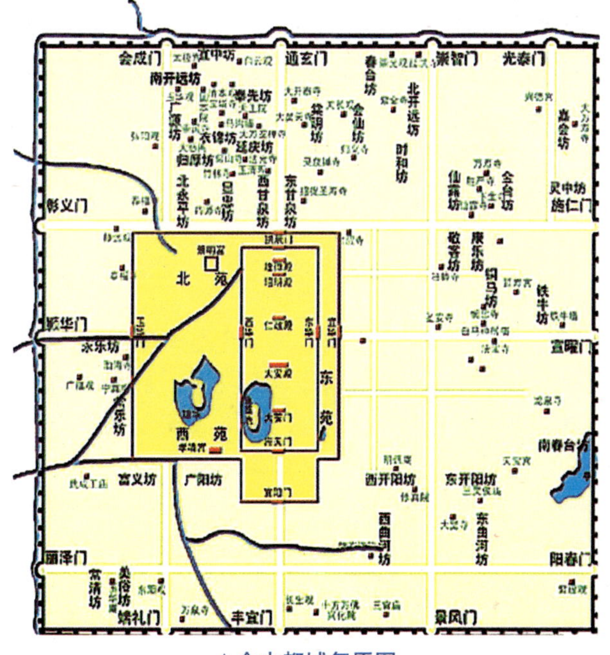

▲金中都城复原图

公元 1214 年　宣宗南迁

金发生宫廷政变时,蒙古军已第二次南下。成吉思汗在野狐岭大败金国的汉、契丹军,绕过防守坚固的居庸关北口,自紫荆关(今河北易县境内)突入,再由居庸关南口进军,攻破北口,接应进攻北口的蒙古军,包围中都。然后兵分三路,掳掠华北州县后,驻军中都城北。宣宗即位后没有积极组织力量抵御蒙古,反而遣使与蒙古议和,献金银珠玉、童男童女、御马、绣衣等,并将卫绍王女儿岐国公主献给成吉思汗。贞祐二年(1214 年),和议成,蒙古撤军。五月,宣宗以尚书右丞相、都元帅完颜承晖,尚书左丞、右副元帅抹然尽忠与太子留守京师,自率百官、宗室南迁汴京。

上层人物的叛金

宣宗南迁后，蒙古军继续南侵，金军节节败退。河北永清土豪史秉直为首组织清乐社，结社自保，并率先降蒙。各地地主武装也纷纷降蒙。贞祐元年(1213 年)，辽东地区的契丹人在千户耶律留哥率领下起兵反金，并自立为王，国号辽，改元元统。不久击败金将蒲鲜万奴，破东京，后降蒙。贞祐三年(1215 年)，蒲鲜万奴又在辽东自立，国号大真，改元天泰，次年降宋，旋又自称东夏国王。各族上层人物的叛金、自立或降蒙，大大加速了金朝的崩溃。

公元 1215 年　中都失陷

▲金中都水关遗址

宣宗南迁，违民所愿，严重动摇了河北军民的守土决心。留守将领措置失当，激起了契丹军的不满，契丹将领率军投蒙。成吉思汗以降将为向导，再次南下，派人至金军招降，归降者一律授以原官。七月，太子守忠离中都赴汴，留守官兵的情绪再次受到打击，中都周围的官僚、将领纷纷投降。金朝以地主武装增援中部，又遭蒙古军截击兵败，粮草俱失，中都孤立元援，抹燃尽忠逃往汴京，完颜承晖自杀。贞祐三年(1215 年)五月，中都失陷。

公元 1234 年　金朝灭亡

金末女真贵族争权夺利，互相残杀；吏治乱章，弊端百出；不惜民力，挥霍无度。女真贵族的腐败，给各族人民带来无穷灾难。女真官吏与军队原有的顽强、富有创造精神的时期已过去，组织涣散。此时蒙古部发展起来，不断围攻金朝，金在政治、军事上均不能抵御入侵，不堪忍受压榨的农民也进行了声势浩大的起义，动摇了金的基础。同时向南方扩展土地以求苟且的企图也失败，邻国西夏乘机吞并金的疆土。在内外交困的情况下，蒙古再次攻金。宋理宗绍定五年(1132 年)蒙古军破汴京，金哀宗逃往蔡州，金朝上下人心惶惶，无心再战，此时金朝已是“区区生聚，图存于亡，力尽乃毙”。宋理宗绍定六年(1233 年)，蒙军击溃金军抵抗，围哀宗于蔡州，守城金军进行了顽强抵抗。至宋理宗端平元年(1234 年)正月哀宗传位于完颜宗绪，蒙军攻破蔡州，杀完颜宗绪，金灭亡。

▲金代龙岩寺前殿

政治经济制度

金朝初期仍保留女真族的若干旧制，兼采辽朝制度。伴随着统治地区的扩大和女真族自奴隶制向封建制的过渡，金朝更多地采用汉族的统治制度，女真旧制逐渐削弱或消失。金初曾在皇帝周围设勃极烈四人，辅佐国政。辅政的勃极烈是朝廷最高官职，任此职者均为皇室贵族。金朝建国后，连年对外作战，猛安谋克逐渐成为军事编制单位。金太宗时置尚书省及中书省、门下省为朝廷政务中枢，金海陵王只设尚书省综理政务。中枢官制经金世宗改订，成为金朝的定制。女真族原无独立的军事编制，部落氏族成员对外作战，即由猛安、谋克统领。金海陵王时，改设枢密院主管军事。此后平时设枢密院，战时改元帅府。金朝后期则两套机构并置。女真族在部落联盟时期，开始有原始的“条教”，主要是保护私有财产和确立秩序。金熙宗皇统间制定法令，称为《皇统制》，是金朝的第一部法典。金太宗天会元年(1123年)，始行科举，以招纳辽朝故地的汉人文士。金世宗倡导保存女真文化，创设女真进士科，应试者为女真人子弟。金世宗以后，科举成为入仕的主要途径。女真族在金朝建国前后，实行奴隶制的土地分配制度，役使奴隶耕作。被占领的辽、宋故地，仍然实行原有的封建制经济关系。女真人大批南下后，社会经济制度逐渐封建化。

◀金·白釉黑花葫芦形倒装壶

勃极烈制

▲金·平林霁色图

勃极烈原意为“官长”，即部落酋长。女真部落联盟中原设有“国相”辅政，女真语称“国论勃极烈”。金朝建立后，设四勃极烈辅佐国政：谙班(女真话：大)勃极烈，吴乞买任之；国论(女真语：国家)勃极烈，国相撒改任之；阿买(女真语：第一)勃极烈，宗室习不失任之；反(女真语：第二)勃极烈，太祖幼弟任之。四勃极烈为朝廷最高官职，任职者均为皇室贵族，勃极烈人数亦无定额。其后，又陆续增设移赍(女真语：第三)勃极烈、乙室勃极烈(负责对外事务)、迭勃极烈、阿台勃极烈、忽鲁勃极烈等。金灭辽后，为管理新附地区，始设枢密院，辅助管辖河北、河东及对宋事宜。熙宗即位，废除勃极烈制，推行汉官制度。

猛安谋克制

猛安谋克是女真原始社会后期由于征掠、围猎的需要而设的军事首领，后来逐渐演变为军事和社会组织。1114 年，阿骨打始定制：每 800 户为谋克，10 谋克为 1 猛安，故《金史·兵志》称：“猛安者，千夫长也；谋克者，百夫长也。”金初，曾一度把收降的契丹、渤海和汉人置为猛安、谋克。天会二年(1124 年)，改变原制，各部降人从汉制。十一年后，东北地区的女真猛安谋克户徙入内地，筑塞于村落之间，自成组织，不属州县，实行屯田，成为世袭军户。海陵王时又把上京的猛安谋克南迁，世宗时继续南迁。谋克以下分设村寨，50 户以上设寨使 1 人，负责催督赋役。金朝的猛安谋克数，据大定二十三年(1183 年)统计，共有猛安 202 个，谋克 1878 个，户 615624，口 600 余万，占田将近 170 万顷。

▲反映金朝民居村落的沙盘

官制

▲金·乐床砖雕

太宗时依辽制置枢密院于广宁，后迁往平州、燕京。熙宗时，废勃极烈制，仿辽、宋官制，以三省为最高政务机构，由女真贵族充任的三师、三公领三省事。海陵王时，废中书、门下，只留尚书省综理政务。世宗时，中枢官制全面修订，遂成定制。尚书省，最高长官尚书令，下设左、右丞相各一员，平章政事二员，为宰相左、右丞各一员，参知政事二员，为执政官。尚书省下设吏、户、礼、兵、刑、工六部分掌政务，长官为尚书，副为侍郎。御史台，设御史大夫、御史中丞。中央主要机构还有翰林学士院、大宗正府、殿前都点检司、劝农使司等。地方官制依辽、宋制，设路、府、州、县四级。世宗时，设五京（上京会宁府、东京辽阳府、北京大定府、西京大同府、南京开封府），又设 14 总管府、19 路。五京各设留守一员。

军制

金初，女真人无徭役，壮者皆隶兵籍，平时渔猎耕垦，战时应征从战，马匹、粮草、武器等皆自备。宁江州大捷后，兵士增多，阿骨打命以猛安、谋克编制诸军。猛安之上置军帅、万户和都统。收降的外族士兵，如契丹、奚、渤海等降军也编入猛安、谋克。攻略燕云地区后，收降的汉军依原有的建置，命辽降将刘彦宗知枢密院事兼领汉军都统。天会三年（1125 年），金侵宋时始设元帅府，由都元帅，左、右副元帅等指挥作战。海陵王时，改设枢密院主管军事，长官为枢密使、枢密副使等，受尚书省节制。此后，平时设枢密院，战时改元帅府。金后期两套机构并置。护卫军在金初称合札谋克，海陵王时依宋制称侍卫亲军，但太祖及宗王的亲军合编为合札猛安。地方路置兵马都总管府，州镇置节度使，沿边州置防御使。北边置东北路、西北路、西南路三招讨司，由招讨使统领，各族降人编为幼军守边。

◀金·花瓶钮摩羯鱼铜镜

科举与学校

金初，军事进展迅速，得地日广，职员多缺。为了网罗人才治理新附地区，金曾于天会元年(1123 年)十一月、二年二月、八月连续三次开科取士；天会五年(1127 年)，河北、河东入金，再次举行科举考试。因辽人、宋人所学不尽相同，故设南、北两场，号南北选。天眷元年(1138 年)定经义、词赋二科取士。海陵王时定制，合南北二选为一，三年一试，罢经义，专以词赋取士，并增殿试。世宗时，又创置女真进士科，试策与论，故称策论进士。金国有国子学、太学、府州学和女真学。大定四年(1164 年)，以女真大小字译经书颁行，择猛安谋克户子弟入学。大定九年(1169 年)，取优秀者百人至京师。大定十三年(1173 年)，以策、诗考试，得 27 人。于是京师设女真国子学，诸路设女真府学，以新进士充教授。

▲金·张瑀·《文姬归汉图》中的骑马男子

法律

◀金·李山·风雪松杉图

金初，女真人犯罪以习惯法处置，轻罪用柳条笞背，重罪以沙袋击之，唯不加于臀部，恐碍骑马。杀人、劫掠者，击其头部处死，没其家资十之六给原主，十之四入官，以家属为奴婢。如亲族欲赎，可以马牛或其他财物为赎金，但要割掉耳、鼻以别于常人。太宗以后，渐用辽、宋之法。皇统年间，参照隋、唐、辽、宋法律，编撰金律，名《皇统制》。正隆年间，又撰《续降制书》，与《皇统制》并用。世宗时，以大理卿等置局，对已颁诸律，“伦其轻重，删繁正失”，编成《大定重修制条》12 卷颁行。章宗时，又修《泰和律义》、《律令》、《新定敕条)和《六部格式》，大抵仿唐律而成，泰和二年(1202 年)颁行。金律大体沿袭辽宋旧法。辽有杖、徒、流、死四刑，金只有杖、徒、死三刑，徒刑也可用杖刑代替。原有女真旧制，如击脑处死、没为奴婢等酷法渐被取消。金律对女真贵族的特权有所限制，对良民、驱奴等的地位在法律上作了明确规定。

田制

女真社会以田地为国家所有，奴隶主依据其占有的人口(包括奴隶)、耕牛多少，领受田地。凡占有民 25 口、牛 3 头(为 1 具)，受田 4 顷 4 亩。所谓民口，包括具有平民身份的家口和奴隶。这种土地分配形式称为“牛头地”(即“牛具税地”)。牛头地的授予对象，只限于女真族或其他族的猛安谋克户，不包括汉人和渤海人。金初，贵族、将领们在战争中大量俘虏人畜，并使之成为私产，占有土地数目急剧增加，因而政府规定占田不得超过 40 具，即 160 余顷。皇统五年(1145 年)，颁行“计口授田”制，每口授田 30 亩、50 亩不等，但又未废除牛头地分配制。世宗时，严禁买卖奴婢，也不准猛安谋克户与汉人杂处，限制了“计口授田”制的进一步扩大。

▲金·吴牛喘月铜镜上的浮雕

赋役制度

对女真等族实行授田制的同时，实行“牛头税”制。天会三年(1125 年)规定，每耕牛 1 具，纳粟 1 石；天会五年(1127 年)又规定，内地诸猛安谋克户，每耕牛 1 具，纳粟 5 斗；大定二十一年(1181 年)前后，每耕牛 1 头，令各输 3 斗。牛头税所收粮食主要作储备之用。金中期以后，女真社会的土地国有制在中原封建土地所有制的影响下，逐渐向私人所有制转化，土地占有关系发生剧变，猛安谋克屯田户聚种方式也逐渐破坏。章宗时，废除猛安谋克世袭制，推行封建租佃法，授田制和牛头税随之彻底瓦解。金朝在汉人居住地区，仍沿袭辽、宋旧制，分征正税和杂税。正税为夏秋二税，夏税每亩征粮 3 合，秋税每亩征粮 5 升、秸 15 斤。杂税有物力钱、铺马钱、军须钱、免役钱等名目。金袭宋制，民户需供职役。城郭置坊正，乡置里正，协助官府催督赋役，劝课农桑。猛安谋克则置寨使，协助里正维护地方治安。职役由富户出资，官府募人承担。另有繁重的兵役和力役。世宗后多改力役为雇役，应役者可减免租赋或杂税。

▲金代建造的景德桥

经济文化

金朝时期，随着封建化的深入，社会经济获得一定的发展。东北地区社会经济比辽时有了较大的发展，如冶铁业有明显进步，铁制工具已广泛使用。金朝金银业和陶瓷、玉器业也相当发达。商业活动逐渐活跃，东北地区的金朝遗址和墓葬中，发现大量宋朝铜钱，可见与南方贸易的密切。另外，女真族建立的金朝，在其存在的120年中，科技文化发展成就也是中华民族灿烂文明的重要组成部分。女真大、小字的创造使用，文学诗赋、杂剧戏曲，特别是金代诸宫调演唱，均有突出成就。此外，绘画、书法、藏书、雕刻、宗教、建筑、科技，特别是金、元四大家的医术，对中国医学的发展贡献很大。

▶金·母子雕塑

◀金代皇帝车辇上的铜坐龙

农业的发展

女真建国前，农业生产水平低下。完颜部定居按出虎水（今黑龙江哈尔滨市南阿什河）后，开始有原始农业。金朝建立后，农业生产逐步发展。太祖攻占黄龙府后，将掳获的辽之农具几千件分发给猛安谋克。占领泰州后，迁猛安谋克户万余前往屯垦。为了开发上京地区，太祖从辽西、燕云地区迁徙大批民户前往屯垦，内地的先进生产工具和生产技术也随之进入东北。太祖曾多次下诏或派员劝督农耕。金军大规模攻辽、宋时期，北方农业生产遭到了严重的破坏，金朝在河北的统治确立之后，即着手恢复生产。熙宗时采取省徭赋、赎放典卖奴婢等措施，对恢复农业生产是有利的。世宗更注意发展农业，下令将官僚贵族冒占的田地分给农户，给灾区减免租税，对猛安谋克户鼓励耕垦。大定二十三年（1183年），仅猛安谋克户垦田数就达到171万顷。全国粮食储备增加，仅常平仓积粟每年就达1000多万石。章宗时更制定了许多发展农业生产的政策。如把农田的增加和荒芜作为考核猛安谋克及县官的标准，勤者赏，惰者罚，甚至判刑。明昌五年（1194年），常平仓积粟达3786万石、米810余万石之多。

▲金·壁画·《农耕图》

畜牧业、渔猎业

狩猎与畜牧也是女真人的重要生产活动。畜类主要有猪、马、牛、羊、骆驼等。马是狩猎和战争的主要工具，也是纳聘、赎罪使用的财产。金朝建立后，政府专置群牧以加强对畜牧业的管理，共设群牧所12处。由于马匹增多，海陵王南侵时竟调发战马达58万匹，畜牧业遭到严重破坏。世宗初，为恢复畜牧业生产，重建群牧所，严禁宰杀马、牛，定群牧牲畜滋息损耗赏罚条例。经过20年的繁衍生息，到大定二十八年（1188年）时，有马47万匹、牛13万头、羊87万只、驼4000峰。宣宗时，由于蒙古南侵，社会动荡不安，畜牧业生产走向衰落。女真人居住在山林、河流之旁，有良好的渔猎条件，水产品和兽肉是衣食的主要来源。他们具有丰富的渔猎经验，能根据野兽的叫声呼兽而猎。建国后，狩猎仍然是重要的生产活动之一，也是习武手段。女真故地还盛产人参、蜜腊、生金、北珠、松实、白附子等特产，这些特产也是金国用来与宋、夏贸易的重要物品。

▲反映女真渔猎生活的雕塑

手工业的兴盛

女真人很早就会纺织，所产麻布有粗细之别，著名的女真细布是对外交换的重要手工业品。金朝建立后，原来辽、北宋地区的纺织业继续有所发展。河间的无缝布、大名的绢、平阳（今山西临汾）的卷子布、平州的绫、涿州的罗，都各有特色。金在真定、平阳、太原、河间、怀州设绫锦院，管理官营手工业作坊。同时也有很多私营手工业作坊，中都大兴府纺织业早在金初就居全国之冠。金代矿冶业比较发达。金朝建立后，随着统治区的扩大，盛产铁矿的云内州（今内蒙古土默特左旗西北）、真定府（今河北正定）、汝州鲁山、宝丰、邓州南阳（以上均属河南）等都成为产铁地。铁器有铸铁件和锻铁件，表明冶铁作坊中有较严格的分工。政府对金银开采不加限制，许私人经营，政府收税。对铜的开采控制甚严，严禁民间铸造铜器，政府有官营作坊，主要铸造官用铜器和钱币。煤的使用很普遍，煤用作冶铁、制瓷的燃料，民间也广泛使用。中都、南京和平阳是金代印刷业中心。河东南部受战争创伤较小，又盛产梨木、枣木，造纸、制墨业发达，稷山竹纸和平阳白麻纸是当时名品，为平阳印刷业提供了良好的条件。女真人建国前无瓷，自熙宗时，在辽、宋基础上，制瓷业迅速发展，河北定窑、河南钧窑、陕西耀州窑是金瓷的主要产地，辽宁抚顺、黑龙江阿城也发现了金代陶瓷窑址。此外，制盐业也很发达。除沿海地区外，肇州、解州都有丰富的盐产。火器制造技术很高，震天雷、飞火枪杀伤力很强，用于对蒙战争，甚为后者所惧。又在宋代造船业的基础上，制造了撞冰船。

▲金代仕女服饰

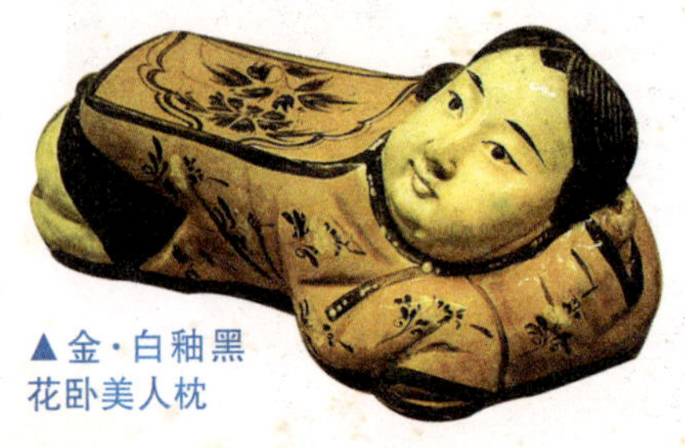

▲金·白釉黑花卧美人枕

商 业

金代的商业活动很不平衡。女真旧地建国后始建城郭，设市场，初期交易多以物易物，而以中部和汴京为中心的商业活动却相当发展。中部大兴府在海陵王定都后，人口激增，居民达 229 万户，有近百万人。内城北部是商业中心，各地海陆百货皆聚集于此。南京开封府在北宋时十分繁华，入金后大受破坏，但到天德四年（1152 年）时居民已达 23.5 万户，泰和年间又增至 74 万多户、300 多万人口。此外，东京辽阳府，河北中山、真定，河东大同、太原、平阳，都是繁华的商埠。金置市令司管理城市商业，中都则设都商税务司。大定二十年（1180 年）定商税法，凡金银百分征一，其他货物百分取三，此后商税有所提高。金与宋、夏贸易，开设榷场，有专人管理。

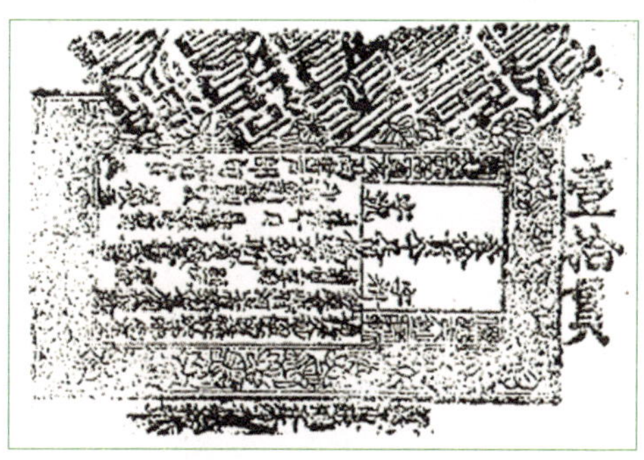

▲金代的壹拾贯交钞版印样

▲承安宝货银锭

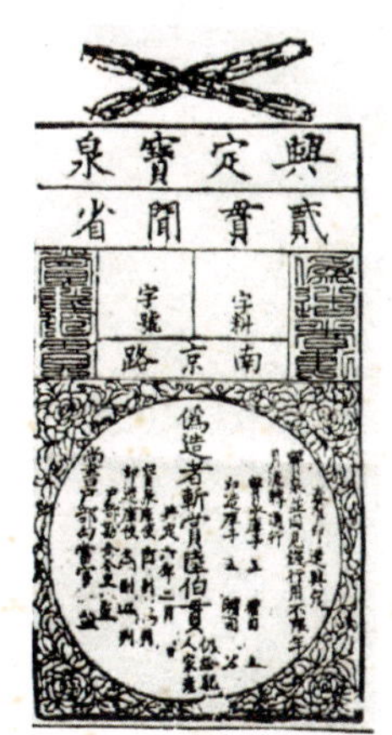

◀金代兴定宝泉印样

金朝的货币

金代使用铜币、银币和交钞三种货币。金初，未尝铸钱，交易用辽、宋旧钱。直到海陵王正隆二年(1157 年)始铸铜钱，为“正隆通宝”，与辽、金旧钱并行流通。世宗时铸“大定通宝”，大定二十九年(1189 年)铸 14 万余贯。泰和年间曾铸造折十大钱“泰和重宝”。章宗承安二年(1197 年)，发行银币“承安宝货”一两至十两 5 种，一两折合铜钱二贯，因民间伪造者多，银币行使 3 年后即停止使用。金代流通的主要货币是纸币。海陵王贞元二年(1154 年)，开始印造交钞。大钞面值为一贯、二贯、三贯、五贯、十贯 5 种，小钞面值为一百文、二百文、三百文、五百文、七百文 5 种。以 7 年为期，到期换新钞。章宗时使用期限不限，破烂钞赴交钞库换新。金末因财政窘迫，大量印发纸钞。贞祐二年(1214 年)印造二十贯、一百贯，甚至二百贯至一千贯大面值交钞，于是物价猛增，民间不得不以白银作为交换手段。金朝是我国第一个使纸币正式发行并进入流通领域的王朝，在纸币印造、管理、发行等方面制定了一系列制度，对元朝纸币的全面推行以及后世的影响很大，在我国货币发展史上占有重要地位。

女真文字

金朝建立后，太祖命完颜希尹和叶鲁创制文字，天辅三年(1119 年)颁行，称女真大字。熙宗天眷元年(1138 年)颁布笔划简易的新字，称女真小字。女真文字的结构是汉字横、竖、撇、点等笔画组成的，呈方块形，曾用女真文翻译了《史记》、《汉书》、《尚书》、《论语》等经史著作。现在传世的女真文字有文献、金石、墨迹三种，但女真文写的著作和译作已经失传。金朝通用女真文、契丹文和汉文。金朝皇室贵族接受汉文化，世宗、海陵王、章宗及一批贵族能诗善画，著述多用汉文。

▲完颜希尹创造女真文字浮雕

文学

元好问像

金人善诗词，风格继承北宋，学苏（轼）、黄（庭坚）。世宗以后，文学创作也逐渐繁荣，出现了党怀英、赵沨、赵秉文、王庭筠等著名诗人，元好问则为一代文宗。元好问（1190~1257年），字裕之，号遗山，太原秀容（今山西忻县）人，金代最有成就的诗人。金末战乱，好问目睹社会残破、金廷腐败情景，又有亡国之切痛，故诗作多为纪事之作，被称为"丧乱诗"。清人赵翼《瓯北诗话》称元好问的诗"感时触事，声泪俱下，千载后犹使读者低徊不能置。盖事关家国，尤易感人"。好问五言诗风格高古沉郁，七言乐府不用古题，对诗词理论也有独到见解，著有《杜诗学》1卷、《东坡诗集》2卷、《诗文自警》10卷。辑金代诗人20余人的诗作，各系作者小传，为《中州集》。河东诗人以元好问为宗，形成河汾诗派。

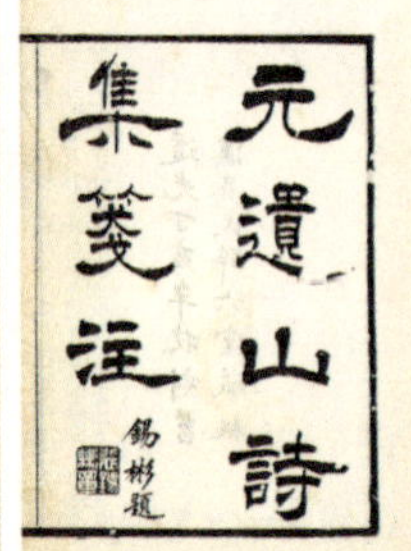

▲元好问撰，施国祁笺注《元遗山诗集笺注》书影

北曲

▲金代摩崖石刻

北宋流行的"说话"和"诸宫调"等说唱艺术，到金代更为盛行。诸宫调是一种有说有唱而以唱为主的文艺形式，唱的部分是联缀多种宫调的曲子成套演唱，所以称为诸宫调。今存金人诸宫调仅有无名氏《刘知远》和董解元《西厢记》两种。董解元（"解元"是当时读书人的泛称），章宗时人。《西厢记》的故事原出唐元稹《莺莺传》，但董《西厢》加以改编，并赋予反对封建礼教的积极内容。董《西厢》诸宫调达到相当成熟的境界，故被称为"北曲之祖"，为元代王实甫改编杂剧《西厢记》奠定了基础。

绘画

金代书画继承北宋风格，宫廷亦收藏历代书画名品，设画院，征聘画师作画。章宗时由书画家王庭筠主持画院。王庭筠师承苏轼、米芾，长于山水、墨竹、古木，尤善草书，“论者谓胸次不在米元章(即米芾)下”。子曼庆，亦能画墨竹、山水。画家任询，兼长书画，论者以为“草书人能品，山水亦佳”，时人称“画高于书，书高于诗，诗高于文”。杨邦基，画山水学李成，善画人物兼马。李早是金代最著名的鞍马画家，作品有反映女真人放牧、狩猎生活的《蕃马图》和《寒林猎骑图卷》。

▲金·王庭筠·幽竹枯槎图

▲金·红绿彩瓷俑

音乐、舞蹈

女真早期的歌曲仅有《鹧鸪曲》，乐器仅有鼓笛。占领汉地后，吸收了不少北宋曲调与乐器，腰鼓、芦管、笛、琵琶、方响、筝、箜篌、大鼓、柏板等皆用于女真音乐。取汴京后，又将大批北宋乐工、乐器、乐书、乐章掳去，开始创立宫廷音乐。舞蹈中常见有镜舞。取汴京后，北宋舞蹈传入金境。

◀金·砖雕击鼓舞蹈童俑

史学

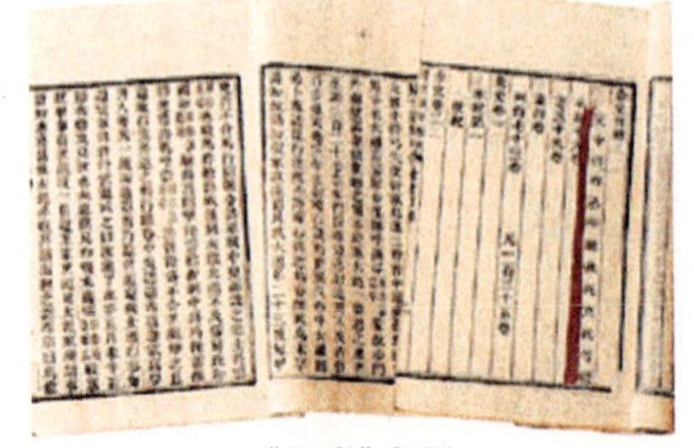

▲《金史》书影

金朝设国史院，有监修国史、编修官等官员。各帝均有《实录》，韩昉、耶律绍文等还修过《国史》。金亡后，《实录》为蒙古万户张柔所得，后来王鹗据此撰成《金史》稿。金末刘祁曾著《归潜志》，载海陵王以来金朝形势与诸文人事甚详。元好问曾整理金末史料。金朝继承我国官修史书传统，曾多次组织力量撰写《辽史》。熙宗皇统八年（1147年），萧永棋曾在耶律固修史基础上编修《辽史》75卷。章宗时命人修《辽史》，未完成，改命陈大任专修，泰和七年（1207年）书成。陈大任《辽史》是元修《辽史》的重要依据。

天文数学

金代天文历法有很大进步。天会五年（1127年）灭北宋后，即命司天监杨级修《大明历》。杨级在宋《纪元历》基础上重新推算，加以增损，十五年成并颁行。大定十七年（1177年），又命司天监赵知微重修，他用几何方法预测日食、月食，二十一年新历修成。在数学方面，金代取得了相当高的成就。天元术是我国古代数学中建立和求解代数方程的方法，最早出现于11世纪末。蒋周著《益古》一书，记录了当时流行的数学公式天元术，以元为未知数，立式求解。金末著名数学家李冶著《测圆海镜》12卷，书中用天元术解决与勾股容圆有关的170个问题；另有《益古演段》3卷，是一部有关天元术入门书籍。